《キャリアデザイン選書》

メディア情報教育学

異文化対話のリテラシー

坂本 旬

法政大学出版局

バリー・ダンカンに捧げる

＊本書副題は「メディア情報リテラシーと異文化対話」(Media Information Literacy and Intercultural dialogue) から取ったものである。これは国連 (UNAOC) とユネスコが推進しているプロジェクトの名称である。なお，本書では，一般的に使われる「メディア・リテラシー」と「情報リテラシー」を含む「メディア情報リテラシー」という二つの概念を使い分けている。

はじめに

　本書には大きく分けると，二つの内容が含まれている。一つはメディア情報教育学の中核を成す「メディア情報リテラシー」の基本的な考え方を，筆者自身の体験を交えながら，解説することである。もう一点は，筆者が約10年をかけて取り組んできた異文化探究学習（カルチャー・クエスト）の実践をもとに，「異文化協働アプローチ」による「メディア情報リテラシー教育」の理論構築をめざすことである。

　筆者は，2012年と13年のユネスコ（UNITWIN MILID）でこれらの理論と実践の報告を行った。現在は，東アジア・南アジアにおける一つの異文化協働型メディア情報リテラシー教育プロジェクトとして展開されつつある。さらに，こうした研究を通して，教育工学でもなく，教育メディア学でもない，メディア情報教育学を構想する。

　国連・ユネスコの理論と運動は，2013年7月に発足したGAPMIL（メディア情報リテラシーのためのグローバル・パートナー連盟）によって新しい段階に入りつつある。国連・ユネスコは何のために何をしようとしているのか，そしてどこに行こうとしているのか，こうした新たな動きを背景に，今後の理論と実践のあり方を検討したいと思う。

　また，本書は，いわゆる「講義用教科書」ではない。活字メディアである書籍を使って生徒や学生に教授する授業方法自体がもはやメディア情報リテラシー教育とはかけ離れたものとなってしまう。実際の授業では，授業実践者が本書をもとに，教材を準備し，ワークショップを行い，異文化を超えた協働と対話による新しい価値創造をめざさなくてはならない。本書がそのための導きの礎になれば幸いである。

　筆者を代表者とする科研費グループの仲間である村上郷子さん，宮崎誠さん，菅原真悟さんという3人の力がなければ，本書を出版することはできなかったであろう。また，カンボジアおよびベトナムで実践の支援をいただいた御園生

純さん，実務を担当していただいた田邊美樹さん，高木勝正先生をはじめとする墨田区立押上小学校の皆さん（当時），中村優太先生をはじめとする江戸川区立鹿骨東小学校の皆さん，樋口浩章先生をはじめとするメコン大学・付属国際学校の皆さん，カンボジアのVDTO小学校のブティ先生およびチャンタ先生，インタビューと講演録の掲載を快く承諾していただいた国連文明の同盟のジョルディ・トレントさん，坂本ゼミの学生諸君，そして短期間で本書の編集をしていただいた法政大学出版局の郷間雅俊さんには大変お世話になった。この場を借りて，御礼を申し上げたい。

また，本書を刊行するにあたり，佐伯胖先生に通読をしていただき，「あっぱれ」との評価をいただいた。多忙な時間をさいてご指導をいただいたことに対し深く感謝を申し上げたい。

＊ URLのリンクが切れている場合は次のサイトを利用することを推奨する。
　 The Internet Archive https://archive.org/
＊ 本研究はJSPS科研費25330420の助成を受けたものです。

目 次

はじめに　v

序章　グローバルなメディア社会を生きるために　1

　　1　グローバル化するメディア社会　1
　　2　なぜメディア情報リテラシーなのか　3
　　3　グローバル・メディア社会を生きる　5
　　4　民族憎悪と情報教育　8
　　5　技術主義を乗り越える　10

*　　*　　*

第Ⅰ部　メディア情報リテラシーの理論

第1章　体験的メディア・リテラシー教育論史　14

　　1　メディア・リテラシーとの出会い　14
　　2　メディア・リテラシーへの注目　20
　　3　メディア・リテラシーを再考する　25
　　4　新しいリテラシーへの模索　30

第2章　メディア・リテラシー教育の系譜　34

　　1　アメリカのメディア・リテラシー教育運動　34
　　2　メディア・リテラシー教育の中核原理　37
　　3　批判的教育学とメディア・リテラシーの思想　51

第3章　情報リテラシーと探究学習　61

　　1　情報リテラシー教育の系譜　61
　　2　「探究学習」と情報リテラシー　64
　　3　調べ学習の原点──「生活綴方探究型学習」　66
　　4　教育の現代化と「科学発見型探究学習」　67
　　5　図書館利用教育と「知的生産型探究学習」　70
　　6　ICTを活用した「ICT活用型探究学習」　72

第 4 章　メディア情報リテラシー教育の理論と運動　76

 1　メディア情報リテラシーとは　76
 2　ユネスコ・UNAOC のメディア情報リテラシー　79
 3　メディア情報リテラシー教育運動の展開　87
 4　補足資料――ユネスコ・国連メディア情報リテラシー宣言の歴史　90

第 II 部　異文化協働型メディア情報リテラシー教育の理論と実践

第 1 章　異文化協働型メディア情報リテラシー教育の基礎　98

 1　教育実践のパースペクティブ　98
 2　影像を中心としたメディア・リテラシー概念の展開　100
 3　教育実践の構造と基本概念　106
 4　社会的エージェントとしてのメディア　108
 5　共鳴としてのコミュニケーション　111
 6　フレイレの「対話」について　118

第 2 章　協働学習の可能性　122

 1　「協働学習」とは何か　122
 2　日本における「協働」概念の形成　123
 3　「コラボレーション」としての「協働」　125
 4　「コンピュータ支援協働学習」の登場　127
 5　「協同・共同学習」から「協働学習」へ　131
 6　なぜ「協働学習」なのか？　133

第 3 章　メディア情報リテラシーと「教育的価値」　136

 1　抵抗の教育としての生活綴方　136
 2　「映像化された生活綴方」としてのセルフ・ドキュメンタリー　140
 3　ドキュメンタリー制作の教育性　144
 4　授業「映像実習」の試みから　148
 5　デジタル・ストーリーテリング　153

第4章　異文化探究学習の創造　157

　　1　異文化協働アプローチ　157
　　2　異文化協働型教育実践の構造　161
　　3　異文化協働型教育の授業　172

＊　＊　＊

終章　メディア情報教育学の構築　183

　　「ビジョン」をめぐって　183
　　矮小化された「協働学習」　184
　　学校の中核としての学校図書館　185
　　デジタル教科書をめぐって　186
　　ユネスコのメディア情報リテラシー教育政策の意味　188
　　メディア情報教育学の確立へ　190

付属資料

1　UNAOCプロジェクト・マネージャー，
　　ジョルディ・トレント氏にきく　194
2　メディア情報リテラシー　異文化対話のための教育戦略　202

　　註　216

　　あとがき　227

序 章
グローバルなメディア社会を生きるために

1　グローバル化するメディア社会

　インターネットを初めとする新しいメディアの普及が，社会のあり方を大きく変えつつある。とりわけ，近年のスマートフォンの普及は，誰もがコンピュータを日常的にポケットに入れて持ち運ぶことができる時代になったことを意味する。まさにコンピュータは究極的なパーソナル化をめざし，インターネットは個々人を生涯にわたって電子的に結びつける紐帯となりつつあるのである。
　それだけではない。インターネットの世界に国境はなく，ネット上の発言はそのまま世界に向けた情報発信である。いったんネットに接続すると，世界中のありとあらゆる形式と言語による情報に触れることができ，情報を発信することが可能となる。しかし，今日のメディアは単なる人間の道具ではない。ネット社会におけるメディアとは複雑な自己創出システムであり，一つの社会的エージェント（仲介）として機能する。
　それゆえに，我々の社会への関わり方がどのように変わっていくのか，言明することはむずかしい。社会的エージェントとしてのメディアの発達は，人間がメディアを目的の実現のために道具として活用するという視点を過去のものに追いやってしまったからである。もはや我々は環境としてのメディアに向き合い，対峙し，メディア社会の内側で生きる力を身につけなければならない時代に生きていることを自覚しなくてはならない。
　現象的には，プライベートな空間（親密圏）とパブリックな空間（公共圏）の境目が限りなく曖昧なものとなり，そのためにさまざまな社会的問題が生じる。一方で，公共圏への参加がきわめて容易になり，まさにどこでも誰でも簡単に社会に参加することが可能となる。しかも，その市民社会は国境なき

「全地球メディア社会」(1) なのである。
　こうした技術をどのように扱えばいいのか，多くの人が戸惑っている。いきなり大海にこぎ出した一艘の小舟のように，荒波にもまれてしまう。向かうべき方向もわからなければ，信頼できる地図もない。ましてや学校現場では，一斉に大海にこぎ出す子どもたちを前に，教職員も手をこまねいているのが現状ではないだろうか。
　以前ならば，子どもたちにネットをさせるな，携帯電話を持たせるなといえば済んだが，現代社会はすでにこのようなメディアを社会の構造の一部へと組み込みつつある。問題は使わせない，持たせないではなく，いかにして「グローバル・メディア社会」ともいうべき新たな社会へ旅出たせるか，そのための方法が問われているといってよい。
　一方で，我々が考えなくてはならないのは，国家とは何かという根本的な問題である。メディアによる社会のグローバル化は，これまで国家という枠組みの中に閉じ込められていた国民をいやおうなく世界の岸辺へと導いた。ネット上に行き交うのは玉石混淆の多様な情報の波であり，渦である。情報の波から身を守り，自分の位置を理解するために，国民が利用するもっとも身近な枠組みが国家であり，国家と国民をつなぐマスメディアである。信頼すべき羅針盤も地図も持たない多くの国民が，突然出現した大海の中で，自分の理解できる言語によって語られ，書かれたマスメディアに頼らざるを得ないのはある意味で必然的なことである。それらのマスメディアは国家という枠組みの一部として機能し，国家そのものを形成している。
　しかし，グローバルなメディアがもたらす情報の波は国家の堤防を越えてやってくる。しばしばその情報の波は，国家の枠組みそのものを壊しかねない力を持っている。国家によっては，より高く，より強固な堤防を作り，波の侵入を防ごうとするが，しかしそれは同時に急激に変化しつつあるグローバル・メディア社会の複雑な変化から取り残されてしまうというリスクを負うことになる。
　グローバル化するメディアによって，国家は新しい段階にいたった。今や，国民を統合するためには，一方で世界からやってくる多様な情報の波にさらされつつも，他方でそれらの情報の力を制御するためのメッセージを国民に絶えず伝達し続けなければならない。すなわち情報制御装置としての国家であり，

メディア（とりわけマスメディア）はその一部として機能することを求められるのである。

2　なぜメディア情報リテラシーなのか

　2011年3月11日の東日本大震災がもたらした福島原発事故をめぐる日本の政府，マスメディアの報道はこのような状況をあぶり出した。この事故の結果，大量の放射性物質が放出される事態となったが，国民は本当に起こっていることを知るすべを持っていなかった。筆者の大学は一ヶ月間休校となり，5月に新学期を迎えることになったが，最初の「図書館特講」の授業で受講生に，福島原発事故に関する情報をどこから入手したのか，信頼できる情報は何かというアンケートを行った。その結果，ほとんどの学生がテレビを主要な情報源としつつも，決してテレビを信頼していないと答えたのである。また，政府の記者会見に対する信頼もほとんどなかった。

　この結果は驚くにあたらないかもしれない。しかし，原発事故のように命に関わるような重大な事故に関する情報について，学生たちは政府もマスメディアも信頼していなかったのである。にもかかわらず，彼らが信頼すべき代替情報源を持っていたわけではなかったこともわかった。何人かの学生は海外のニュースサイトなどの情報源をあげていたが，ほとんどの学生たちは信頼できないと思いつつテレビを見るだけで，自らその情報の真偽を調べようともしていなかったのである。

　大学生でさえ，そのような状況であったのだから，ほとんどの国民もまた同様に生きるための情報を自ら検証し，多様な情報源を使うこともなく，漫然とテレビに見入り，ニュースの特別番組を通じて政府の記者会見を見ていたのである。しかし，大学図書館のサイトにはオンラインデータベースがあり，海外のニュースソースがあり，情報の検証をしようと思えば，できたのである。有料データベースを使用できない一般市民であっても，多種多様なメディアを比較し，現地の住民が発信する情報をチェックするなどの努力をすれば，信頼できないと感じていたマスメディアの情報を自ら検証することはできたはずであった。

　残念ながら，現在のほとんどの大学の授業では，メディアを読み解き，多様

な情報源から必要な情報を検索・検討し，活用する方法を教えていない。大学初年次の導入教育においても，もっぱら文章の読み書きが基本であり，インターネットや映像の読み解きといった学習はごく少数のメディア系学部をのぞいてほとんどないといってもよいだろう。1980年代までのインターネット普及以前の社会ではそれでも十分であったといえるが，1990年代後半以降，インターネットの急速な普及によるグローバル・メディア社会時代の到来によって，メディアの読み解きや情報の検索・活用能力が，あたらしい市民の素養として欠かせないものになった。

　当然のことながら，インターネットがない社会を知らない1990年代以降に生まれた子どもが成人する時代になっても，このような能力を育成できる小中学校教師や大学教員が圧倒的に不足しているのが実情である。パソコンの使い方や情報モラルを学んでも，それだけでグローバル・メディア社会に生きる市民になれるわけではない。インターネット社会の到来は，メディアの読み解き能力や情報の検索能力だけではなく，もっと遠い先を見通した力が要求される。

　本来，リテラシーとは識字すなわち文字の読み書き能力のことをさすが，漢字の書き取りのように，ただ文字が読み書きできればよいのではない。パウロ・フレイレは文字を読むことを通して世界を読むことが識字であると考え，そしてそれを成人教育の場で実践した。フレイレは次のように書いている。

> 文字を読み書きするということは，世界をより批判的に再読するということをふくんでいる。それは「世界を作りなおす」ための，いいかえれば世界を変革するための「旅立ち」なのである。それゆえに希望なのだ。またそれゆえに進歩的な識字教育者は，市民性の獲得において言語がもつ重要性を深く認識する必要があるのだ。[2]

　リテラシーとはこのように識字を世界の批判的な再読に用いるという力を含んでとらえられる。このようなリテラシー観を一般に「機能的リテラシー」と呼ぶ。本書もまた，このような理解を踏襲する。単なる文字を読んだり書いたりする力は文字の読み書きスキルである。このようにリテラシーとスキルは区別されなければならない。リテラシーは社会的な機能を持った能力であり，個人的な能力であるスキルではない。しかし，同時にリテラシーとスキルは一体

であり，スキルはリテラシーの中で機能する。

　さらに，一つの目的や価値観の実現のために，多様なリテラシーを駆使して一連の行動を実践する力がコンピテンシーである。コンピテンシーの中に，リテラシーはあり，その中にまたスキルが働くという構造を持っている。情報リテラシーは対象を文字からさらに多様な形態の情報や知識へと拡張したものである。以前，筆者は情報リテラシーを「識知」もしくは「識知能力」と名づけたことがあるが，文字から知識・知恵へと拡張した力だと考えるとよいだろう。

　社会的エージェントとして自己組織化しつつあるメディア社会において，メディア及び情報のリテラシーは，人間の意思を超えた大きな力に対して，抵抗し，対応し，制御し，互いに結びつき，そして民主主義と人権のために変革する社会的な力である。そのためには，リテラシーを個人の内側にとどめて理解する矮小な視点から脱却することがまず何よりも求められる。

3　グローバル・メディア社会を生きる

　今日，もっとも重要なのは，資本主義そのものがグローバル化すると同時に，市民社会が国家という枠組みを超えつつあるという事態である。市民とは自覚的に公共圏に参加し，民主主義社会の形成に関わることができる人間のことをいう。1980年代までは，多国籍企業が登場し，労働者が国境を越えて流動化しても，公共圏がグローバル化したわけではなかった。確かに，1980年代にもインターネットは存在していたし，パソコン通信を使って海外の市民と交流していた自覚的な市民もいた。しかし，世界に影響をもたらすには，その数は少なすぎた。

　しかし，インターネットの普及は，圧倒的な情報の共有と交流を可能にし，世界における言論空間を飛躍的に拡大した。今まで交わることのなかった人々がオンラインで出逢うだけではなく，オフラインの人間関係を強化した。例えば，海外で出逢った人と再会することは大変困難だが，インターネットならば簡単である。このような状況を可能にしたのは，フェイスブックなどのソーシャル・メディアの急速な普及だ。単にネットが接続されているというだけではなく，人間関係を維持し，強化する基盤がグローバル・メディア社会の形成に大きな役割を果たしている。このようにして新しいメディアは社会的エージェ

ントとしての自己創出機能を強化してきたのである。

　とはいうものの，フェイスブックを国内の友人との交流にしか使わないのであれば，メディアのグローバル化を実感することはできないだろう。技術は可能性を普及させるが，それを実際に使い，可能性を現実に変えるのは人間である。そのために踏み出すべき最初の一歩は，我々はすでにグローバル・メディア社会にいるという現実を自覚することである。国家という枠組みの中にひきこもっている自分の立っている位置を再確認し，国家の枠組みを取り払い，グローバル化しつつある市民社会のありように目をこらし，アジアの中の自分，世界の中の自分という位置を見つめ直す作業が必要なのである。

　国家は制度やメディアによって，国民に共通意識の基盤をもたらしている。他の意識基盤を持たなければ，容易に日本という国家の枠組みから抜け出ることができないが，インターネット上にはすでに国家を越えた共通意識を有する多種多様なコミュニティが形成され，国境を越えたアンデンティティの形を見ることができる。例えば日本のアニメファンならば，同じアニメが好きな人々が集うコミュニティを世界中で見つけることができるだろう。そのコミュニティに参加したいと思うならば，言語の問題さえ越えられればいつでも参加することができる。

　一方で，2011年の時点で世界のインターネット人口は約22億7千万人。[3]世界の人口は約71億人であることを考えると，世界のうちの約3割でしかない。インターネットの恩恵にあずかれない人口の中には子どもも含まれている。とりわけ貧困層に含まれている子どもたちはグローバル・メディア社会から完全に取り残されており，接続されていないために，世界にその存在を知られることもない。数億人の子どもたちが世界中のスラムに暮らしており，基本的な生きるための権利さえ十分に保証されていない。

　「グローバル・メディア社会を生きる」とは，単に自分がその社会を意識し，自分の立っている場を理解するだけではなく，その社会の外側との大きな裂け目について，十分な理解をすることである。そうしなければ，グローバル・メディア社会に生きる市民とは言えない。メディア社会は完全ではなく，実際はきわめていびつであり，社会のさまざまなひずみを内包している。

　メディア社会はそれがどんな技術によって進化させられようと，それによって現実世界そのものを変えるわけではない。技術が作り出すのはあくまでも可

能性である。メディア情報リテラシーはその可能性を現実に変えるための能力であり，それらの総体としてのコンピテンシー（行動特性）であり，世界と関わろうとする人間力である。

　グローバル市民社会は，市民社会そのもののグローバル化を志向する。すなわち，国境を越えて自立した諸個人が自由に結合し，公共圏の形成を志向する社会であり，グローバルなシチズンシップ（市民の力）がそれを支える。グローバル市民社会は国家内の市民社会がそうであるように，NPOやNGOなどの自立的なコミュニティや自立した諸個人によって構成され，市民社会の平等や自由権，社会権の確立と民主的政治参加を原理とし，さらにそれを世界に拡大することをめざす。当然のことながら，世界に不平等を広げ，抑圧を生み出す政治的権力や経済的不平等とはしばしば対立し，葛藤する。

　例えば，グローバル・キャリアという用語をオンラインで検索してみると，そのほとんどがグローバル市場で活躍する人材育成のことをさしていることが分かる。そこで想定されるのは，ユニクロや楽天が労働者に求めるように，世界に通用する英語能力を身につけ，世界市場で勝ち抜くための能力を持った人材である。今日，日本の大学が取り組んでいるグローバル人材育成のほとんどはこうした視点から，英語教育を中心にして推進されている。しかし，全地球的(グローバル)とは文字通り，発展途上国を含む全地球のことであることを忘れてはならない。

　世界には多種多様な言語が存在し，文化的多様性に満ちている。そして，社会的・経済的不平等と格差が人間同士の紐帯を引き離し，矛盾や葛藤は戦争を引き起こしている。それが直視しなければならない世界の現実であり，克服しなければならない課題である。

　グローバル市民社会にとって，必要なのはグローバル・シチズンシップを持ったグローバル市民である。そのためには，何よりも国境という色眼鏡を外して，世界を見る必要がある。すると目の前に今まで見えなかった世界が見えてくるはずだ。しばしばユネスコの議論は発展途上国がメインであり，経済的に恵まれていて紛争も戦争もない日本は違うのだという議論を耳にすることがあるが，それは世界を自分の問題ととらえられない偏狭さを意味している。

　本書の第Ⅱ部では，メディアを活用した異文化交流の授業実践を取り上げているが，その実践経験からはっきりとわかったことは，異文化交流はメディ

ア・リテラシー教育や情報リテラシー教育の単なる応用ではないということである。自己と異なる文化や他者との出会いを内包する教育実践は，教育実践そのものの新たな段階を意味しており，この意味でグローバルな教育実践とは，認識論的に国内しか見ていない教育実践とは，まったく質の異なる実践である。ボーダーを超えるということは，単に国内のものを外に持ち出すのではなく，ボーダーレスな世界観と出会うことなのである。そこでは，日本人としての自覚ではなく，世界人としての自覚とグローバルなシチズンシップが求められる。それゆえに，メディア情報リテラシー教育は，異文化交流・対話を内包していると考えなくてはならない。前者を後者へと応用することだとは決して考えてはならない。

　さらに，教育実践における異文化交流・対話のモメントは，教育の双方向性だけではなく，教育の平等性の問題を浮き彫りにする。先進国の学校間交流ならばほとんど問題にならないような環境の不平等が，先進国と発展途上国の学校間交流には必ず現れるからである。この問題は，リテラシーの概念に対しても大きな影響をもたらすことになる。筆者はこうしてアマルティア・センの潜在能力概念の重要性に気がつくことになった。センは潜在能力を「人が行うとのできる様々な機能の組合せ」[4]と定義し，おもに福祉について語ったのだが，発展途上国との異文化交流・対話は子どもの発達環境や学校環境の潜在能力の問題を露わにするのである。それは決して教育実践に直接関係のない準備や背景の問題と考えるべきではない。教育実践は一つの社会的な活動であり，異文化交流・対話は必然的にそれに関わる社会的・環境的問題を，実践そのものの問題として目の前に示すのである。

4　民族憎悪と情報教育

　残念ながら，現実の社会はグローバル市民の育成からほど遠い。日本では周知の通り，若者たちの一部に「反韓嫌中」思想が蔓延し，新宿の新大久保には連日のようにヘイトスピーチ・デモが繰り返され，ネット上には，他民族に対する憎悪の言葉が渦巻いている。インターネット普及前にはこのような状況を見ることは滅多になかった。トイレの壁の落書きを読む人は少ないが，インターネット上の匿名掲示板は，無数の人たちが見ることができる。インターネッ

トは人々を結びつけ，力を与えてくれるが，それは民族憎悪を駆り立てようとする人たちにとっても同様である。

　さらにこうした風潮をメディアがあおり立てている。オンライン・ニュース・サイトのアクセス・ランキングを見ると，反韓・反中を話題にしたメディアの配信記事が上位に並ぶ。インターネットが普及していなかった頃は，新聞や雑誌は購入しなければ読むこともできなかったが，今日では手軽に無料のネット記事を読むことができるため，内容の質にかかわらず，大衆受けする記事がよく読まれることになる。その結果，大衆の味方を詐称するイエロー・ジャーナリズムが跋扈することになる。このようにしてますます民族憎悪の土台がつくられていくのである。

　しかしこれほど民族憎悪があらわになっている日本社会でさえ，移民人口は1％程度しかない。軒並み10％を越えるヨーロッパでは，民族憎悪が国家そのものを脅かす存在となっている。最近の事例では，高福祉社会で平和な国というイメージのあるスウェーデンで2013年5月19日から一週間にわたって，首都ストックホルムの移民が多く住む地区で移民の若者たちによる暴動が起こった。その背景には移民に対する差別と失業があったという。

　さらに，移民問題を背景にヨーロッパ各地で極右政党が台頭している。例えば，ヒトラーの出身地であるオーストリアでは，最近の選挙で極右政党のオーストリア自由党とオーストリア未来同盟が総選挙で合わせて29％の票を得たという。[5]もちろんこの背景には，移民問題が存在し，両党は移民排斥を政策としているのである。このように，民族憎悪は移民問題を媒介に，世界中に拡大し，深刻化しつつある。そして民族憎悪をエネルギー源としてテロリズムは力を増し，世界を脅かし，そして戦争を惹起する。

　どこの国でも民族憎悪はネットを通じて拡散し，強化される。不信と反感，そして暴力の連鎖が人権と民主主義の根幹を破壊する。もちろん，国連もEUもこのような現状に対して手をこまねいて見ているわけではない。何よりもヨーロッパのほとんどの国では何らかのヘイトスピーチ規制法があり，あからさまな民族憎悪表現は禁止されている。しかし，本質的な問題は政治で解決すべきであり，さらに重要なのは教育である。本書で取り上げる国連やユネスコのメディア情報リテラシー教育はその一つの答えである。

　しかし，日本の教育政策はこの問題に何一つ答えようとしていない。それど

ころか，他民族の尊重や対話のための教育よりも愛国心教育の方に執心しているかのようだ。情報教育の分野はどうだろうか。いったい誰が情報教育と民族憎悪の問題を論じているだろうか。残念ながら，国連やユネスコの認識と日本の情報教育関係者との間に大きな距離を感じないわけにはいかない。もともと，日本の情報教育研究者はこのような政治に関わる問題を正面から扱うことをしたがらない傾向がある。しかし，今日の民主主義社会に立ちはだかりつつあるこの問題こそ，21世紀の「グローバル・メディア社会」の根幹に関わる重大な問題である。

5　技術主義を乗り越える

　なぜ，日本の情報教育は，非政治的であろうとするのだろうか。非政治的であるということは，政治的中立であるということを意味しない。教育自身がよって立つべき教育的価値の原則，教育原理を持たないために，結果的に政治に従属することになるからである。レン・マスターマンが技術主義について，「メディア・リテラシー教育とメディア・クリティシズムを，純粋に技術的操作であるとみなす縮小的プロセス」[6]と呼んだように，技術主義はメディアを批判的に読み解く社会的・歴史的視点を矮小化し，あるいは無視してしまう。

　こうして，情報教育をめぐる最大の問題は，社会的真空に立っているかのように装う技術主義であり，そのような思想が日本の教育界に蔓延していることである。国家間の技術導入競争は同時に技術教育導入競争でもある。他の国は日本よりも優れた技術を導入している，だから日本も導入しなくてはならないといった発想をそのまま教育に当てはめようとすると，そこでは教育上の必要性に関する視点は軽視もしくは無視されてしまう。その結果，教育現場が混乱するばかりか，本当に新しい時代への対応を見失ってしまうのである。

　今日の情報教育政策は2010年に高度情報通信ネットワーク社会推進戦略本部によって決定された「新たな情報通信技術戦略」の重点施策によるものであり，もともと教育戦略ではなく，技術戦略の一部であった。その中には「子ども同士が教え合い学び合うなど，双方向でわかりやすい授業の実現」[7]といった文言が含まれているが，その直前に「情報通信技術を活用して」と書かれている。少し考えればわかることだが，本来はまず「双方向でわかりやすい授業」

の実現という教育政策上の目標を立て，その一つの方策として ICT 活用があるべきなのである。そもそも ICT があろうとなかろうと，そのような授業の実現のために，不断の努力が可能であるような教育現場であることが何よりも重要であろう。しかしこれらの政策がトップダウンで進められているのが現実である。

　技術主義は，政策となることによって，産業界と結びつき，新しい利権を創り出す。予算を取り，機器を導入しても，その価格に合わない成果しか得られない事例は数多くあるが，そのような失敗事例が学会に報告されることはまれである。しかし，大学においてさえ，そのような事例は少なくない。

　問題は技術を導入することではない。教育の理念や目的のための技術をめざすのではなく，技術を優先する思想によって，教育の理念や目的を浸食してしまうことにある。総務省が進めたフューチャースクール事業は事業仕分けで継続が中止となったが，その理由は「10 校でやる必要性や効果が不明確な中で拡充するという正当な理由が見当たらない」[8]というものであった。フューチャースクールの成果は『教育分野における ICT 利活用推進のための情報通信技術面に関するガイドライン（手引書）～フューチャースクール推進事業をふまえて～』（2011 年）にまとめられているが，一校あたり 5000 万円の予算に見合う成果だったのか，実際，大いに疑問が残る。

　2011 年に発表された「教育の情報化ビジョン」は，政策の主体が文科省になったとはいえ，こうした政策の延長線上にある。授業に ICT を活用することを前提にそのための学校のあり方を検討してつくられたこのビジョンは，そもそも問題の立て方にこそ大きな問題があった。

　本来は，21 世紀の情報社会・知識社会がもたらす教育課題にどのように答えるべきか，そしてその解決のために ICT をどのように活用すべきかと問うべきであった。さまざまな教育研究者や実践者は，それらの問題を洗い出し，取り得るべき教育改革案を検討し，教育工学研究者はその実現のための ICT 環境の実現に努力すべきであった。

　筆者のこのような視点は，実際に発展途上国の学校で ICT 教育支援をやってきた経験に基づいている。筆者が毎年行っているカンボジアにはインターネットはもちろんのこと，コンピュータすら十分ではない。そのようなところでは，最小限の情報機器で最大限の教育効果をあげるよう努力しなければならな

い。しかしそれ以上に，何のためにそれが必要なのか，カンボジアの学校関係者や教師と何度も話し合い，合意を得る努力が必要なのである。ここでは技術主義は通用しない。日本で技術主義が蔓延するのは，それが教育政策ではなく，産業政策だからだといえる。

　筆者が国連やユネスコのメディア情報リテラシー教育運動を高く評価し，そこに関わってきたのは，このような技術主義を越えた理念を持ち，それを共有する世界中の研究者，実践者，行政関係者，市民によって支えられているからである。その思想はまさに全地球的(グローバル)である。しかし，ユネスコのプロジェクトは始まったばかりであり，筆者がみるところ，課題も多い。

　本書の後半では，筆者が約十年にわたって，文科省科学研究費グループによる研究を通じて，作り上げてきた異文化探究学習の実践と理論を紹介する。もちろん，このプロジェクトは，技術主義に陥ることのないよう進めてきたものである。ただし，プロジェクトのすべての成果を本書に掲載することはできない。現在進めているものについては，本書とは別にまとめるつもりである。

第Ⅰ部

メディア情報リテラシーの理論

　メディア情報リテラシーとは，さまざまなリテラシーを統合したユネスコの新しいリテラシー概念であるが，基本的にはメディア・リテラシーと情報リテラシーを土台にしている。日本では，情報リテラシーをコンピュータやアプリケーションソフトの使い方など，情報処理の基礎的なスキルとしてとらえる見方が一般的だが，国連とユネスコの考える情報リテラシーはIFLA（国際図書館連盟）による図書館（とりわけ学校図書館）を土台とした情報へのアクセス，評価，整理，共有といった一連の探究プロセスを含む諸能力の総体のことをいう。この中には日本でよく使われる「情報リテラシー」すなわち「情報処理スキル」も含まれることになる。

　第Ⅰ部では，メディア・リテラシーと情報リテラシーの基本的な考え方を紹介し，最後に国連とユネスコの「メディア情報リテラシー」の基本的な考え方と世界的に展開されつつあるユネスコの新しいプロジェクトについて解説を行う。

第1章
体験的メディア・リテラシー教育論史

1 メディア・リテラシーとの出会い

　本章では、筆者の個人的な経験を通してメディア・リテラシーの歴史や議論をたどってみたい。「なぜ、国連・ユネスコのメディア情報リテラシーなのか」という問いを受けることがよくあるが、これまでの経験から、個人的な経験を通して説明する必要を感じたからである。

　なお、筆者は「メディア・リテラシー」と表記するが、これは「メディア・リテラシー」はまず何よりも「識字能力（リテラシー）」の拡張であると考えるからである。論者によっては「メディアリテラシー」と表記する場合もあるので、そのような文献からの引用は論者の表記をそのまま使うことにする。

　筆者が法政大学に赴任したのは1996年のことだが、当初は教職課程の主たる科目として「教育方法論」を担当していた。1988年、旧教育職員免許法施行規則の教職専門科目の一項に「教育の方法及び技術（情報機器及び教材の活用を含む）に関する科目」が追加され、それまで趣味の世界に過ぎなかったコンピュータが教員養成の現場に必須となった。そのときを境に、筆者の研究も大きく変わっていくことになる。

　もともと筆者は情報教育を専門にしていたわけではないし、ましてや教育工学や教育メディア学とはまったく無縁であった。大学院生時代は教育思想・教育政治学を専門にしており、当時ブームだった再生産論や葛藤理論、ポストモダニズムに関心を持っていた。その中でもとりわけ興味を抱いたのは、アメリカのヘンリー・ジルーらの「批判的教育学（クリティカルペダゴジー）」[9]だった。彼が『教育における理論とレジスタンス』を出版したのは1983年。再生産論やポストモダニズムを乗り越えて、新しい教育学を創り出そうとする意欲に満ちた本だった。前書き

を書いたのはフレイレであり、この理論の中核にフレイレがあった。この本によって、批判的教育学は誕生したといってもよい。筆者は彼らの本に夢中になったものである。そのときは二十年後に再び彼の理論に出逢うことになるとは夢にも思っていなかった。

さて、筆者が情報教育の世界に足を踏み入れたのは、教育系出版社を退社し、大学院博士課程に進学した後、たまたまアルバイトがてらに始めた仕事がテレビ・ゲーム雑誌の編集だったことがきっかけだった。おりしも子どもたちの間でテレビ・ゲームが大人気となり、教育関係者にとっても大きな課題となりつつあった。

そのことを知った大学院修士時代の恩師海老原治善から国民総合教育文化研究所に設置されたコンピュータ教育研究会に誘われることとなった。その時にお会いした佐伯胖の東大の大学院ゼミに参加することになり、当時話題になりつつあったレイヴとウェンガーの「正統的周辺参加としての学習」をめぐる議論に触れることになった。

認知心理学という学問の枠を越えた理論を知ることは、その後の研究生活に大きな影響を与えた。コンピュータ教育はもっぱら教育工学の範疇であったが、一方、認知心理学派は、機械中心の教育工学とは大きく異なるスタンスに立っていた。心理学も教育工学もまったくの門外漢であったが、そのような環境でコンピュータ教育に接することとなったため、当時としてはもっとも早い時期に教育学的な情報教育論を模索することとなったのである。

こうしてコンピュータ教育に関するいくつかの論文を書く機会を得た。筆者のスタンスは教育工学でもなければ、心理学でもない、文化としてのコンピュータという視点からコンピュータ教育の思想と実践を描こうとするものであった。現職に就く直前に書いた「情報化社会と学校教育――電子メディアと変容する教育の理念」(『講座学校　第3巻　変容する社会と学校』)はそのような筆者の立場を明瞭に示したものであった。この時期にいくつかの論考を書いているが、そのいずれもが同じ視点で論じたものである。

同時に、この頃はメディア・リテラシーが教育関係者から注目されつつあった時期でもある。1997年、神戸で世間の耳目を集めた猟奇的な児童連続殺傷事件が起こった。いわゆる「酒鬼薔薇事件」である。容疑者の少年はホラー映画を愛好し、部屋にはおびただしいビデオがあったといわれており、この事件

をきっかけに，テレビやビデオに対する規制が議論されることとなった。

　その一つの形が 1998 年の中央教育審議会「幼児期からの心の教育の在り方について」答申であった。この答申では，メディア・リテラシーへの注目と同時に，テレビ業界やビデオ業界に自主規制を求め，アメリカでも導入が進められつつあった V チップの導入についても検討すべきだと述べられていた。これはテレビに視聴制限機能を付加するものであり，製造時にテレビ内部に付加するものである。

　このようにマスメディアに自主規制を求め，V チップの導入を進めようとする動きに素早く反応したのは，表現の自由を重視するメディア研究者たちであった。当時，V チップ問題をめぐって開催されたシンポジウムに教育関係者として登壇したことがあったが，その際，主催者からこの問題を扱っている教育研究者を探すのに苦労したと聞かされたことを思い出す。実際この頃，メディア規制と教育の問題を論じている教育研究者はほとんどいなかった。1997 年に『メディア・リテラシーを学ぶ人のために』（世界思想社）を出版した鈴木みどりは当時もっとも著名なメディア・リテラシー研究者だったが，教育学者ではなく，社会学者であった。FCT（市民のメディアフォーラム，現在はメディア・リテラシー研究所）が主催するシンポジウムで議論をする機会があったが，メディアとしての学校を論ずる筆者に対し，自分は教育の専門家ではないと語り，市民運動としてのメディア・リテラシーの立場を強調していたことを思い出す。

　ところで，鈴木は前掲書の中で，1992 年に「メディア・リテラシー運動全米指導者会議」によってまとめられた定義を紹介している。

　　　メディア・リテラシーとは，市民がメディアにアクセスし，分析し，評価し，多様な形態でコミュニケーションを創りだす能力を指す。この力には，文字を中心に考える従来のリテラシー概念を超えて，映像および電子形態のコミュニケーションを理解し，創りだす力も含まれる。[10]

　この定義は，イギリスや北米のメディア・リテラシー教育運動の流れの中にあるものであり，今日においてもメディア・リテラシーの中心的概念だといってもよい。

しかし，鈴木はこの定義をそのまま用いず，日本では学校教育の一環に位置づけられるのは当分先のことだと考え，市民運動を中心に置いた原理として次のような定義を提案している。

　　メディアリテラシーとは，市民がメディアを社会的文脈でクリティカルに分析し，評価し，メディアにアクセスし，多様な形態でコミュニケーションを創りだす力を指す。また，そのような力の獲得をめざす取り組みもメディア・リテラシーという。[11]

　つまり，メディア・リテラシー運動そのものもメディア・リテラシーの概念に包含したのである。鈴木が市民運動としてのメディア・リテラシーというとらえ方をいかに重視しているかよくわかる定義であり，同時に日本ではもっともよく知られた定義となった。
　FCTは毎年5月頃に夏期講座を開催しており，筆者も当時参加したことがある。全国各地から集まった学生や教職員，メディア関係者とともにワークショップを行った。それはテレビ番組の分析とディスカッションのスキルを身につけるものであった。分析シートの使い方，映像の分析のための基本的な視点，ディスカッションの仕方，これらは典型的なメディア・リテラシーの学習スタイルである。メディア・リテラシー教育の中核にあるのはメディアの読み解きであり，分析であることがはっきりとわかるものであった。
　さて，1998年には郵政省と民放連，NHKが「青少年と放送に関する調査研究会」報告書を出している。メディア総合研究所がブックレット『Vチップ　テレビ番組遮断装置は是か非か』(花伝社)，トロント市教育委員会編『メディア・リテラシー授業入門』(学事出版，吉田孝訳)が出版されたのも1998年である。そして何よりもNHKがETV特集「メディアは今　メディア・リテラシー〜カナダの取り組み」を放映し，長野県立松本美須々ヶ丘高校放送部が松本サリン冤罪事件を扱ったドキュメンタリー「テレビは何を伝えたか」を制作したのも1998年であった。こうして1998年はメディア・リテラシーという言葉が日本で大きな注目を浴びることになった原点とも言える年となった。
　当時，筆者は「教育政策・運動の現段階とメディアリテラシー」(『教育』1999年2月号)でこれらの状況の意味を検討し，「メディアリテラシー運動は，

まさにマルチメディアへの性格に応じた形態で，子ども・青年や社会的弱者へのエンパワーメントという政治的課題を有している」と書いた。メディア・リテラシーの内容だけではなく，その概念の社会的な現れ方や扱われ方に注目し，教育的意味を考察すべきだと考えていた。

1999 年，水越伸が『デジタル・メディア社会』（岩波書店）を著した。この本もまたメディア・リテラシーに関心を持つ人々に大きな影響を与えることなった。彼はこの本の中で「複合的なメディア・リテラシー」という概念を提示し，鈴木とは異なるメディア・リテラシーの定義を行っている。

> メディア使用能力，受容能力，表現能力，これら三つを束ねて丸めた総体が，メディア・テラシーである。人間は身体を動かして道具を用い，なにかを作ったり，表現することによってはじめて，そのものごとを理解することができるのである。メディアを使用し，表現することを通じて，より深く，批判的にわかることができる。このような循環性の中で，メディア・リテラシーの理論と実践をとらえていくことが重要だ。(12)

水越もまた教育学者ではなく，社会学者であるが，彼の議論は多岐にわたっており，それは学校教育固有の問題にも及んでいる。正統派のメディア・リテラシー論はもちろんのこと，オルタナティブ・メディアやビデオ・ジャーナリスト，そしてメディアの制度論にまでいたる。こうした幅広い領域をカバーした論述は他の論者には見られなかったものだ。彼の議論の核は，メディアに関する 3 つの能力の複合と受け手・送り手の対立図式からの脱却としての循環という考え方であった。

この定義には必要な事柄がすべて網羅されている。メディアの批判的視聴だけではなく，表現し，コミュニケーションする能力が必要なのはいうまでもない。使用し，表現することによって，批判的にわかることができるという指摘はもっともである。

> メディア受容能力は，新聞記事やテレビ番組などを，特定の社会の中で特定のメディア事業体が生み出した情報の構成体としてとらえ，その特性や文脈に基づき，批判的に受容し，解釈をすることができる能力のことである。ここで

いう「批判的」とは，マスメディアをたんに悪者扱いしたり，内容の非難をするといった狭い意味ではなく，制作の論埋も理解しつつ，幅広い視野のもとで建設的な議論をしていく姿勢を意味している。(13)

　彼はメディアを悪者扱いしたり，内容の非難をしたりするのではなく，幅広い視野で建設的な議論をしていくことが「批判的」だと述べている。ここには水越のメディア・リテラシーに関する原則的な立場が描かれているといってよいだろう。
　同時に「批判的」には「分析的」という意味も含まれる。鈴木が主張してきたように，「クリティカル」とは分析的であることであり，そこには固有のスキルが必要である。2009 年の NAMLE セントルイス会議では，クリティカル（批判的）とスケプティカル（懐疑的）は異なるのだということが議論されていた。日本語の「批判」は「非難」のニュアンスを含んでしまうが，「クリティカル」は日本語での「吟味」の意味に近い。
　実際，メディア・リテラシー教育実践の中では，メディアの読解と制作が一体のものであることを筆者も実感させられている。分析的に読解することが，制作につながるのである。ただし，子どもの発達段階によっては，作ることに重きを置くべき時期もあると考えられる。なぜならば分析的にメディアを読み解くことができるのは，小学校高学年以降だからである。この点については本書の後半で触れるが，ここではメディアの読み書きは教育過程の中で分かちがたく結びついたものであることを指摘しておきたい。
　もう一つ考えなければならないことは，主体の問題である。先に挙げた鈴木みどりの定義と比較するとすぐに分かることだが，批判的な読み書きを重視するメディア・リテラシーの立場では，リテラシーの主体は市民であり，市民となる権利を持った子どもであることが強く意識される。メディア・リテラシー教育は，「マスメディア対市民」の対抗軸の中で考えるべきかどうか，一つの論点となるだろう。いいかえれば，メディア・リテラシーの中核を市民メディア運動ととらえるのか，それとも社会的な広がりを持つメディア表現活動ととらえるのかという問題でもある。ただし，どちらの立場も学校教育固有の実践としてメディア・リテラシー教育をとらえているわけではないし，「メディア・リテラシー教育」という概念を中心にした議論をしているわけでもない。

前者はメディア・リテラシー運動であり，後者はメディア・リテラシー実践としてこの問題を扱っている。教育学的観点からの議論を行うためには，新たなアプローチが必要である。

　なお，水越は2001年から2005年まで東大大学院情報学環を中心に，「メルプロジェクト」と名づけられた幅広い運動体を立ち上げ，後で紹介する民放連のメディア・リテラシー・プロジェクトに関わることになる。そして2007年からはメルプロジェクトを継承したメル・プラッツへと移行した。メル・プラッツは2012年で活動を停止しているが，2014年度以降に新しい活動を再開することが期待される。これらの活動は社会学，教育工学から市民メディア活動，ジャーナリズムまで含む広範な運動を創り出したという点で画期的であった。

　もう一つ，この時期に出版された本をあげておかなければならないだろう。一般に広くメディア・リテラシーが知られるようになったきっかけの一つは，2000年の岩波新書『メディア・リテラシー——世界の現場から』(菅谷明子著)の刊行である。本書はメディア・リテラシー教育の発祥地とも言えるカナダ，イギリスに加えてアメリカの現状をルポしたもので，実際に現場を取材して書かれているため，具体的でわかりやすい内容となっている。また，それぞれの国のメディア・リテラシー教育の現状を知ることで，日本での普及について考えることができるきっかけともなった。

　菅谷は2003年に同じ岩波新書として『未来を作る図書館——ニューヨークからの報告』も出版している。こちらはニューヨーク公共図書館の先進的なビジネス支援サービスを紹介し，図書館界でも評判になった。メディアと図書館，この二つがつながることでメディア情報リテラシーの概念が作られることになるのだが，菅谷の仕事はそのことを予感させるものであった。

2　メディア・リテラシーへの注目

　2000年前後を境に，教育関係者の間に，次第にメディア・リテラシーへの関心が高まりつつあったとはいえ，それはきわめて限定的なものであった。その理由はいくつかあげることができる。その一つは日本の情報教育政策の中でメディア・リテラシー教育がほとんど顧みられることがなかった点である。

　教育政策の中では，メディア・リテラシーは放送分野つまり当時の郵政省

（現総務省）および文部省（現文科省）スポーツ・青少年局が中心となって進めてきた。つまり，情報教育政策の中心に位置づけられたことはなかったのである。国語科の一部としてメディアを教える領域が作られたこともなければ，メディア科が設置されることもなかった。情報教育の中心はコンピュータであり，メディアではなかったのである。

　今日までメディア教育もしくはメディア・リテラシー教育を中心的な研究領域とする学会は存在しない。一見よく似た日本教育メディア学会は存在するが，もともとは日本視聴覚教育学会と日本放送教育学会が統合して作られたものであり，メディアを教えるための学会ではなく，本来は教育メディアを研究する学会である。教育学の分野になると，教育実践者だけではなく，研究者レベルでもメディア・リテラシー教育を専門とする研究者もきわめて限られたものであった。

　一方，メディア・リテラシーはテレビ放送と結びつけて理解されることが多く，メディア・リテラシー教育の主たる担い手はテレビ局だといっても良い状況があった。その中心になったのが民放連であった。

　1999年以降，民放各社による『テレビキッズ探偵団』の制作と放映，および2001年以降はメルプロジェクトと共同しながら，メディア・リテラシー・プロジェクトを進めてきた。

　このプロジェクトは民放局員が学校と協力して番組制作を行い，地域のテレビ局で放映するというものである。生徒たちはプロが用いる機材や技術を目の当たりにし，テレビ放送になりうるような質の高い番組作りの技術を学ぶことができる。そして映像の読み解きよりも先に制作（表現）を重視するのは，メルプロジェクトの基本的な考え方を土台としている。2002年度の民放連「メディアリテラシー・プロジェクト」報告書には次のように書かれている。

　　地方局と学校や地域の子どもたちのグループが，ともに番組を制作する中で，メディアリテラシーを学びあう。作られた番組はその放送局の編成枠で実際に放映される。子どもたちをはじめとするこれまで受け手だった人々は，地方局とともに番組を作ることで，放送メディアの特性や番組構成のプロセスを学ぶことができる。さらに表現することを通じて，より注意深く，多角的に放送を視聴することができるようになる。

一方の地方局は，受け手に自らの活動を説明したり，教えるプロセスでメディア表現の営みを振り返り，自分たちがどのような存在なのかをもう一度とらえなおすことによって，送り手のメディアリテラシーを獲得する。さらに地域における放送局のアイデンティティを再構築していく。

　放送局が視聴者に対して，撮影技法などを講習したり，視聴者が作ったビデオ映像を放映することは，民放，NHK を問わず従来も行われてきた。しかし今回の試みは，プロと視聴者とが共同して番組を作り，オンエアーを実現すると同時に，その過程で送り手と受け手のメディアリテラシーに関する学びあいを実現したというところに独自性と新しさがあったと考えている。[14]

「メディア表現」という用語は水越の考えるメディア・リテラシー実践のかなめである。水越は，メディア・リテラシーは下部に「メディア遊び」，上部に「メディア実践」と結びつきながら，全体的な実践構造を持つものととらえるのだが，重要な点はメディア表現とその受容の循環は前者が後者に先んずるということである。

　まず表現することによって，自分の意図がかたちになって表れることを経験する。最初のうちは，操作や技法的なことに注意をとられるが，徐々に意図と表現との対応に意識が向くように学習をコーディネートする。このことによって，メディアが人間によって構成されていることが，身をもって理解できるようになる。
　その身体的理解をもとに，自分や他者が作った作品を批評し，自分たちの活動を振り返る。今度は，表現されたものから意図を抽出する活動になる。最初は自分と違う視点から構成された意図を読み解くことは難しいが，ディスカッションの中で，徐々に他者の視点が内面化され，意図と表現のつながりが深化する。[15]

このように，まず表現することからはじまり，それを自他によって批評する。そしてそれが新たな表現へとつながっていく。このような循環モデルを土台に，民放連のメディア・リテラシー・プロジェクトでもまず先に番組制作が行われることになるのである。

実際に行われた実践レポートは大変興味深いものであり，生徒は番組制作の過程で多くの気づきを得ている。普段何気なく見ているニュース映像がどのように作られているのか，意図的な構成とやらせはどのように違うのか，頭だけではなく手と足を使った活動を通して考える機会を得ることができた。
　しかし，テレビ局と学校の協働実践は，その形態上の問題を孕んでいる。すべての学校が同じように放送局の協力を得ることは不可能だからだ。学校教育の現場から見れば，もともとこのプロジェクトは放送局の協力がなくても可能な実践のあり方を志向しなければ，せっかくのメディア・リテラシー実践も教育政策全体に影響を与えることが難しいということになる。そしてより本質的な問題は，レン・マスターマンが学校に対するテレビ局の支援について述べた次の言葉である。「絶対明確にしておかなければならないのは，メディア教育の目的は脱神話化であり，批判的であるということである。公教育とPRの間にははっきりとした線引きがされなければならない」。[16]
　1999年にはメディア・リテラシー教育にとって，もう一つ大きな出来事があった。民間教育団体の「授業づくりネットワーク」が本格的にメディア・リテラシーを取り上げ，『授業づくりネットワーク』9月号（学事出版）で「メディア・リテラシーの授業づくり」を特集にしたのである。この動きは放送局に頼らない学校現場でのメディア・リテラシー教育運動の可能性を示唆するものであった。
　筆者も同ネットワークが主催したワークショップに参加したことがあるが，このことは学校現場から主体的にメディア・リテラシー教育を研究・実践しようという機運を示す一つの象徴的な出来事であった。同ネットワークは「メディアリテラシー教育研究会」を作り，2006年には独立した組織として日本メディアリテラシー教育推進機構を設立している。
　同号では，メディア・リテラシーとは「情報識別能力」だとされる。情報処理能力や情報発信能力は，この能力の基礎ではあっても，メディア・リテラシーではないという。[17] 実際，本誌に掲載されている実践の多くはテレビ番組を分析し，評価するものが多いが，それがすべてではなく，実際にはメディアを制作する実践も含まれている。それでもなお，同団体の志向するメディア・リテラシー教育は，カナダのメディア・リテラシー教育から強い影響を受けた，メディアの分析的読み解きを中心としたものであると言える。

民放連のプロジェクトが制作を中心に構成することを志向するのに対して，同ネットワークの実践は読解をその中核に置くことを志向するものであった。これにはいろいろな理由が考えられる。もちろん，主導する研究者の考え方や背景による点もあるが，そもそも学校現場にはメディア制作が自由にできる人的・物的環境が整っていないこともあげられる。どちらの実践も主たる教材はテレビの番組だと考えられていることも，この問題の背景にあげることができるだろう。もちろん，番組制作が学校現場で不可能なわけではない。放送部による番組制作を行っている学校もあれば，教師自ら「総合的学習の時間」を用いて番組制作の実践に取り組んでいる例もある。しかし，それらはあくまでも特別な実践例にとどまるものであった。

　一方，この雑誌には，後のメディア・リテラシー教育運動につながる特筆すべき実践報告が掲載されている。川崎市の中学校教師の中村純子による「メディア自分史で自己紹介」と名付けられた実践である。この実践は「生徒達が自分の生い立ちを振り返り，メディアとの関わりを年表風にまとめ，『メディア自分史』を作成する」[18]というもので，国語教育における自分史制作としてメディアとの関わりを生徒に考えさせている。中村は授業のねらいを次のように書いている。

　　本校の生徒達は小学校六年生の国語「創造・六上」（光村図書）で「国境を越える文化」（清水克雄）を学んできている。「国境を越えて，共通に楽しめるメディアを手にした現代の子供達は人とつながり合う大きな可能性を手にしている」という主旨を受け，よりよい「メディアの使い手」となるメディア・リテラシーの力を伸ばしていきたい。[19]

　国語教育の一環であること，グローバルな視点を持っていること，そして何よりも，メディアをアイデンティティ形成の問題として自覚的に扱っている点で，この実践は画期的であった。中村はその後，国語教育の分野におけるメディア・リテラシー教育の第一人者として活躍することになる。

　2000年代以降，国語教育の領域は，教育学におけるメディア・リテラシー研究の最前線の一つとなった。砂川誠司は国語科におけるメディア・リテラシー教育の実践を検討した結果，「教師たちはおそらく，各々メディア・リテラ

シーという言葉を解釈し，自らの実践に新たな可能性を持たせることに期待を寄せて実践を行っている。そうした新たな可能性はまず，扱う教材の範囲の広がりにみることができた。そして多様なメディアは，その特性のどういった側面を扱うかということを中心に教材化されている。そしてより現実的な方法は教科書をうまく利用して行うことでもあった」[20]と述べている。つまり，教科書を活用することで，現在学校の日常の中で進めている国語教育の中でメディア・リテラシー教育実践の積み上げが可能であることを示している。

総務省は 2007 年度までは，メディア・リテラシーを放送分野に限ったものとして使用していたが，その後メディア・リテラシーという用語にかえて ICT リテラシーと合体させた「ICT メディアリテラシー」という用語を使うようになり，ICT メディアリテラシー育成プログラムの調査・開発を始め，その観点から各種教材を配信するようになった。

2007 年 3 月に筆者は総務省の依頼を受け，神奈川県立相武台高校の中山周治教諭，毎日映画社とともにメディア・リテラシー教材「もう一つのウサギとカメ～映像のよみときを学ぶ授業」を監修した。この教材はテレビ放送を中心にしたものだが，この教材の原案は生徒が作った短歌の映像化であり，まったく異なったものであった。制作過程で総務省側から放送分野に限ることを指示され，変更を余儀なくされたのである。その直後に，総務省の方針が変わったのは皮肉なことであった。

しかし，今なお，メディア・リテラシーがテレビ番組の見方や制作の授業として見なされる風潮が変わったわけではない。こうした狭い理解の仕方が，メディア・リテラシー教育が教育政策の中核に位置づけられることができなかった原因の一つであろう。

3　メディア・リテラシーを再考する

筆者は現職に就いたときは教職課程担当であったが，学内の事情により，その後図書館司書課程担当となった。もともと教職課程に属していたこともあり，学校図書館に関心を持つのは自然な成り行きであった。

それには別の理由もある。かつて日教組の教研集会で「情報化社会と教育・文化活動」の共同研究者を務めていたことがあった。1994 年頃だったと記憶

しているが，この分科会は「学校図書館分科会」と統合して，「情報化社会の教育・学校図書館」となった。情報教育と学校図書館の統合は，学校図書館を単なる図書の貸し出し場所ではなく，情報センターであり，学習センターであるべきだという考え方に基づいたものであり，理念的には画期的なことであった。

　1997年には学校図書館法が改正され，12学級以上の学校では司書教諭が必置となった。もっとも，司書教諭は専任ではなく，学校司書についてはまったくふれられていない。しかし，「新しい学力」を志向する1998年版学習指導要領（2002年より実施）の改訂にあわせて，学習・情報センターとしての学校図書館と情報教育を統合する考え方は，時宜を得たものであった。

　こうした社会的背景のもとで，筆者も，放送分野に閉じ込められてしまったメディア・リテラシー教育よりも学校図書館と情報教育の統合による新しい教育実践を志向する方が，現実的であるように思われた。こうして，学校図書館を活用した学校司書と教師との協働による探究学習を研究のテーマにしたのである。

　2002年，筆者は在外研修としてニューヨーク市立大学学校開発センターに滞在することになった。この前年すなわち2001年8月末，必要な事務手続きのためにニューヨークに行った。帰国して一週間たったある日の夜，筆者は信じられないニュースを見て，テレビの前に釘付けになってしまった。9月11日のことである。

　その日以降アメリカ行きのフライトは軒並み中止となり，そのうち炭疽菌騒ぎが起こり，ますますニューヨーク行きは怪しくなった。それにもかかわらず，筆者はニューヨークに行くことを決意した。クリティカルな状況であるからこそ，行くべきだと考えたからである。

　ニューヨーク市立大学では，その年に立ち上げられたICTを活用した文化探究学習「カルチャー・クエスト」プロジェクトに参加し，市内の公立学校への普及活動に携わることとなった。その一方で，911以後大きく変わってしまったアメリカの現実をマンハッタンの内側から実感することとなった。

　結果的にこのときの経験が，その後の研究テーマを大きく変えることになったといってもよい。マンハッタンの上空にはテロの危機に対処するために，絶えずヘリコプターが舞い，地下鉄の駅には機関銃を持った州兵が立ち，あらゆ

る自動車には国旗が貼られていた。チャイナタウンでさえ，アメリカの国旗だらけであった。そうしなければアメリカに住む外国人は生きていけないと感じさせられる状況であった。

　2002年，ブッシュ大統領は一般教書演説で「悪の枢軸」としてイラク，イラン，北朝鮮に対して，大量破壊兵器を所有する国家として名指しして批判し，その中でもアル・カイーダと関係が深いと考えたイラクへの戦争準備を進めていった。そして翌年3月17日，イラクへの侵攻が始まる。

　テレビは，FOXはむろんのこと，CNNでさえも画面の片隅に国旗を翻し，政府のアフガニスタン侵攻作戦を支持し続けた。それはまさにアメリカン・フットボールのゲームの中継のようであった。まさか，アメリカでものが言えない雰囲気を感じるとは思いもよらなかった。当時，現実に中東出身者が何者かに殺害されるような事件が起こっていたのである。

　アメリカの戦争を可能にしているのは，まず何よりもメディアである。大手メディアは巨大資本に支配されていたが，その方法は巧妙であった。誰もが批判しにくい愛国心や自由といった観念を通して，国民に訴えかけ，反対できない雰囲気を作り出していったからである。藤原帰一は『デモクラシーの帝国』の中で，この時期のアメリカのテレビ報道を次のように描いている。

> テレビ報道に流される戦争も，観衆の希望に合わせて事実を削り，お化粧を施したフィクションだった。九月一一日事件以後の「戦争」は，徹底して「正しいアメリカ」の視点と，その理念と自己愛に即した物語として語られていた。[21]

　当時ブッシュは，なぜテロリストたちは我々を憎むのかと自問した上で，自由を憎むからだと答え，自らを自由の守護者と見なし，戦争を正当化した。アメリカと自由のために闘うというスローガンは，他者に対する想像力を失わせ，戦争が無実の市民を殺戮するものであることを忘れさせる。そしてそれを正当化するために国家はウソをつき続け，真実を隠蔽した。それは紛れもなく現実に起こったことであった。

　藤原はいくつかのアメリカの映画を分析した後，次のように書いている。

普通の国にとって，フィクションは，現実とはかけ離れた存在に過ぎない。だがアメリカには，フィクションを現実世界に強制するほどの力があった。映画が現実に似ているのではない。映画のような色眼鏡を通して現実を解釈し，行動したところで，たいして困らないほどの力にアメリカは恵まれているのである。[22]

　戦争に向かいつつあったアメリカにいて，民主主義社会がいかにして戦争を可能にする世論を創り出すのかという問題に関心を持たずにはいられなかった。そして何よりも，こうした問題に対して，教育が何らかの対抗力を持たなければ，戦争のない世界をつくることは不可能である。そのためには圧倒的な力を持つメディアを批判的に見る力，他者の立場を想像し，対話する力の形成こそが何にもまして必要なものだと思われた。

　筆者はニューヨーク滞在中に市内のいくつかの学校図書館を訪問し，インタビューをしたことがあったが，ある中学校で行ったスクール・ライブラリアンへのインタビューは今でも忘れることができない。一通りの質問を終えた後，アメリカのメディアの現状とメディア・リテラシーについて聞いてみたのである。聞きにくい質問だったが，聞かずにはいられなかった。

　彼女は，戦争に対しては意見が分かれていること，その学校にも被害者の家族がいると話した上で，涙ぐんでしまったのである。それ以上，質問を続けることができなかった。まさに当時のアメリカは戦争をしている国に他ならなかった。

　筆者は，メディア・リテラシー教育の団体であるAMLA（現NAMLE全米メディア・リテラシー教育学会）の大会が2003年サンフランシスコで開かれることを知り，そのプログラムを調べた。戦争している国で本当にメディア・リテラシー教育が可能なのか，どうしても知りたかったからである。多くの発表があったが，戦争を扱った発表はたった一つしかなかった。それがニューヨーク州イサカ大学を本拠にする「ルック・シャープ」という組織であった。

　サンフランシスコに行くことはできなかったが，イラク戦争をしているアメリカでメディア・リテラシー教育実践に積極的に取り組んでいるルック・シャープに行き，主催者たちに会いたいと強く思った。

　2003年4月に帰国したのち，日本でカルチャー・クエスト・ジャパンを立

ち上げ，東京都内の小学校で実践を行うこととなった。2006年からは毎年ゼミの学生を連れてニューヨーク市内の小学校と都内の小学校の文化交流を支援し始めたのである。もともとカルチャー・クエストはICTを活用した文化探究学習であり，海外の学校との交流までは含まれていなかったが，筆者は他者との対話の創造を実践に組み込みたいと考えていたからである。

　2008年11月，ニューヨークへのゼミ海外研修のついでに，イサカ市を訪れ，「ルック・シャープ」を主催するイサカ大学のシンディ・シャービィ，クリス・スピリィ，ソックス・スピリィらに会うことができた。ルック・シャープは文章と同様に，映像や画像を批判的に読み解くスキルを身につけるための教材と教育方法を開発し，毎夏に夏期講習を行っている。これだけでは，伝統的なメディア・リテラシー教育を行っているだけのように思われるかもしれないが，クリス・スピリィが教員を務めるレーマン・オルタナティブ・コミュニティ高校を訪問して大変に驚いた。

　小さな公立の高校だが，学校は生徒を含めた直接民主主義によって運営されていた。講堂に教職員と生徒が集まり，全校集会を開いて学校運営に関する討議を行うのである。イサカ市はコーネル大学があることで有名な学園都市であり，リベラルな土地柄であるが，ここまで徹底した民主的な学校を見たのは初めてであった。

　また，作られているメディア・リテラシー教材は中東問題，平和，社会正義，戦争，アメリカ史など，まさに生の社会の現実をテーマにしたものばかりだった。授業も参観したが，ディスカッションとプレゼンテーションを主にしたものであり，生徒一人ひとりが自分で批判的に考えることを期待されていた。

　メディアの授業といえば最新のコンピュータやビデオカメラが使われていると思われがちだが，生徒たちに教えているのは銀塩フィルム一眼レフによる写真撮影であった。ジャーナリストの写真の読み解きを学習した後，生徒たちはカメラで作品を撮る。しかも現像から引き伸ばしまで自分たちで行うのである。ここにはテレビ局の支援もなければ，ジャーナリストが教えにくるわけでもない。

　この学校の実践を支えているのはスクール・ライブラリアンであった。翌年，セントルイスで開かれたNAMLEでクリス・スピリィはスクール・ライブラリアンと協力しながら地球温暖化をテーマにした実践を報告している。スクー

ル・ライブラリアンはまさにメディア・スペシャリストであった。

　イサカ市で学んだことは，メディア・リテラシー教育について考察するのならば，学校教育全体の理念や内容・方法と切り離してはならないということである。メディア・リテラシー教育は民主主義教育の土台に位置づけられるべきだという思想がここにあった。そのためにこそ，世の中を読み解き，働きかけるためのスキルが必要なのである。このようにして，筆者は再びメディア・リテラシーの概念の重要性に気がつくこととなった。

4　新しいリテラシーへの模索

　メディア・リテラシーと情報リテラシーを結合させたメディア情報リテラシーについては，次の章で述べることにする。ここでは，この二つを含めた情報に関わるさまざまなリテラシーをどのように考えるべきかという問題に触れておきたい。

　この問題を取り上げる際には，2003年に出版された山内祐平による『デジタル社会のリテラシー』（岩波書店）を取り上げるべきだろう。この本はこれらのリテラシーを含め，コンピュータ・リテラシーを中心とする技術的なリテラシーの系譜をあわせて検討しており，この問題についての俯瞰図を描いている。

　例えば，情報リテラシーについては，日本で一般に使われることが多いコンピュータの活用能力としての意味だけではなく，図書館界で使用されているより広い意味の情報の探索，評価，活用能力としての意味についても検討されている。また，リテラシー論の潮流にも目を向け，フレイレやフレネの教育思想・実践にも触れている。

　多様なリテラシー論を紹介しつつ，山内は「同じ領域で似て非なる考え方をするグループは，往々にして対立図式に陥りがち」[23]だという。そして情報，メディア，技術の3つの分野のリテラシーを組み替え，統合するためには「学習者に対して『デジタル社会のリテラシーを学ぶこと』と『自分が生きていき，働いていくこと』の関係性を見せて，学習者が納得できる動機を提示する必要がある」[24]と述べる。では，彼の考えるデジタル社会のリテラシーとは何か。

　実際ははっきりした定義が書かれているわけではなく，その代わりに，それ

が文字のリテラシーをデジタル社会に拡張したものであること，7つの目標を持っていると述べられている。7つの目標とは，「道具と記号を操作する」「批評的に読み解く」「創造的に表現する」「多様な記号体系を習得する」「メディアと技術の役割を理解する」「社会・経済・文化的状況を理解する」「学びに必要な情報を探し出す」である。

この7つの目標はデジタル社会のリテラシーそのものではないかもしれないが，一見したところその内実を表現したもののように思われる。だとすると，疑問がいくつもわいてくる。例えば，なぜ記号の体系の習得と操作を分けるのか，なぜ探し出す情報は学びの情報なのか，これらの目標は3つのリテラシーとどのような関係にあるのかといったことである。

3つのリテラシーを統合することは，実際にはかなり困難である。もちろん山内が指摘するように，実際の教育現場では重なるものの，それぞれ異なった学問領域と研究方法を有し，人的な交流も決して多くはない。統合するのならば，まず何よりも内容や方法ではなく，目的に焦点を合わせなくてはならないだろう。目的に注目することで，統合に必要な構造化が可能になるからである。

筆者は，出版界の仕事を長く勤めたあと，教職課程の情報教育担当として現職に就き，その後司書課程担当に移ったという経緯から，メディアも情報教育も学校図書館にも関わりを持ち，それぞれの立場の考え方に接する機会を得た。その結果，新しい時代を生きるためにもっとも基本となるべき原理は何かという問題を自分自身の問題として考えなければならなかった。

それは単に理念として正しいといえるだけではなく，現実の教育現場で生きて働き，変革する原理でなければ，意味を持たない。あれもこれも継ぎ合わせるだけでは，そのような原理は生まれてこない。ある時期は情報リテラシーこそが基本原理だと考える時期もあり，またメディア・リテラシーこそが最も重要だと考えた時期もあった。試行錯誤する過程でわかったことは，もっとも重要なのは目的だということである。目的が共有されるのならば，内容や領域が異なっていてもそれらを統一的に捉えることが可能になる。

しかし，多様なリテラシーを抽象化して捉えようとすると，現実の教育運動や活動から遊離してしまい，本質を見失うことになる。例えば，文科省の情報活用能力，ALA（米図書館協会）の情報リテラシー，NAMLE（全米メディア・リテラシー教育学会）のメディア・リテラシーは明確な定義と方法を持った体

系として検討することができるが，山内のいう技術リテラシーはそのような体系を持ったものとしてよりも，それぞれのリテラシーの中で，スキルとして扱われるものであるように思われる。

　一方，情報リテラシーとメディア・リテラシーの目的には共通点がある。アメリカ図書館協会が作った情報リテラシー基準と NAMLE（全米メディア・リテラシー学会）が作ったメディア・リテラシー教育原理を比較すれば，追求する人間像や社会像がほぼ共通していることがすぐにわかる。

　これはポレミックな課題であるといってもよい。なぜならば，技術を何よりも優先的に捉えようとする考え方に対して，情報リテラシーやメディア・リテラシーはそれに異議を申し立てる立場にあるからであり，山内が情報リテラシーへの批判として「メディア論的視点の欠如と技術に対する思考停止」[25]を述べ，メディア・リテラシーに対して「表現の視座の欠如」「新しいメディアへの対応」「技術的視点の軽視」[26]などを課題としてあげるのは，筆者からするといささか的外れだからである。

　2007年，セントルイスでNAMLEの大会が開かれ，筆者も参加した。このとき，AMLA（米メディア・リテラシー同盟）からNAMLE（全米メディア・リテラシー教育学会）へと名称を変更し，同時に教育の観点を強く打ち出したメディア・リテラシー教育の中核原理が示された。このときの講演は，ICT教育への対抗意識を明確に示したものであった。技術主義的なICT教育研究者たちは，コンピュータを学校に導入すれば教育が良くなると信じているが，本当にそうだろうかと述べ，メディア・リテラシー教育の必要性を訴えたのである。

　メディア・リテラシーの研究者が新しい技術に対応していないという指摘は正しくない。むしろ若者を取り巻く新しいメディア環境に対して敏感に対応し，議論を進めている。技術への対応の有無が技術主義的なICT教育との違いなのではない。新しい技術の導入が教育を変えるという考え方こそが問題なのである。

　日本の情報教育政策を振り返ってみると，日本の情報教育はまさに技術主義であった。何のために必要なのかという議論よりもまず入れてみよう，やってみようという発想からICT教育が押し進められ，今日もその姿勢は変わっていない。ICTは産業との関係も深いため，産業振興の観点からも予算がつきや

すいということもある。学校への機器の導入の背景には産業界の後押しがあった。

　現在も文科省を中心に，デジタル教科書の導入が進められつつあるが，なぜデジタル教科書が必要なのか，そこに教育学的な問題はないのか，十分な議論がされないままである。戦後長く議論されてきた，教科書と政治をめぐる問題とはまったく無関係であるかのようだ。

　技術主義は，教育目的に対する議論を排除するため，メディアをめぐる否定的な状況をモラルの問題とみなす傾向を強く持つ。その結果，ICT教育は技術教育と道徳教育の組み合わせになってしまうのである。

　このような問題を解決するためには，技術主義に対して教育主義に立脚したメディアと情報に関わる教育学の創造と協働が不可欠である。ALAの情報リテラシー基準は教育コミュニケーション工学協会との協働によって作られた。日本においても，教育学と教育工学，図書館情報学は協働し，技術主義に陥ることなく，21世紀の情報・知識社会にふさわしい新しい教育理念・目的を構築し，共有する必要があるだろう。

第 2 章
メディア・リテラシー教育の系譜

1 アメリカのメディア・リテラシー教育運動

　ユネスコ・UNAOC のメディア情報リテラシー教育を理解するために，その背景となるメディア・リテラシー教育の系譜をたどってみたい。前章でも触れたが，筆者は，アメリカのメディア・リテラシー教育運動と実践に触れる機会があったことから，とりわけ，アメリカの動向に関心を寄せていた。前節にも書いたことだが，なぜアメリカかと言えば，まさにアメリカこそが世界でもっともマスメディアの影響が大きい「メディア帝国」だからである。

　アメリカのメディア・リテラシー教育運動を一言でいいあらわすならば，多様性と統一性ではないだろうか。アメリカには数多くのメディア・リテラシー教育運動を担う団体がある。参加者も宗教関係者から市民活動家，教師，研究者，放送関係者などさまざまである。しかし，一方で，多様な運動団体がメディア・リテラシーの理念のもとに一つの連合体に結集しており，そこには多様性と統一性が同時に存在しているといってもよい。その中心的な役割を担っている団体が AMLA である。AMLA は単なるメディア・リテラシーではなく，「メディア・リテラシー教育」の重要性をより明確にするために，2008 年 2 月，名称を NAMLE[27] に変更している。本節では名称変更以前の NAMLE を当時の名称のまま AMLA と表記することにする。

　AMLA は 2001 年 1 月 23 日，オースティンで開かれていた全米メディア教育会議（NMEC）に参加する 200 名のメンバーによって正式に設立された。AMLA の会員数は 2001 年までに 400 人に増え，2003 年にボルチモア，2005 年のサンフランシスコ，そして 2007 年のセントルイスで会議を開いている。また，米国教育省からはメディア・リテラシー教育の効果を証明するために，多額の

補助金を受けている。

　AMLAの前身はPME（Partnership for Media Education）と呼ばれる組織で，まだ萌芽期だったメディア・リテラシー分野に専門性を確立させるために米国内のメディア・リテラシー運動の担い手たちによって1997年に設立された。PMEは会員制の組織ではなく，主に年次会議を組織運営する目的で作られたものであり，会議に集まった全国の教師など現場を担う人々にすぐれた実践を紹介したのである。

　このPMEの中心的メンバーは，ウェルズレイのボブソン大学でメディア・リテラシー・プロジェクトを進めていたルネ・ホッブス，ロサンゼルスに本拠地を置くメディア・リテラシー・センターの代表であるエリザベス・トーマン，米国保健社会福祉省薬物乱用防止センターのナンシー・C.ガルシア，米国小児科学会公衆教育代表のリサ・リズバーグらであった。

　1998年にコロラド・スプリング（コロラド州）で開催された最初の会議には，450人以上が参加し，6つの国と41の州からメディア・リテラシーのリーダーたちが集まった。また，アリゾナ大の地域健康事務局長のリンダ・バーグスマ，サウスキャロライナ教育テレビ通信教育部長のフランク・ベーカー，ニューヨーク州イースト・ハンプトンのロス・スクールのリンダ・ブラウンの3人が新たに1999年の中心メンバーに加わるとともに，リズバーグが仕事上の理由で身を引いている。

　第2回の会議は1999年にミネソタ州のセントポールで開かれ，地域教育や健康問題，さらに地域運動への広がりを反映して，新たに6人のメンバーが加わるとともに，翌年には仕事のために身を引くメンバーの代わりにさらに数名が追加された。また1999年10月には12人の拡大運営委員会のメンバーがテキサスのエルパソに集まり，専門性の確立と全国的な会員制組織の設立にむけた最初の一歩として宣言文を作成した。

　PMEは2000年5月にトロントでメディア教育国際会議を開催することを考慮し，この年には米国で会議を開催せず，トロントの会議の中に米国のセッションを設定した。この会議には米国から300名が参加した。さらに，この会議に先だって，eメールを活用しつつ定期的な会議を積み重ねた結果，2000年4月のオースティンでの会合で，新しい組織を立ち上げるための会議を2001年6月にオースティンで開くことを決めたのである。同時に，彼らは設立会議の

準備に必要な資金を調達するためのガイドラインを作っている。

2000 年のトロント会議で新しい組織の名前を「Alliance for a Media Literate America（AMLA）」とし，今後十年の国内の専門的会員制組織の発展についてのブレイン・ストーミングを行うとともに，ワシントン DC に事務局を置くことを決めている。つまり，2000 年から 2001 年という時期は，単に NMEC2001 の準備をしただけではなく，AMLA の設立を進めた時期だったのである。

さて，次に簡単に 2001 年から 2007 年までの 4 回にわたる NMEC の流れを紹介しておきたい。オースティンで開かれた NMEC2001 のメインテーマは「創造力を紐解く」であった。AMLA のメディア・リテラシーの定義にはメディアの批判的な読み解きと多様なテクノロジーを用いたメッセージの創造という二つの要素が含まれており，当初からメディアによる創造的な活動に重点を置いていたことがわかる。

NMEC2001 に参加したカーラ・クレイトンは「私にとって会議でもっとも価値があると思ったのは，ニューヨーク，カリフォルニア，ハワイ，ボスニア，そしてブータンから集まった 20 人以上の高校生たちが寝ないで制作に 72 時間もかけ，最後の全体セッションでプレゼンテーションを行ったメディア・プロジェクトでした」[28]と述べている。

ボルチモアで行われた NMEC2003 のテーマは「リテラシーと自由：メディア時代における権利，役割そして責任」であった。[29] 主に議論されたのはリテラシーとシチズンシップの関係を多様で異なった観点からどのように理解するかという論点であり，また，地域でメディアを作ることで，若者たちが創造性とシチズンシップを結びつけていく過程を重視する学習プログラムに焦点が当てられており，また，テクノロジーの時代における健康の権利と責任というテーマも議論されている。

国際的な展開が見られたのもこの会議の特徴である。スウェーデン，中国，イギリス，カナダ，台湾，イタリア，アルゼンチン，南アメリカ，ニュージーランドからの報告がなされると同時に，メディア・リテラシーの発祥の国の一つと言われるカナダのリーダーたちが再び議論に参加することとなった。

サンフランシスコで開かれた NMEC2005 には 450 人が参加し，参加者のうち 70％が実際にメディア・リテラシー教育に携わっていた。会議のテーマは「多様な国に声を」であった。AMLA のウェブサイトには次のように書かれて

いる。「まずケニー・スミスが若者文化におけるヒップホップの役割について論じることから始まり、デビッド・バッキンガムはメディア・リテラシー教育についてわれわれの考え方を部分的に変えたと論じ、アラン・ノーベンバーは新しいテクノロジーの可能性を語って私たちを煙に巻き、カルロス・コルテスとローランド・タカキは箱（またはサイロ）の外のことを考えろと私たちに議論をふっかけ、グロリア・トリスタニはメディアを変える方法について指摘し、こうして私たちは興奮し、考えさせられ、元気づけられながらときおり『多様な国に声を』というテーマに関することを論じる三日間を過ごしたのである」。(30)

AMLAでの議論は事実上当時のアメリカのメディア・リテラシー教育の現状を表現していたといってもよいだろう。日本と比較して特徴的なことは、日本ではメディア・リテラシーといえば放送分野や教育工学が中心であり、主要な担い手もまたこれらの分野の関係者が多いが、アメリカの担い手たちはより多様な分野から集まっていたことである。

また、アメリカ独自の特色として、健康問題が絶えず中心的なテーマの一つとして位置づけられていることがあげられる。PMEの時代からこの問題に取り組んできたメンバーが運動の中心にいたことも理由の一つだが、同時に、ドラッグ問題を含めた健康問題がアメリカでの深刻さを物語っているといえるのかもしれない。

2　メディア・リテラシー教育の中核原理

AMLA2007は2007年6月、セントルイスで開催された。AMLA2007がこれまでと異なるのは、NMECに先だって研究サミット会議が開かれたことである。これら二つの会議の共通テーマは「iPod、ブログ、そしてその先へ── 21世紀に向けたメディア・リテラシーの展開」であった。研究サミットは、実践的なワークショップ主体のNMECとは異なり、研究者による研究発表が中心である。研究サミットでは35のセッションが設けられ、59人による報告がなされている。一方、NMECでは58のセッションが設けられ、両会議を通して300人以上が参加した。

また、AMLA2007では運営委員会で作成された「メディア・リテラシー教育の中核原理」(31)が配布され、教育現場への拡大と浸透がめざされることになっ

た。この文書は，AMLA のメディアおよびメディア・リテラシー教育に対する基本的な考え方をまとめたものであり，メディア・リテラシー教育の研究にとってはきわめて重要な資料であるといえる。

AMLA でメディア・リテラシー教育の原理についての検討が始まったのは，2006 年のことであり，AMLA から名称を変更することになる NAMLE 設立委員会議長となったエレーナ・ローゼンは，メディア・リテラシーの定義はあっても，メディア・リテラシー教育の原理はまだないと訴え，全国からメディア・リテラシー教育研究者や教職員実践者を集めて検討委員会を立ち上げて定義を作り上げたのである。この委員会はニューヨーク市クイーンズで設立されたため，「クイーンズ委員会」と呼ばれた。

筆者は検討過程でどんな議論や対立があったのか，ルック・シャープのクリス・スピリィに個人的に聞いたことがある。彼によると，もっとも大きな対立は，保護主義的な立場を重視するか，エンパワーメントの立場を重視するかという問題だったという。[32] 実際，NAMLE は決して一枚岩ではなく，保護主義的な立場，エンパワーメントを重視する立場，批判的読解を重視する立場，制作を重視する立場など，多様である。NAMLE の「メディア・リテラシー教育の中核原理」はこうした多様な立場の研究者や教職員実践者が議論をしながら作り上げたものである。[33]

さっそく，「メディア・リテラシー教育の中核原理」を紹介しよう。文書では「メディアについて私たちが真実であると信じるものについての議論から，いかにして人々が批判的に考えることを学ぶのかという問題についての議論へと焦点を移したい。そのことによって，何を教えているかということだけではなく，どのように教えているかということも含むように，概念の領域を拡大させる」と述べられている。

そのメディア・リテラシー教育については，以下のような 6 つの原理が書かれている。

1. メッセージの受信や創造の過程では，積極的な探究と批判的思考が必要である。
2. 識字能力（リテラシー）の概念をあらゆるメディアの形態に拡張する。
3. あらゆる年齢層の学習を通してメディアに対する読み書きスキルの向上を

図る。
4. 民主主義社会には，情報を理解し，深く考え，積極的に社会に関わっていく人間が不可欠であり，そのような人間形成をめざさなければならない。
5. メディアは文化の一部であり，社会化の主体として機能していることを理解する。
6. 私たちは，メディアに含まれているメッセージから自分自身にとっての意味を作り出すために，自分が持っているスキルや心情，経験を利用していることを理解する。

以上の6つの原理からとりわけ次の3点が重要な点として指摘できるのではないだろうか。

第一に，第1原理で指摘されているように，メディア・リテラシー教育の中核にあるのは批判的思考と探究であると指摘されている点である。このような理解の前提として，以下のような6点にわたるメディアに対する理解がある。

(1) すべてのメディア・メッセージは，「構成されたもの」である。
(2) それぞれのメディアは，異なる特徴，影響力，および独自の構成「言語」を持つ。
(3) メディア・メッセージは，特定の目的のために作り出される。
(4) すべてのメディア・メッセージは，埋め込まれた価値や視点を含んでいる。
(5) 人々は，個人のスキルや信条，経験を用いて，メディア・メッセージから自分自身の意味を構成する。
(6) メディアとメディア・メッセージは，信念，態度，価値，行動と民主主義プロセスに影響を与えることができる。

一読してわかるように，オンタリオ州のメディア・リテラシーのキーコンセプトから強い影響を受けている。オンタリオ州のものに比較すると，商業主義や政治的イデオロギーという用語は使われておらず，より一般的な表現になっており，芸術性についても触れられていない。しかし，メディアの読み解きにおける「批判的思考」の重要性が強調されている。

第二に，第 2 原理で指摘されているように，メディア・リテラシーは識字能力とは異なった別のリテラシーなのではなく，リテラシーそのものの拡大だと見なされることである。いいかえれば，メディア・リテラシーの原理はリテラシーの原理の延長線上に位置づけられるのである。

　このような理解によって，メディア・リテラシー教育は，メディアについての教育ではなく，あらゆる教科に深く関わる教育と見なされることとなった。これまで「メディア教育」なのか，あるいは「メディア・リテラシー教育」なのか，国によっても論者によってもさまざまであったが，少なくとも AMLA では「メディア・リテラシー教育」という呼び方が一般化したといえる。

　第三に，第 4 原理で指摘されているように，メディア・リテラシー教育がめざす人間像として，民主主義社会に参加する主権者像が明確に提示されていることである。さらに第 5 原理では，暴力やジェンダー，セクシュアリティ，人種など人権に関わる問題が取り上げられている。このようにメディアを批判的に視聴する能力や創造する能力だけではなく，それらが民主主義という価値観に裏付けられているものでなければならないとの指摘は重要である。なぜならば，研究サミットのオープニング・セッションで多くの参加者の議論によって指摘されてきた「クリティカル」の意味と関連するからである。

　そのセッションで指摘されたことは，メディアの読み解きは「クリティカル」であることが重要であり，決して「シニカル」であってはならないということであった。そうならないための土台となるものこそ，「民主主義」の価値観であり，中核原理では，「民主主義を進めるためには，私たちのクラスで民主主義の原理を具体化することが重要」であり，「教室は，問題に対する生徒の考えが尊重され，価値あるものとされ，そして行動に移す場でなければならない」と書かれていることの意味を十分に理解する必要があるだろう。

　なぜならば，日本のメディア・リテラシー理解の多くは，文科省の文書を見てもわかるように，このような価値観を含めてとらえられておらず，「クリティカル」を「主体的」と書き換えてしまう例も見られるからである。「クリティカル」という用語は，民主主義の理念と組み合わせることによって，初めて本来の意味で理解することが可能となるのであり，中核原理に書かれているように，「メディア・リテラシー教育は，生徒に力を与えられた気持ちにさせる。シニカルな気持ちにさせるのではない」のである。

さらに，第6原理で「分析は正しい解釈よりもむしろ，豊かな探究である」と指摘されている点にも注目したい。メディアの読み解きはしばしば「正しい」解釈を教えることにつながりかねない危険をはらんでいる。多様な読み解きと探究こそが求められるのである。

　最後に，メディア・リテラシー教育が第2原理で指摘されているように，「書物のリテラシーや視覚リテラシー，コンピュータ・テクノロジー・リテラシー，情報リテラシーなどの他のリテラシーと区別されるのではなく，多くの目標や技術を共有する」と見なされることによって，事実上，教育工学的な視点に立つ ICT 教育の領域と重なるとともに，異なった視点と方法を持ってそれらの教育実践を組み替える戦略を提示したことである。

　この原理から AMLA による ICT 教育に対する本音を見ることはできないが，NMEC ではコンピュータやインターネットの導入によって教育を変えることができるという教育工学的な視点からの ICT 教育への批判の声を聞くことができた。コンピュータやインターネットが自動的に教育を変えるわけではない。そのために必要なのは，教育工学ではなく教育学である。メディア・リテラシー教育はまさに教育工学ではなく，教育学の思想から ICT 教育の領域に切り込もうとしているのである。メディア・リテラシーを狭くとらえる傾向の強い日本の現状から見ると，このような考え方には大きな意味があるのではないだろうか。

　デビッド・コンシダインは「コンピュータ・リテラシーや情報リテラシーへの運動はしばしばメディア・リテラシーとの関連を曖昧にしてしまった」[34]と述べている。コンピュータ・リテラシーや情報リテラシー教育は，確かにインターネットにおける情報へのアクセスや分析，評価のスキルを生徒に身につけさせようとするが，インターネットはメディア全体のほんの一部に過ぎない。メディアは書籍を含めてより多様なものであり，メディア・リテラシーはそれらすべてを包含する概念である。ここで曖昧にされてしまったのは，とりわけ「批判的思考」についてであり，コンピュータ・リテラシー教育や情報リテラシー教育にはそのような観点が不十分なのである。

　教育工学的な視点に立てば，インターネットにおける「有害情報」等の問題は「情報モラル」や「情報倫理」の問題とされ，いわば「別枠」扱いになってしまうが，メディア・リテラシー教育の観点に立てば，これらの問題はメディ

アのコンテンツの問題であり，メディア・リテラシー教育の対象そのものである。だからこそ，原理の中に「情報倫理」という表現はなく，「メディア・リテラシー教育は，想定できる，あるいは実際に有害なメディアの影響を人々に教え込むことではない」（第3原理）し，「政府によるメディア規制の代替ではない」（第4原理）でもないのである。

今日，メディア・リテラシー教育は情報社会に適応するための教育ではないし，また，メディアの「害毒」から子どもたちを保護するための教育でもない。「情報格差」を乗り越え，新しい情報社会の主権者としてすべての国民が身につけなければならない21世紀型リテラシーというべきであろう。

❖ **資料**

メディア・リテラシー教育の中核原理 　　　　　（坂本訳）

メディア・リテラシー教育の目的は，すべての年齢層の個人に対して，現代世界の中で批判的に考え，効果的にコミュニケーションを行う活動的な市民として生きるために必要な探究の習慣と表現のスキルの発達を保障することである。

序文

AMLAにとって，多くの教師やこの教育を支持してくれる人々にメディア・リテラシー教育の中核原理を提供することができることは，大変喜ばしいことである。多くの研究者たちが，メディア・リテラシーの分野だけではなくコミュニケーションや映画研究，公衆衛生，心理学などの分野の研究費を受けながら苦心してこの原則を書き上げることに関わってきた。

「メディア・リテラシー」という言葉は，初めて使われてから数十年を経て大きく変化してきたが，われわれはこの豊かな知的遺産をもたらしてくれ

た人々に敬意を表したい。この変化に対する答えとして，この文書はメディアについて私たちが真実であると信じるものについての議論から，いかにして人々が批判的に考えることを学ぶのかという問題についての議論へと焦点を移したい。そのことによって，何を教えているかということだけではなく，どのように教えているかということも含むように，概念の領域を拡大させる。そしてそれゆえに，単なる「メディア・リテラシー」のキーコンセプトよりもむしろ「メディア・リテラシー教育」の中核原理としてこれらを区別するのである。

　私たちはこれらの中核原理はメディア・リテラシー教育を担う教職員たちとこの教育の賛同者たちが一体となりうる共通基盤をはっきりと提示していると考えている。AMLA は，前向きで力強い対話のための一つの出発点として，そして明確で判定可能な成果や基準を発展させるための第一歩として，中核原理を用いることを約束する。私たちは，皆さんに，全国メディア教育会議などの会議や「www.AMLAinfo.org」へ参加するように積極的に呼びかけたい。

1. メディア・リテラシー教育は，私たちが受信し，創造するメッセージについての積極的な探究と批判的思考を要求する。

したがって，
・メディア・リテラシー教育は，批判的思考の重要性を強調する。すなわち，私たちが賛成できないメッセージに対してだけではなく，あらゆるメディアのメッセージに対して疑問を投げかける。
・メディア・リテラシー教育は，生徒たちが紙ベースの十分検証された資料を用いて結論を導き出せるように訓練する。
・メディア・リテラシー教育は，教職員が日常的に批判的思考を育て，教育の行政や学校はすべての教室で批判的思考を支援することを求める。
・メディア・リテラシー教育は，効率的なメディア分析の基礎とは次の点を認識することであると考える。

(1) すべてのメディア・メッセージは，「構成されたもの」である。

(2) それぞれのメディアは，異なる特徴，影響力，および独自の構成「言語」を持つ。
(3) メディア・メッセージは，特定の目的のために作り出される。
(4) すべてのメディア・メッセージは，埋め込まれた価値や視点を含んでいる。
(5) 人々は，個人のスキルや信条，経験を用いて，メディア・メッセージから自分自身の意味を構成する。
(6) メディアとメディア・メッセージは，信念，態度，価値，行動と民主主義プロセスに影響を与えることができる。

・メディア・リテラシー教育を担う教職員は，生徒たちに，メディア・メッセージからより深くより洗練された理解を得るためにはどんな疑問を持てばよいのか教える。

したがって，
・メディア・リテラシー教育は，生徒のものの見方を他の誰か（自分自身や教職員や評論家など）の見方に取って変えるものではない。
・メディア・リテラシー教育は，生徒が自分たち自身のために批判的にメディアを分析できるスキルを共有しないままに，メディア批判をすることではない。
・メディア・リテラシー教育は，表現のスキルを教えないままに，批判的思考を教えることではない。
・メディア・リテラシー教育は，また，批判的思考を教えないままに，メディアの制作に必要な技術的スキルを教えることでもない。
・メディア・リテラシー教育は，批判的探究スキルを教える代わりにメディア・リテラシーのビデオや映画，本，そのほかの教材を用いることではない。
・メディア・リテラシー教育は，単に教室でメディアを用いることではない。
・メディア・リテラシー教育は，ある特定のメッセージにバイアスが存在するときだけに必要なのではない（それゆえすべてのメディア・メッセージ

にはバイアスが存在する）。むしろ存在すると思われるバイアスにどんな内容があるのか，どんなソースがあるのか，意味は何かということを問う。
・メディア・リテラシー教育は，メディアだけでなく他のどんな話題に対しても，単純化および一般化しすぎることを容認しない。
・メディア・リテラシー教育は，複雑な議論を二つの立場に制限もしくは矮小化することではない。

2. メディア・リテラシー教育は，リテラシーの概念（すなわち読み書き）をあらゆるメディアの形態に拡張する。

したがって，
・メディア・リテラシー教育は，伝統的な印刷物，視聴覚メディア，電子メディア，デジタル・メディア，ユーザー志向型メディア，携帯メディアを含んでいる。
・メディア・リテラシー教育は，他のリテラシーと交わる。すなわち，書物のリテラシーや視覚リテラシー，コンピュータ・テクノロジー・リテラシー，情報リテラシーなどの他のリテラシーと区別されるのではなく，多くの目標や技術を共有する。
・メディア・リテラシー教育は，さまざまな環境の中で実施される。学校や放課後の課外プログラム，インターネット，大学，宗教的組織，家庭を含んでおり，それらに限られない。
・メディア・リテラシー教育は，保育園から中学校のカリキュラムを通して，これまで形式的なリテラシー教育が行われていなかった場だけではなく，伝統的に書物のリテラシー教育が行われているすべての場で実施されなければならない。
・メディア・リテラシー教育は，生徒が多様な形態のメディア創作を通じて自分たちの考えを表現し，コミュニケーションすることを可能にする。
・メディア・リテラシー教育は，生徒が印刷物や視聴覚メディアの創作を通じて，理解と推論を結びつけることを援助する。
・メディア・リテラシー教育は，人気のあるメディアを含む，広い領域のメディア「テクスト」の活用を歓迎する。

- メディア・リテラシー教育は，絶えず新しい教育アプローチや実践を必要とするメディアの形態的進化や社会変化，社会制度を認識する。
- メディア・リテラシー教育は，教室にメディアの分析と創造を両方とも行うことのできる設備を整えることを支援し，メディア技術に対するラッダイト的な考え方やそれらを妨害する立場を拒否する。

したがって，
- メディア・リテラシー教育は，政治的な運動ではない。それは，一つの教育の体系と方法であり，アプローチである。
- メディア・リテラシー教育は，「メディア業界」の変化に焦点を合わせるのではない。むしろ教育実践と生徒の知識やスキルの向上に焦点を合わせる。

3. メディア・リテラシー教育は，あらゆる年齢層の学習者に対して行われ，スキルの向上を図る。識字能力のように，それらのスキルは統合され，インタラクティブに繰り返し，練習される必要がある。

したがって，
- メディア・リテラシー教育は，一つのクラスで一日一回以上，あるいは少なくとも一週間にわたって行われる必要がある。
- メディア・リテラシー教育は，教職員が生徒から学び，生徒が教職員やクラスメイトから学ぶような共同学習（co-learning）を奨励し，そこから多くのものを得る。
- メディア・リテラシー教育は，健康的なライフスタイルと意思決定を励ますスキルを身につけさせる。
- メディア・リテラシー教育は，メディアの管理を教える。つまり，生徒がメディアを使う時間や自分たちが利用するメディアの選択について，生徒たちが十分に情報を持って判断することを学ぶことを手助けする。
- メディア・リテラシー教育は，生徒に分析と表現のスキルを練習させ，発達させるため，数多くの，そして多様な機会を与えられるように努力する。
- メディア・リテラシー教育は，生徒たちに多様なスタイルの学習に取り組

ませる。

したがって,
- メディア・リテラシー教育は，想定できる，あるいは実際に有害なメディアの影響を人々に教え込むことではない。
- メディア・リテラシー教育は，メディアへのアクセスや内容について，他の人々にある種の決定をさせることではない。
- メディア・リテラシー教育は，ある能力を「持っているか，持っていないか」ということではない。むしろ，一つの永続的なスキルや知識，態度と行動の進化の連続である。

4. メディア・リテラシー教育は，民主主義社会に不可欠な，情報に通じ，深く考え，積極的に関わっていく社会への参加者を育てる。

したがって,
- メディア・リテラシー教育は，多様な見方を重んじる。
- メディア・リテラシー教育は，主体的に創造したメディアを重視する。
- メディア・リテラシー教育は，生徒が主権者としての立場からニュースや時事問題に関心を持つよう努める。
- メディア・リテラシー教育は，世界的なコミュニティの中で，文化や国々について，さまざまな表現や誤解，不足している表現を探し求める。
- メディア・リテラシー教育は，生徒に対して，表現の自由とそれに伴う責任について，しっかり理解させるよう努める。
- メディア・リテラシー教育は，私たちが何を教えるかという問題と同様にどのように教えるかということについての重要性も認識する。
- 民主主義を進めるためには，私たちのクラスで民主主義の原理を具体化することが重要である。
- 教室は，問題に対する生徒の考えが尊重され，価値あるものとされ，そして行動に移す場でなければならない。
- メディア・リテラシー教育は，生徒に対して，自分たちのメディアの利用に対して生徒が責任を負うためのスキルを身につけさせる。

・メディア・リテラシー教育は，生徒に力を与えられた気持ちにさせる。シニカルな気持ちにさせるのではない。

したがって，
・メディア・リテラシー教育は，党派的ではない。
・メディア・リテラシー教育は，メディア・バッシングをすることではない。すなわち，ある種のメディアや全体としてのメディア産業に対する単純化や誇張，あるいは極端な一般化による攻撃ではない。
・メディア・リテラシー教育は，政府によるメディア規制の代替ではない。
・メディア・リテラシー教育は，メディアが公共の福祉をもたらす責任を持つべきことの代替ではない。
・メディア・リテラシー教育は，検閲を求めない。

5. メディア・リテラシー教育は，メディアが文化の一部であり，社会化のエージェントとして機能することを認識する。

したがって，
・メディア・リテラシー教育は，多様な意見や見解，コミュニティを表現しているメディア・テキストを統合する。
・メディア・リテラシー教育は，オルタナティブ・メディアや国際的な展開を試みる機会を持っている。
・メディア・リテラシー教育は，暴力やジェンダー，セクシュアリティ，人種など，ステレオタイプな問題や他の表現の問題を取り扱う。
・メディア・リテラシー教育は，メディアの所有者，プロデューサーや他のメディア創作コミュニティのメンバーとともに，個人や社会に対するメディアのインパクトについての相互理解を促進する責任を共有する。

したがって，
・メディア・リテラシー教育は，メディアが重要でないという前提には立たない。
・メディア・リテラシー教育は，メディアは問題であるという前提には立た

ない。
- メディア・リテラシー教育は，公共の福祉をもたらすコミュニティのメンバーとしての責任から，メディアの制作者たちが積極的な貢献および有害にならないための努力から逃げることを許さない。

6. メディア・リテラシー教育は，人々がメディア・メッセージから自分自身の意味を作り出すために，自分たちのスキルや心情，経験を利用すると確信する。

したがって，
- メディア・リテラシー教育は，生徒が，自分たちが作っているメディア・メッセージに気づき，考え，自分たちが作っている意味が自分たちの価値観とどのように関係するのか考えることを支援する。
- メディア・リテラシー教育は，生徒が自分たちの見方を表現し，明瞭にすることを支援する。
- メディア・リテラシー教育は，生徒がメディアを解釈するのに役立つように，生徒にテキストやコンテンツを探索する機会を与える。
- メディア・リテラシー教育は，生徒のメディア・テキスト解釈に間違いがないという条件の下で，教職員の解釈と異なっていることを認識する。
- メディア・リテラシー教育は，グループ討論やメディア・メッセージの分析を活用して，生徒が多様な見方や見解を理解するように援助する。
- メディア・リテラシー教育は，多様な年齢層の個人による，多様なメディア経験を認識し，歓迎する。
- メディア・リテラシー教育は，嗜好や選択と好みを吟味することを通して，理解力や批評力の発達をもたらす。

したがって，
- メディア・リテラシー教育は，生徒が何を考えるべきかを教えることではない。それは，十分に情報を調査し，自分自身の価値観ともっともよく合う選択に達することができる方法を教えることである。
- メディア・リテラシー教育は,「真の」や「正しい」，あるいは「隠された」

メディア・メッセージの意味を生徒に明らかにすることではない。分析は正しい解釈よりもむしろ，豊かな探究である。
・メディア・リテラシー教育は，どのメディア・メッセージが「よい」か，あるいはどちらのメッセージが「悪い」か，ということを確かめることではない。
・メディア・リテラシー教育は，生徒に自分の判断を「専門家」の意見に置き換えることを求めるものではない。

承認

　AMLAのメディア・リテラシー教育の中核原理は以下の人々によって作られた。リンダ・バーグスマ（アリゾナ大学），デビッド・コンシダイン（アパラチア州立大学），シェリ・カルバー（テンプル大学），ルネ・ホッブス（テンプル大学），エイミー・イェンセン（ブリガム・ヤング大学），フェイス・ロゴウ（インサイターズ教育コンサルティング），エレナ・ヨーナ・ローゼン（ジャスト・シンク基金），シンディ・シャイベ（イサカ・カレッジ），シャロン・セラーズ＝クラーク（ウェイン州立大学），エリザベス・トーマン（メディア・リテラシー・センター）

2007年4月，AMLA委員会で承認

＊本節の2は以下の論文を本書のために加筆修正を加えたものである。
　坂本旬（2008）「米国におけるメディア・リテラシー教育論の現段階── AMLAのメディア・リテラシー教育の中核原理を中心に」『法政大学キャリアデザイン学部紀要』第5号，161-200頁。

3　批判的教育学とメディア・リテラシーの思想

　2009年，NAMLEはデトロイトで全米大会を開く。この年は，アメリカ中がリーマン・ショックの影響を強く受けた年であり，大会参加者も普段よりも少なかった。しかし，この大会で，筆者はカナダの著名なメディア・リテラシー教育実践者であるバリー・ダンカンと話す機会を持つことができた。彼はある分科会の実践報告に対して，ジルーらの批判的教育学から学ぶべきだと発言していたからである。そこで彼と話してわかったことは，彼が批判的教育学の影響を強く受けているという事実であった。筆者は，こうして大学院生時代に自身もまた強く影響を受けた批判的教育学派の理論に再会することになったのである。ダンカンは2012年に亡くなったため，筆者にとってはこのときがダンカンとの最後の会話となった。

　ダンカンは『世界のメディア教育政策』の中で次のように書いている。

　　批判的教育学の発展はメディア・リテラシーに建設的な影響をもたらした。批判的教育学は近年，教師たちが置かれている銀行型の教育から学習者中心の学びへの移行をもたらし，さらに学習者中心の学びからより変化した教育をも提起しようとしている。批判的教育学は知識の構築と権力の構造に焦点を置いているため，カリキュラムでは子どもの経験と知識が優先している。批判的教育学はまた，子どもに授業の場を越えた生活と仕事に応用可能な新しい知識とスキルを提供し，実践的な方法で知識を応用することによって，真正に学ぶことを強調する。[35]

　ダンカンは「銀行型の教育」という用語を使っているが，これはもちろんフレイレの言葉であり，批判的教育学はまさにフレイレの教育理論の発展そのものであった。ここで指摘されているように，批判的教育学は知識の持つ隠された権力構造を重視する。フレイレと並んで批判的教育学が影響を受けているのはフランクフルト学派の社会理論であった。権力がどのようにして抑圧的な構造を持った知識の体系を作り出すのか，ジェンダーやマイノリティの立場から，批判的に考える教育をめざす。そして同時に，フレイレが主張してきたように，学校を越えた生活の場での対話を重視するのである。このように，カナダのメ

ディア・リテラシー教育実践はダンカンを通して，批判的教育学の哲学が受け継がれている。

　ヘンリー・A. ジルーが『教育における理論と抵抗——対抗のための教育学』を出版したのは 1983 年である。この本の前書きはユネスコに大きな影響を与え続けているフレイレによるものであった。[36] 批判的教育学はこの本から始まり，メディア・リテラシー教育の土台となった。つまり，メディア・リテラシー教育は，メディアについての教育ではなく，メディア時代の識字教育であることを意味する。そこにはフレイレの識字教育実践と理論がある。

　ジルーの前掲書が出版された時代は，現代のように誰もがインターネットを使い，スマートフォンを持ち歩くようなメディア社会ではなかった。また，メディア・リテラシーそのものを扱っているわけでもない。しかし，メディア・リテラシー運動に影響を与える哲学をもたらしたことは間違いない。前掲書の結論の中で，ジルーは次のように書いている。

　　教育はオルタナティブな公共圏が発展する過程で中心的な領域を再提示する。それは，批判的に論じること，新たなコミュニケーション可能な相互作用の形式を土台とした社会経験の再構築，そしてコミュニケーションの文化様式の再適用へと注意を向ける。教育は一つの生産様式として，「批判的感性を破壊する学校，職場，大衆文化の影響と闘う」（アロノウィッツ，1973）。教育は，オルタナティブな公共圏の一部として，可能な場所で，対話と民主的なコミュニケーション形式を促進するために，科学技術とマスメディアを組織し，活用するのである。もちろん，新しい社会関係の中に科学技術とマスメディアを位置づけることによって，より広い社会の中にいる他者に対して，新しい思想と世界観をもたらす活動の一翼にもなるのである。[37]

　批判的教育学は決して，社会に流通するテクストや言説を批判的に読み解くことを重視するだけではなく，オルタナティブな公共圏の創造に向けて，技術やメディアを活用し，対話と民主的なコミュニケーションの促進を教育実践の課題として位置づけていることが分かる。だからこそ，批判的教育学は単なる社会理論ではなく，教育実践学(ペダゴジー)なのである。

　そして何よりも重要な視点は，技術とマスメディアに対する理解の仕方であ

ろう。批判的教育学では，政治的真空の世界で技術やマスメディアを論じたりしない。現実の社会では，技術もマスメディアも政治的に存在し，政治的に機能しているからである。政治的に中立な教育という発想には，批判的感性は存在せず，政治的欺瞞でしかない。それゆえに，民主主義を技術やマスメディアの上位に位置づける必要があるのである。

　ジルー自身はメディア・リテラシー教育に言及していないが，批判的教育学の影響を受けたメディア・リテラシー学派は存在する。彼らは批判的教育学の立場を強調するために，「批判的メディア・リテラシー」と呼んでいる。2009年に発刊された『批判的教育学リーダー（第二版）』には批判的教育学に関する基本的な文献が集められているが，その中に「21世紀への批判的メディア・リテラシー──我々のエンターテイメントを真剣に検討する」という論文が収録されている。この論文では「批判的メディア・リテラシー」について次のように書かれている。

　　批判的メディア・リテラシーは，主に文化を構成するイデオロギー，権力，意味，そしてアイデンティティの間にある相互接続関係をより理解できるよう力づける理論や実践と関わっている。この種のリテラシーは一つの教育的力としての文化理解をもたらす。その教育的力にとって，人々が言葉やテレビ，広告，ラジオ，音楽，映画を通して日々浸されているオーラルかつビジュアルな意味を持つ多様なシステムは，イデオロギー的，形成的なものであり，単なる現実の表現や反映ではない。批判的メディア・リテラシーは文化を政治的に考えるように力づけてくれるだけでなく，政治を文化的にも考えるよう力づけてくれる。政治的意識や行動は真空の中で生じるのではない。
　　抑圧は単なる政治的経済的プロセスや関係に埋め込まれた構造的な現実ではなく，意味やアイデンティティ，欲求や主観といったものを形成するシンボリックなシステムに依拠する。そのシステムはグラムシがかつて『コモンセンス』のヘゲモニーと呼んだものの維持を確かなものにするよう機能する。[38]

　「批判的メディア・リテラシー」は批判的教育学の文脈で語られるメディア・リテラシー概念だといってもよいだろう。抑圧は単なる政治的な権力の行使ではなく，「シンボリックなシステム」によって，日常生活の中で再生産さ

れる文化の中にこそある。文化もまた，政治的に中立なものではなく，文化的行為の反復を通して，抑圧・非抑圧の関係が日々再生産されるのである。例えば性別役割分業はその典型的な事例であろう。伝統的文化に隠された抑圧関係は，文化的慣習の中で再生産される。この再生産にはメディアが大きな力を果たしている。

しかし，グラムシのヘゲモニー概念は，決して抑圧の理論ではない。ジルーが前掲書でアルチュセールの「国家のイデオロギー装置論」[39]や当時教育社会学分野で大きな反響をもたらしたボウルズとギンタスの経済的再生産論[40]を批判する文脈で述べたように，それは「権力，イデオロギー，抵抗の間の弁証法的な関係の中に置くか，ラジカルな教育学のありうべき形態の発展のためのフレームワークをもたらす用語」[41]として見なすことが可能なのである。

さて，次にIT教育の立場から批判的教育学を論じた文章を紹介しよう。バネッサ・E. ドミニはITと批判的教育学を「生徒が支配的社会や抑圧的イデオロギーに疑問を感じ，それにチャレンジできるよう，支援する教育アプローチである」[42]と定義した上で，次のように述べている。

> ITにおける批判的教育学への第一歩は，私たちのカリキュラムが，私たちが教育しているものを通してITと切り離すことができないことを理解することである。教師として，私たちが授業で活用するITを選択するということは，私たちが必要だと考える生徒たちの学習内容だけではなく，生徒たちの学習方法の選択を意味することをはっきりと理解する必要がある。[43]

ドミニの指摘は，批判的教育学のパースペクティブがメディア・リテラシー教育の分野だけではなく，今日の日本の情報教育政策の中心に位置づけられているICT教育の分野でもそのまま当てはまることを意味している。そして次のように述べる。

> 教育はメディア技術を持つと同時に歴史的社会的文脈を持っている。そしてたいてい（いつもではないが）一般世間からそれを覆い隠すのである。メディア・リテラシーとは多様なメディアや技術を通してアクセス，分析，評価，制作し，コミュニケーションする能力であり……それは生徒，教師，教育行政に

携わる人々が技術的スキルを超えた民主主義社会に参加する力を求めるのである。[44]

　ここで指摘しなければならないのは、第一に、教師が授業で使用する ICT を選択するということは、子どもの学習方法を選択するということであり、そしてそれは歴史的社会的な文脈でその意味を考えなければならないということである。一般的な教育工学的な研究にはそのような観点が脱落しがちであり、批判的教育学はそのような研究に対して、批判的でありうる。
　さらに、ICT 活用の側面においても、メディア・リテラシーの観点が有効であり、それは単なるメディア分析やメディア活用、創造ではなく、「技術的スキルを超えた民主主義社会へ参加する力」の育成という目的が内在することを絶えず自覚しなければならないということである。
　ところで、日本では批判的教育学は、ジルーの本が出版された当時からほとんど知られていない。ましてやメディア・リテラシー教育研究の文脈で批判的教育学の影響が論じられたこともなかった。しかし、ユネスコのグリュンバルト宣言（1982 年）の起草に関わったレン・マスターマンの理論がメディア・リテラシー教育の発展に大きな影響をもたらしたことは誰も否定できないだろう。改めて彼の『メディアを教える（*Teaching the Media*）』（1985 年）を読むと、ジルーの問題意識ときわめて似通っていることに気がつく。
　マスターマンは、メディア教育研究という用語ではなく、あえてメディア教育学（ペダゴジー）という言葉を使用する。この言葉は批判的教育学（クリティカルペダゴジー）を連想させるが、実際、きわめて近い内容を含んでいる。彼がこの本で検討するのは、次の 3 点である。第一に、非ヒエラルキー型教育アプローチであること、第二に、対話、省察、そして行動のプロセスを重視すること、そして第三に、当時普及しつつあった進歩主義的教育への批判についてである。[45]
　第一の点について、マスターマンは「メディア教育の主要な目的の一つが批判的自立性の発達だとすれば、生徒を教師依存にさせるいかなる教育学も非生産的」[46]だと述べている。批判的思考力は上意下達、すなわちヒエラルキー型の一斉授業によって教え込むことはできない。このような考え方は、同時のポストモダニズム思想の中に一般的に含まれていたもので、批判的教育学でも当然のように語られていた。例えば、ジルーの前掲書の中にも、バーンステイン

の言語コード論を引用しながら,「はっきり分けられた教科と強いヒエラルキー的教師－生徒関係によって性格づけられた伝統的カリキュラム」[47]といった表現が使われている。

　批判的教育学はこうした考え方をバーンステインなどの議論を援用しながら,労働現場のヒエラルキー構造からパラフレーズさせて使用する。当時の脱構造主義思想は,変化のモメントを持たない構造主義に対して,個人主義を原理とする近代思想ではなく,構造そのものに変化のモメントを求めようとしていたのである。ネオマルクス主義経済学であるフランスのレギュラシオン学派はそのような背景から登場した。しかし,批判的教育学は,個人と集団の関係をもう一度問い直し,組み替えようとする。その原理として使われたのが,フレイレの識字教育論であり,グラムシのヘゲモニー論であった。マスターマンのメディア教育学もまたその双方に言及し,影響を受けている。

　第二の点について,マスターマンは,進歩主義的な教育方法がもたらす影響よりも,メディア教育が切り開く新しい人間関係の変容の影響の方がずっと大きいという。進歩主義であろうが,伝統的であろうが,結局のところ,教育実践の現場では教師の思い込みや態度の影響の方がずっと大きい。進歩主義的教育の立場に立ちながらも,教育の目的はいかようにでも操作できるし,教師や生徒の経験を無視して扱うこともできる。このようにしてマスターマンがもっとも重視するのは,学習に対する「哲学的アプローチ」だという。それは単なる教育方法ではないし,これまでの教育方法を変えていくための教育指針でもない。

　こうして彼がたどり着いたのは,抑圧と服従からの解放をめざすフレイレの教育学であった。フレイレは人間の批判的な思考と抑圧を発見する力,そしてその要因の変化のための行動する力を信頼する。そのためには,教育が中立では決してありえず,人間を服従させたり,もしくは自由にしたりする可能性を持っていることを認識しなければならない。教師はこのような教育の現実を認識し,自分の実践をとらえ直し,「客観的知識」と呼ばれるものを疑わなければならない。どのようにして,なぜこの情報が選択されたのか,それは誰によって,誰の利益のためなのか考える。こうして,世界は与えられるものではなく,批判的に考え,とらえ直し,そして世界の脱神話化をめざすのである。

　このような認識のもとで,マスターマンはフレイレの「対話―省察―行動」

の弁証法的理解こそが，もっとも重要なアプローチであると考える。

　　対話—省察—行動，解放の教育のためのフレイレの思想の柱の一つであり，これらは弁証法的にとらえる必要がある。対話は省察と行動の土台であり，これらが再生成し続けるために立ち返る場でもある。対話，私はメディア教育に必要なアプローチであると考えるが，ディスカッションとは異なるものであり，その違いはすでに行った「アプローチ」と方法の間の区別を明確なものにする。[48]

このようにして，マスターマンはフレイレの弁証法的対話の教育アプローチを自分の提唱するメディア教育学の土台に置いたのである。

　第三の点について，マスターマンは進歩主義教育とその批判について検討する。ちなみに，進歩主義教育の背景には，新教育運動があった。19世紀までの伝統的な教え込み型教育に対して，子どもの興味や体験を重視した子ども中心の教育方法および思想である。日本では，大正時代の大正自由教育がこれにあたる。そしてこのような大きな教育潮流を背景にしたフランシス・パーカーやジョン・デューイらの経験主義教育運動・学校改革運動がいわゆる進歩主義教育と呼ばれる。パーカーから始まり，デューイが体系立てた進歩主義教育の運動は，日本にも伝わり，戦後初期の社会科教育に大きな影響を与えた。一方でこの教育は，保守的な教育学から批判されたのみならず，経験を重視するあまり科学的な知識を系統的に教えることを軽視しているといわれ，左翼的な教育学からも批判を受けることとなった。マスターマンの検討は，こうした先進諸国の進歩主義教育に対する批判を受けたものであった。

　イギリスの左翼的な論者は，グラムシが，ムッソリーニ政権が推し進めていた進歩主義教育を批判していたことを引き合いにして，進歩主義教育を批判しようとした。知識を軽視し，自発性や経験を重視する進歩主義教育は反民主主義的だというわけである。こうした主張は日本でも行われた。[49] 同様な議論は，近年でもいわゆる「ゆとり教育」に対して起こった。このような批判に対して，マスターマンは次のように指摘する。

　　グラムシの仕事は，単にフォーマルな学校教育を支持するために用いられたの

ではない。教育過程の内側と外側の両方で，ブルジョワジーのヘゲモニーの重要性を認識した進歩主義教育学にも影響をもたらした。実際，もし伝統的なカリキュラム体系やヒエラルキー的な教師―生徒関係が，何の疑いもなく残るのだとしたら，ヘゲモニー的な「コモンセンス」問題はどう表現すればよいのだろうか。教師と生徒が陥っているであろう，これらコモンセンスの日常化や無意識の思い込みすべてに対する対話を通して，問題意識化する以外に方法はないのである。[50]

このようにして，グラムシを擁護し，グラムシのヘゲモニー論の重要性を指摘する。別の箇所でマスターマンは「メディア教師にとってヘゲモニーの概念は重要である」[51]と述べている。なぜなら，メディアはヘゲモニーとカウンター・ヘゲモニーが葛藤する場だからである。

さて，マスターマンはイギリス左翼論者の進歩主義批判に対して，どのように答えるのであろうか。彼はジルーの言葉を引用しながら次のように述べる。

　進歩主義批判論者は，イデオロギー効果が単にあれこれの教科内容の伝達の中にあるのではなく，学校教育の全体としての経験の中にあることを認識すべきである。もちろん，進歩主義教育はするどく，批判的なエッジを持たなければならない。ジルーの言葉を借りれば，単に，「楽しいエンカウンター・グループの出来事を集めただけのものや，仲間の温かさや気持ちを盛り上げる連帯感を得る瞬間を用意することで，われわれ自身の存在を豊かなものにするようデザインされた個人間のやりとりから出ることのない，個人間の活動」であってはならない（Henry A. Giroux, *Ideology. Culture and the Process of Schooling*. The Falmer Press, 1981, p. 127）。[52]

このように，マスターマンは進歩主義教育を全否定するのではなく，その実践的可能性を認めながらも，批判的文脈でとらえ直すことを主張し，自らが提唱するメディア教育学の中に位置づけるのである。ここでジルーを引用しているように，ジルーの批判的教育学とほぼ同じ時期に提唱されたメディア教育学は，フレイレの教育思想と実践を土台としている点で非常に似通っており，「批判的メディア・リテラシー」教育そのものだといってもよい。ただし，マスタ

ーマンに言わせれば，まさにそれこそがメディア教育もしくはメディア・リテラシー教育だということになるのであろう。

　日本におけるマスターマンへの一般的な評価としては，「1930年代から続くメディア教育の流れに，カルチュラル・スタディーズの考え方を織り込んだ上で統合化し，教育方法的にも後述するフレイレらのモデルを導入するなどして，現在のメディア教育の理論的基盤を築いた」[53]といった表現をあげることができるだろう。しかし，教育方法としてフレイレのモデルを導入するといった理解の仕方そのものが，マスターマンの理論から離れたものである。マスターマンは，フレイレの教育方法だけを取り上げて自らのメディア教育学に位置づけたのではない。それは彼が「哲学的アプローチ」と呼んだものにほかならなかった。

　マスターマンの議論に，カルチュラル・スタディーズの影響が見られるのはその通りであり，一般にメディア・リテラシー理論の土台の一つとして，カルチュラル・スタディーズを位置づけることは正しい。しかし，カルチュラル・スタディーズ自体は教育学ではない。正確に言えば，メディア・リテラシー教育の実践者にとって，カルチュラル・スタディーズの徹底したテクスト分析の学問を学ぶことは現在と未来におけるメディア・リテラシー教育の挑戦のために必要なことだったからである。[54]より重要なのは，カルチュラル・スタディーズではなく，メディア・リテラシー教育の土台にある哲学であり，理念である。日本のメディア・リテラシー教育研究の世界で欠けているのは，まさにその点であろう。

　1970年代から80年代にかけて，世界的に大きな変革の動きがあった。チョムスキーは，1970年代に始まった異議申し立ての運動は，環境運動，フェミニズム運動，反核運動などの大衆運動のうねりを創り出し，80年代にはいると連帯運動へと発展したと述べたのち，「国民の思考を統制し，合意をでっちあげるべく徹底的な宣伝がなされたにもかかわらず，人びとは確実にものごとを見きわめる能力を獲得し，騙されまいとする意思を培っている。権力にたいする懐疑が育ち，あらゆる問題に向きあう姿勢に変わってきている」[55]と書いている。

　ジルーもマスターマンもこうした時代背景の中で，批判的教育学やメディア教育学を提唱した。そこにははっきりと重なる問題意識が存在する。メディ

ア・リテラシー教育運動はこのような異議申し立て＝対抗文化の思想的土台として形成されてきた。それは当時の教育学の一つの潮流となったのである。しかし，批判的教育学にも大きな問題点がある。それについては第Ⅱ部第 1 章で触れたい。

第3章
情報リテラシーと探究学習

1 情報リテラシー教育の系譜

　もっとも早く教育現場における「情報リテラシー」概念の重要性を提唱したのは，アメリカ学校図書館協会（AASL）である。AASL は 1988 年に『情報力：学校図書館メディアプログラムのためのガイドライン（Information Power: Guidelines for School Library Media Programs）』というメディアセンターとしての図書館および学校司書（スクール・ライブラリアン）の役割を示した基準を発表した。

　さらに，1990 年代半ばごろから教育コミュニケーション工学協会（Association for Educational Communications and Technology）と共同で新しい基準の作成に取りかかり，1998 年にアメリカ図書館協会（ALA）の大会で "The Information Literacy Standards for Student Learning（子どもの学習のための情報リテラシー基準）" を発表している。

　この内容は『情報力：学習のためのパートナーシップの構築（Information Power: Building partnerships for Learning）』として公刊され，学校教育で形成されるべき「情報リテラシー」の 9 つの基準が詳細に解説されている。

　それは以下のようなものである。[56]

　情報リテラシー
　①情報に効率的にアクセスできる
　②情報を批判的かつ十分評価できる
　③情報を正確かつ創造的に活用できる

> 　自主的学習
> ④個人的に興味ある分野の情報を追求する
> ⑤文学や他の創造的な表現を鑑賞する
> ⑥より優れた検索や知識を生み出す方法を身につける努力をする

> 　社会的責任（学びの共同体・社会への参加）
> ⑦民主主義社会における情報の重要性を認識する
> ⑧情報やITに関して倫理的に行動する
> ⑨情報を追求し，作り出すために，効果的に協同する

　情報リテラシー基準と文部科学省の「情報活用能力」[57]の定義が異なる点をあげると，以下の3点にまとめることができるだろう。

　第一に，AASLが「自立した学習者」の形成を目標の一つとしてはっきりと位置づけているのに対して，文部科学省の定義にはそのような観点は希薄である。もちろん，ここでいう「自立した学習者」とは単に自分で勉強ができる学習者という意味ではない。

　基準④でいう「個人的関心」は日常生活における個人の趣味や社会的関心をさしている。つまり，情報リテラシーは学校における学習に必要な能力なのではなく，「個人の幸福（personal well-being）」のためにこそ情報リテラシーが必要だと明確に書かれている。

　情報リテラシー基準をビデオ教材化した「Know It All」シリーズには情報リテラシー教育のさまざまな場面が登場するが，その中には一見，授業とは無関係の状況がテーマとなっているものもある。

　たとえば，第5巻ではショッピングモールの建設によってサイクリング・ロードが廃止されることを知って困った子どもたちが，スクール・ライブラリアンのアドバイスを受けながら自分たちの要望を実現していくプロセスが描かれている。最後には子どもたちはタウンミーティングを開き，市長の前で自分たちの要求を訴えるのだが，このような現実社会の問題の解決に情報リテラシーが重要であることをこのビデオは示している。

　第二に，上記の観点と関連するが，「社会的責任」についても両者には大きな違いがある。文部科学省の定義では情報社会への参画のために情報モラルや情報に対する責任を学習することが求められているが，AASLの基準では情報

社会ではなく，民主主義社会そのものを学習することが求められる。

『インフォメーション・パワー』では，基準⑦の解説として，「情報へのアクセスが民主主義社会の基本」であり，子どもたちは「幅広い情報源とすべての形態の情報への公平なアクセスが，民主主義における基本的な権利」[58]であることを理解する必要があると述べられている。

このような観点から，さまざまなICTを活用して，学校のみならず地域の学びの共同体や地域社会に参加し，協同し，情報を共有する能力が求められるのである。

基準⑨の指標1「知識や情報を他者と共有する」に対する解説として次のように述べられている。

> 児童・生徒は，収集した情報をグループの人たちと進んで共有する。彼らは，グループの人たちとアイデアについて議論し，人の意見に耳を傾け，適宜意見を交換する。彼らはまた，十分に話し合い，すべてのメンバーが知識や情報を共有したあとで，グループが合意に達するのに協力する。[59]

ここに書かれていることは民主主義のプロセスそのものといってよいだろう。情報社会に対応した民主主義のリテラシーとして，情報リテラシーが定義されていることがよくわかる。このような観点は文部科学省の協力者会議の「情報活用能力」概念に十分含まれているとはいえない。

第三に，AASLの基準になく，文部科学省の定義にあるものとして，「情報の科学的な理解」があげられる。これはコンピュータなどの情報機器を活用するための基本的な能力であり，いわゆるコンピュータ・リテラシーといってもよいが，AASLの基準には取り立てて掲げられていない。

存在しないのではなく，データベースやインターネット，電子掲示板などが他のさまざまなメディアの一つとして取り上げられているに過ぎないのである。AASLはスクール・ライブラリアンの団体であり，AASLの考える情報リテラシー教育ではメディアセンターとしての学校図書館が大きな役割を果たす。学校図書館にとってコンピュータは一つのメディアに過ぎない。重要なのは，多様なメディアによって伝達される情報そのものなのだという考え方がそこにあるといえるだろう。

文部科学省の定義と比較しながら以上のような 3 つの特徴を取り上げてきたが，このような AASL の思想の背景には，公共図書館が担ってきた識字教育運動の歴史が存在することを忘れてはならない。
　ユネスコの「公共図書館宣言（1994 年）」には次のように述べられている。

> 公共図書館のサービスは，年齢，人種，性別，宗教，国籍，言語，あるいは社会的身分を問わず，すべての人が平等に利用できるという原則に基づいて提供される。理由は何であれ，通常のサービスや資料の利用ができない人々，たとえば言語上の少数グループ（マイノリティ），障害者，あるいは入院患者や受刑者に対しては，特別なサービスと資料が提供されなければならない。

　その目的を達成させるために，図書館は「あらゆる年齢層の人々のための識字活動とその計画を援助し，かつ，それに参加し，必要があれば，こうした活動を発足させる」とともに「容易に情報を検索し，コンピュータを駆使できるような技能の発達を促す」という使命を持っているのである。
　ユネスコと IFLA（国際図書館連盟）は 1999 年に協同で学校図書館宣言を発表したが，そこには学校図書館の目標の一つとして「情報の形式，形態，媒体が，地域社会に適合したコミュニケーションの方法を含めどのようなものであっても，すべての児童生徒が情報の活用と評価の技能を学び，練習することを支援する」ことが掲げられている。[60] 公共図書館だけでなく，学校図書館もその使命に変わりはない。

2　「探究学習」と情報リテラシー

　現行学習指導要領の要点の一つが探究学習である。たとえば，中学校の「総合的な学習の時間」の目標は「横断的・総合的な学習や探究的な学習を通して，自ら課題を見つけ，自ら学び，自ら考え，主体的に判断し，よりよく問題を解決する資質や能力を育成するとともに，学び方やものの考え方を身に付け，問題の解決や探究活動に主体的，創造的，協同的に取り組む態度を育て，自己の生き方を考えることができるようにする」とされており，「探究的な学習」が位置づけられている。高校ではさらにさまざまな教科で探究学習が位置づけら

れている。

　さまざまな知識や技能を使って，未知の世界から新しい知識を発見・創造する授業・学習の方法を「探究学習」と呼ぶとすれば，「探究学習」を通じて子どもに育てる基礎能力こそが情報リテラシーである。この用語はもともとアメリカ学校図書館協会（AASL）が情報の読み書き（探索と活用）能力という意味で普及させた言葉である。日本ではコンピュータの活用能力であるコンピュータ・リテラシーの意味で使用される例が多いため，学校現場でもしばしば混乱を招いてきた。大学の教科書でさえ，「情報リテラシー」という用語を使いながら，内容は情報科学の基礎知識やコンピュータ・リテラシーを指しているものがある。また，すでに触れたように，文部科学省もよく似た用語として，「情報活用能力」という概念を用いているが，これも情報リテラシーと同じではない。

　今日，生徒・学生に求められているものは，生活の中から問題や課題を見つけ，さまざまな知識や技能を活用して問題や課題を解決し，それらを表現し，伝達するための基礎的な能力としての情報リテラシーを活用して，未知の世界を探究する力であり，そしてそれが社会の中で真実や理念を追い求め，歴史に新しい道を切りひらいていく探求につながっていくような教育であるといえる。

　「探究学習」は，子どもたちの知的好奇心を土台に，仲間とさまざまな道具を駆使して未知の世界を切りひらいていく学習方法である。人間の知的好奇心は人間の発達と進化をもたらしてきた。基礎的な知識や技能を身につけるためには，訓練が必要だが，それは決して学力そのものではない。それらの知識や技能の習得は探究学習の中で，動機づけられ，活用されていくのである。

　今日ほど未知の世界を切りひらく力が求められている時代はない。混沌と鬱積した社会的な状況の中で，希望と勇気を与えてくれるのは，子どもが本来持っている好奇心と冒険心である。知的好奇心や冒険心を大きく育て，社会に向かって羽ばたく力を育てる「探究学習」が新しい教育のあり方を指し示しているといえる。

　「探究学習」は教室の中だけで実践できるものではない。「探究学習」の実践史を見れば，探究にはフィールドがあり，教室を飛び出していく教育であった。そのことは今日も変わることはない。そしてそのための情報基地こそ，学校図書館である。新しい探究学習は学校図書館と連携することが求められている。

こうして学校図書館は読書をする場所から,「探究学習」のための準備や後方支援をするための情報基地となったのである。すべての教科で「探究学習」を可能にするような学校図書館や学校のあり方こそが, いま求められているといえる。

3 調べ学習の原点──「生活綴方探究型学習」

　日本において,「探究学習」の原点といえるような教育実践があるとすれば, 東井義雄の「作文的方法」と「学習帳」を使った実践だといえるだろう。東井は1950年代に活躍した生活綴方教師の一人である。「村を育てる学力」という言葉を作り出したことでも知られている。この言葉をタイトルにした著書によって, 東井の実践は一躍世に知られることになった。

　東井は次のように述べている。「書くというはたらきは,『探究的機能』ももっているようである」。「書くということの, この機能は, 学習帳の上にもぜひ活用されねばならぬ。自律的, 創造的, 探求的学習態度の上に学力を育てるのでなかったら, その学力は, 力のないものとなると思うが, そのためには, ぜひとも, 学習帳にこの機能を発揮させたいものだ, と思う」。[61]

　東井の実践の特徴は, 教科の中で, 子どもの「問題追求の態度」を「作文的方法」によって育てようとした点にある。東井は「自分から問題を見つける態度, 自分の全力をつくして, それを解決していこうとする, 主体的な生活の構えが, まず, 子ども自体によって自己教育されていくのが, この『作文的方法』というものである」[62]と述べている。

　当時の社会状況にあって, 文字通り情報の読み書きとは文章を読んで書くことであった。「学習帳」こそが, 情報を集め, 整理し, 自分の頭で考え, 表現するメディアだったのである。そこには生活綴方の手法を「調べ学習」の形態に結びつけた発想があった。

　東井は学習の過程を次の5つのステップにまとめている。

1　学習の計画をたてる。
2　計画にしたがって, めいめいが「ひとりしらべ」をしていく。
3　「ひとりしらべ」を, みんなで, わけあい, 磨きあう。

4　みんなにみがいてもらったものを，めいめいで，再検討してみる。──反省とまとめ
　　5　けいこする。[63]

　学習帳を「調べ学習」のメディアとして用い，それを学級で共有し，検討をすることを通して，一人ひとりの力へと定着させていく過程がここには表現されている。「調べ学習」は「探究学習」のための一つのステップであり，まさに，「探究学習」の原点がここにあるといっていいだろう。
　東井実践にとって，学力の中身を問うことは出発点であるとともに，到達点でもあった。「村を育てる学力」という表現は，東井の「探究学習」実践で子どもに身につけさせようとした力が端的に表現されている。

　　普遍妥当な価値の体系は，子どもたちの「生活」の中に，消化されて，はじめて「学力」となるのである。価値はそのままでは「学力」ではない。それが，「学力」となるためには，一度，どうしても子どもの「生活」をとおさなければならない。[64]

　彼のいう「学力」は明らかに学業成績を意味するものではない。生活現実の中で生きて働く力を学力だと考えていたのである。だからこそ，「村を育てる学力」なのである。文章を綴る力や調べる力が「村を育てる学力」の土台になっているのであり，PISAの学力観であるリテラシーとコンピテンシーの関係に重なっているといってもよい。
　東井の「作文的方法」と「学習帳」を駆使した教育実践は，1950年代の戦後初期における「生活綴方的探究学習」モデルを提示したものだ。このような実践は無着成恭の『山びこ学校』の実践にも通じるといえる。

4　教育の現代化と「科学発見型探究学習」

　戦後初期の「生活綴方型探究学習」は，1960年代以降の教育の現代化と呼ばれた潮流に埋もれていくとともに，新たな探究学習のモデルが登場することになる。それは，アメリカの教育思潮の影響を受けつつ，主に理科の分野で提

唱された「科学発見型探究学習」であり、「探究学習」という用語もこの頃から一般に使われるようになった。

　日本で「科学発見型探究学習」の理論を提起したのは降旗勝信であった。彼は主著『探究学習の理論と方法』の中で次のように述べている。「探究学習とは、知識獲得の過程に児童・生徒が主体的に参加することによって、探究能力・科学的概念・望ましい態度の形成をめざす活動である」[65]。

　「科学発見型探究学習」は科学の方法を重視するが、科学の方法を学ぶことが目的ではない。むしろ、科学の方法の基礎となる探究の過程を重視している。探究の結果、科学的概念や望ましい態度が形成されると考えたのである。つまり、「探究学習」は自主的に探究しようとする学習態度の形成を目的にしているのであり、この点で学業成績重視の学力観とは異質な学力観を持っていたといえる。

　降旗は科学の方法を「高度に抽象的で体系を持った知的操作」であると指摘し、これを駆使できるようになるためには、「基礎的探究能力の育成、広範囲にわたる科学的知識の習得、直観的創造的思考や論理的抽象的な思考の発達をめざした教育が、前段階として必要となる」[66]と述べている。つまり、「探究学習」は、科学の方法を教えてそれを実践することではなく、科学の方法の習得へ向けられた探究活動なのである。

　このような「科学発見型探究学習」には当時大きな注目を浴びていたピアジェやブルーナー、ガニェといった人々の認知心理学の成果が反映されていた。ピアジェは子どもの認知発達の段階説を唱えた学者として有名であり、またブルーナーはピアジェの影響を受けながら、動機づけと教材の構造化を重視した研究者で、『教育の過程』という有名な著作がある。そしてガニェは学習を支援する方策を研究した同じくアメリカの研究者である。

　彼らに代表される認知心理学では、知識を教えることが教育であるという理解に対して、子ども自身が自らの力で思考し、知識を発見していく過程こそが学習であると見なされていた。

　子ども自身の主体的な探究活動による科学的概念の獲得が、理科教育の新たな授業モデルとして提示されることにより、知識中心の教え込み型教育とは異なる新しい科学教育のあり方を提起することになったのである。「科学発見型探究学習」の思想は、発見学習や問題解決学習とも共通する教育理念を有し、

理科教育に新しい授業スタイルを生み出すことになった。授業の中で仮説を立てて実験によって理論や法則を検証する「仮説実験授業」はその典型だといえる。

しかし、「科学的発見型探究学習」は、主に理科教育の分野に取り入れられた学習方法であった。児童・生徒個々人の認知や思考の発達に焦点が合わされた学習モデルであり、地域の生活や人々との関係が問われることはほとんどなかった。

科学の本質は何か、科学と教育はどのように結合するべきかという問題を提示した点では、当時、有力だった「系統学習」理論と問題意識は変わらない。「系統学習」の考え方と「探究学習」の考え方は相互に影響を与えながら、次第に理論的に統合するべきだとさえ見なされるようになっていった。

たとえば、1960年代後半に教育科学研究会社会教育部会がまとめた『社会科教育の理論』の中で、柴田義松は次のように述べている。

> 抽象的なものから具体的なものへという科学の方法あるいは体系は、実際には、具体的なものから抽象的なものへという探求の方法、事実の分析を前提としており、その意味でそれを含んでいるのである。このばあい、教育学的には前者を教科の体系とよび、後者を学習の方法とよんでおいたほうがはっきりするだろう。個々の概念の習得は、つねに具体的事実と結びつけられ、それの観察や実験をとおしておこなわれるのである。[67]

このように、「探求の方法」は学習の方法であり、それに対して科学の方法あるいは体系が教科の体系として存在し、これらを授業という場で接合することが教育と科学の結合であると考えられていたのである。

1970年代になると、社会科教育では新たな動きが起こる。「地域にねざした教育」という動きである。1972年に千葉県の中学校教師だった安井俊夫が雑誌『歴史地理教育』(1972年4月号)に発表した「なぜ地域の歴史を掘り起こし実践するのか」と題する論文は、社会教育関係者の間で大きな波紋を呼んだ。安井の実践は、教科書ではなく地域そのものを教材化し、子どもの疑問から授業を組み立てるものであった。

たとえば、古代史の学習の中で「松戸の人たちは米づくりをどのようにとり

入れたか」「米づくりによって松戸の人たちの生活はどう変わったか」といった子どもたちの疑問を中心とした授業を行ったのである。これもまた，地域を教材化した探究学習の一つだといえるだろう。

この実践は，安井自身によっても，評価する論者によっても，科学と教育の結合のために地域を教材化したと見なされていた。安井は「科学的歴史学が明らかにした歴史発展の法則は『地域』の歴史の中で"具体化"されたものとなって子どもの認識に迫っていくことができる」[68]と述べ，社会教育研究者の本多公栄は「安井氏は，こうして科学の系統を教育の系統に組み替える接点に地域を据えた」[69]と指摘している。

「科学の系統」という到達すべき目標がある以上，地域での「探究学習」も原理的には教師の教える教科・教材という枠の中で行われていることになる。このように1970年代に形成された「科学発見型探究学習」は，科学と教育の結合をめざした実践であったといえるだろう。

5　図書館利用教育と「知的生産型探究学習」

3つめの「探究学習」は，学校図書館界の影響を受けながら実践されてきた「知的生産型探究学習」である。日本でもアメリカの図書館界の動きの影響を受けながら，日本図書館協会を中心に情報リテラシー教育の重要性が認識されるようになってきた。そして，1998年から99年にかけて，総合版，学校図書館（高等学校）版，大学図書館版，公共図書館版，専門図書館版といった5つの『図書館利用教育ガイドライン』が作られた。[70]

ガイドラインには，図書館利用教育の目標として5つの領域が掲げられている。

領域1：印象づけ
領域2：サービス案内
領域3：情報探索法指導
領域4：情報整理法指導
領域5：情報表現法指導

AASL の情報リテラシー基準と性格が異なり，日本図書館協会のガイドラインはあくまでも「図書館利用教育」という範囲での提案となっている。もっとも日本では，学校図書館司書の専門性が十分確立されていないという状況があり，ガイドラインも学校教育全体に対して十分な影響力を持ったわけではなかった。

　一方，学校側からのアプローチとしては，全国学校図書館協議会（SLA）が作成した「情報・メディアを活用する学び方の指導体系表」[71]がある。こちらは小学校低学年，中学年，高学年，中学校，高等学校と5つのレベルごとに，「学習と情報・メディア」，「学習に役立つメディアの使い方」，「情報の活用の仕方」，「学習結果のまとめ方」の4つの領域に分けて指導の体系がまとめられている。

　どちらにしても，コンピュータやインターネットなどの新しいメディアの普及とメディアセンターとしての図書館の利用という観点と，情報を収集・活用するプロセスに対する指導の重視が見られる。つまり，子どもたち一人ひとりが，さまざまな情報から必要なものを選択し，整理し，発信・表現するという知的生産のプロセスを重視した「探究学習」のモデルをここに見ることができる。

　このような実践の一つとして，関西学院高等部の「読書科」の実践があげられる。「読書科」は同校の司書教諭が担当する授業である。「読書科」という名称がついているが，決して単なる読書指導を行うための科目ではなく，2年間を通して生徒に論文を書かせることを目標にした科目である。

　同校の「読書科」を担当する司書教諭の宅間紘一は「情報活用能力」について，次のように述べている。

> そもそも情報活用能力とは何か，狭義には課題を解決するために，児童・生徒自身が，必要な情報を収集，整理し適切に活用する能力ないし技術のことである。しかし，学びの過程に必要な個々の能力をひとつひとつ点検すれば，情報を活用して解決する能力だけでなく，課題を発見し，設定する能力を含めざるを得ないことがわかる。[72]

　宅間氏は「情報活用能力」という表現を使っているが，その内容は情報リテ

ラシーに近いといえる。その能力の中でもとりわけ重要だとされるのが，課題を発見して設定する能力である。さらに「学び（研究）とは，課題を深め，本当の課題に出会う過程と言い換えてもよい」[73]と述べている。

　学校図書館は単なる調べる場ではなく，「問題に出会い，問題を磨く力，つまり『問う力』を育てる場としての機能」を持っており，「『問う力』と『答える力』をともに育む場」[74]なのである。情報リテラシーを形成する探究学習としての条件を備えた実践であるといえるだろう。このように，同校の「読書科」の実践は学校図書館と結びついた情報リテラシー形成を土台に，自立的な学習者を育てる「探究学習」だといえる。

　同様な実践として，京都市立堀川高校の実践がある。堀川高校には専門学科として「人間探究科」と「自然探究科」があり，「探究基礎」と呼ばれる科目を設置している。この科目をとおして，生徒は論文に取り組み，「探究する力」を身につけるのである。堀川高校の中心には学校図書館があり，専任の学校司書が探究学習に取り組む生徒の学習支援に取り組んでいる。堀川高校の実践も関西学院高等部の実践に近いと言える。

　個人の実践ではなく，学校図書館を学習センターとして位置づけ，学校司書や司書教諭がその専門性を発揮し，「探究学習」に取り組んでいるのである。

　しかし，これら二つの実践には，情報リテラシー基準の3つめのカテゴリーである「社会的責任（学びの共同体・社会への参加）」という要素が含まれていない。情報を共有し，学校の外に開かれた学びの共同体に参加するためには，ICTを活用した「探究学習」が次のステップとなる。

6　ICTを活用した「ICT活用型探究学習」

　第4の「探究学習」は「ICT活用型探究学習」である。ICTの基礎技術はいうまでもなくインターネットである。インターネットはもはや単なる技術ではなく，新しい社会空間を形成するシステムとなったといってよい。

　ICT活用型探究学習の一つの事例として，筆者が関わった「カルチャー・クエスト」をあげておこう。この実践は，ニューヨーク市立大学学校開発センターが2002年より取り組んでいる探究学習である。簡単に言えば，子どもたちがグループで文化を学習し，その成果をWebページにまとめ，プレゼンテー

ションを行い，インターネット上に公表するというものである。

　技術的には，メールやWebページの作成，電子掲示板，電子会議システムなどを利用するが，決してWeb検索だけを用いるのではなく，学校図書館や博物館等を利用した探究学習にICTが加わったと考えるべきである。アメリカではもともと学校図書館を中心とした情報リテラシー教育の考え方があるため，「カルチャー・クエスト」のようなプロジェクト型の学習を受け入れやすいのである。

　似たようなプログラムとして「ウェブ・クエスト」[75]があげられる。これもWeb上の情報探索活用を前提とした探究学習である。アメリカでは，インターネットの普及に伴い，カルチャー・クエストに代表されるWeb技術を活用した探究学習は1990年代後半から増えていった。

　ICT活用型探究学習のモデルは，RPG（ロール・プレイイング・ゲーム）である。ここには探究の目的，仲間，道具，未知の世界，さまざまな人との出会いとコミュニケーションがある。ゲーム世界は想像の世界に過ぎないが，実際のICT活用型探究学習ではICTを活用しながら現実世界そのものを探究する。そして，探究に用いる道具がコンピュータやビデオカメラである。

　日本でも石川県松任市立東明小学校（現白山市立東明小学校）中條敏江教諭によるパスプロジェクトの実践が，このような実践の一つである。さまざまなメディアを使って情報を収集し，学校の外の人々にインタビューを行い，それらを「紙芝居方式」によってまとめて発表する。決して高度なICTを使っているわけではないが，図書室やコンピュータを使った「調べ学習」ではなく，現実の社会と切り結びながら，探究活動を行っているという点で，ICT活用型探究学習だと言えるだろう。

　ICT活用型探究学習では，次の3点に特徴がある。第一に，すでに述べてきたようにICTを含む多様な情報源を活用することである。インターネットはもちろん，図書館や博物館，地域のさまざまな施設や人との具体的な関わり合いによって探究を進める。その中でも特に大事なのはヒューマンリソース，すなわち人との出会いである

　これは情報リテラシー基準の第一のカテゴリーに対応しており，コンピュータ活用は探索と表現のためのメディアの一つに過ぎない。「Know It All」でもさまざまな情報源の活用が取り上げられているが，その中でも特に人への取材や

インタビューが重視されている。

　第二に，教材としての地域や生活の重視である。例えば，カルチャー・クエストでは文化を「生活の方法」と定義する。つまり探究の対象は何よりも子どもたち自身の生活であり，カルチャー・クエストは子どもたち自らが生きている地域と生活に着目することを重視する。

　これは情報リテラシー基準の第二のカテゴリーに対応しているといえる。子ども自身の興味や関心を大事にし，それらを学習の動機づけとして教育に取り入れていかなければ，自立した学習者は育たないと考えるからである。

　第三に，学びの共同体・社会参加である。探究のための学習グループ，クラス，学校，地域，インターネットを用いたグローバルなネットワーク，これらすべてが「学びの共同体」になる。それらの共同体に参加するためには，民主主義の理念を基礎とした情報倫理はもちろんのこと，学習者として社会参加するための学習倫理を身につけなくてはならない。これは情報リテラシー基準の3つめのカテゴリーに対応する。

　カルチャー・クエストでは，アメリカの文化人類学者であるトーマス・キャロルの「学びの共同体」理論が土台となっている。この理論によると，ネットワークによって学習者の共同体を作るのではなく，すでにネットワークで結ばれた共同体の中に学びを組織することが必要だとされる。そのために必要なのは，教師が子どもに問題や課題の解決法を教えるのではなく，一人の熟練学習者として子どもたちとともに学びの共同体に参加することが必要となる。

　つまり，ICT活用型探究学習は，子どもたちがチームとなり，課題を設定し，多様な学びの共同体に参加して，学習課題を探索・探究していく学習形態であり，教師も一人の熟練学習者としてそのチームに参加するのである。

　第四に，正確には第三の要素の一部だとも言えるが，情報の共有化である。情報の共有は，学習のさまざまな過程で生じる。学習グループ内，クラス内，協同学習をすすめる学校やクラスとの共有，そして学習成果をネット上に公表することで，社会そのものと情報を共有する。このような過程で重要な役割を果たすのがICTなのである。

　カルチャー・クエストではWebページを情報発信のメディアとして活用する。子どもたちは探究の成果をWebページとして発信し，学級の内外で情報を共有する。これは単なる成果の公表を意味するだけではない。地域で取材し

た成果を自分たちの作品として公表することには，さまざまな社会的責任が伴う。

例えば，著作権や肖像権に関わる問題がそれにあたるが，それ以外にも調査対象との関係によって生じるさまざまな社会的責任が生じる。また，公表そのものが社会的責任を果たすこともあるだろう。このようにして，第四の要素は第三の情報倫理や学習倫理と深く結びついている。

学級と社会との境目が学習の過程で拡大するとともに，子どもたちは学級から外の社会に向かって学習活動を拡張していくことになる。子どもの社会的発達は，子どもの親密圏（仲間）と学級集団，学校，地域，社会といった公共圏との境界線にあり，探究学習活動はその境界線を外部に向かって作り出していく創造的活動なのである。

＊本節は以下の論文を本書のために加筆修正したものである。
坂本旬（2008）「『探究学習』の系譜と学校図書館」「学校図書館を活用した国際理解をめざす文化探究学習カリキュラムの開発」（課題番号：17602008），平成17年度～平成18年度科学研究費補助金（基盤研究（C））研究成果報告

第4章
メディア情報リテラシー教育の理論と運動

1　メディア情報リテラシーとは

　メディア情報リテラシーとは，ユネスコによって提唱された概念であり，メディア・リテラシーと情報リテラシーを統合するとともに，それらに関連するさまざまなリテラシー概念を包含した新しいリテラシーである。

　ユネスコは1982年に初めてメディア教育をテーマに取り上げたグリュンバルト宣言を皮切りに，1990年のトゥールーズ会議，1999年のウィーン会議を経て，2002年のセビリア会議以降，メディア・リテラシーと情報リテラシー概念を統合するための会議を開催した。

　一方で，2005年には国際図書館連盟（IFLA）と共同して，生涯学習の理念と情報リテラシーの概念を結合させた「アレキサンドリア宣言」を出した。2008年には「情報リテラシー指標」を発表し，2010年にはその評価レポートを公表している。

　さらに，2008年6月の国際的な専門家によるパリ会議で「メディア情報リテラシーのための教職員研修カリキュラム・バックグラウンド・ストラテジー論文」が公開された。2010年にはバンコク会議を開き，「メディア情報リテラシー指標に向けて」という文書を公表している。それらの成果を経て，2011年には最初の教職員研修カリキュラムが公開された。

　このように，ユネスコの動向を見ていると，一方でメディア教育政策に関わる動向があり，他方で国際図書館連盟と協力しながら情報リテラシー教育政策の動向が平行して進んできたが，2000年以降これら二つの潮流を「メディア情報リテラシー教育」として統合しようと努めてきたことがわかる。

　一方，国連もまた独自にメディア・リテラシー教育政策を進めてきた。2004

年9月，当時のスペインのホセ・ルイス・ロドリゲス首相が第59回国連総会で「文明の同盟（UNAOC）」設立の提案を行った。またトルコのレジェップ・タイイップ・エルドアン首相がこの提案に賛同し，共同提案者となった。2005年7月，この提案を受けて，コフィ・アナン事務総長自ら主導してUNAOCの設立を発表した。

アナンはプレスリリースでUNAOCの目的を，「暴力を醸成する敵視観から生み出される脅威に対応するものであり，そのような分断を止めるため，さまざま努力をしている人々が協力し合えるようにすること」[76]だと述べている。

この組織はイスラム文化と西欧文化の葛藤が引き起こす紛争や戦争という世界的危機の状況に際し，教育を通じてその問題の解決にあたることを目的とする。活動には教育，若者，メディア，移民という4つの領域が設定された。メディア・リテラシー教育はすべての領域に関わる重要な教育政策である。

筆者は2008年11月に国連を訪れ，UNAOCメディア・リテラシー・プログラム・マネージャーのジョルディ・トレントにインタビューを行った。[77] 彼はUNAOCの目的の一つを「メディア・リテラシー教育や異文化間の対話に関する題材に取り組み，発展させ，それらを拡張していくこと」と述べている（このインタビューの記録は本書の付属資料として収録している）。

UNAOCのディレクターのマーク・ショイアーは『世界のメディア教育政策』（2009年，日本語訳2012年）の序文で，メディア・リテラシー教育の必要性を次のように述べている。

　　政治的，経済的，イデオロギー的な利害がぶつかり合う，時に挑戦的であったり，混迷したり，あるいは対立することもあるメディア状況の中で，すべての年代の市民には，積極的な市民参加だけではなく，よりよく生きることを可能にし，それを確かなものにするための新しい道具が必要なのである。

　　真に民主的な政治制度は市民の積極的な参加による。積極的であるだけではなく，もっとも重要なのは，情報を持った市民であることである。メディア・リテラシーは，時にあふれんばかりとなる日常メディアの情報の渦や，とりわけ新しいメディアやコミュニケーション技術によって広められる情報を理解するスキルを市民が身につけるための新しい道具の一つである。（中略）

　　基本的な「伝統的リテラシー」（読み書き計算）がなければ，人は社会の発

展に参加したり，自分たちの社会に市民として関わることができないという問題に直面するだろう。新しい電子メディアの到来とともに，基礎教育は今や新しいスキルと新しい教育的な考え方を導入しなければならない。つまりメディア・リテラシーである。[78]

　このように，UNAOC が考えるメディア・リテラシー教育は世界的な文化葛藤の危機に対応したものであり，この問題が世界的な課題という認識が前提にある。もともとはイスラム文化と西欧文化との葛藤から始まった取り組みであるが，過激集団による敵視観の醸成と社会内外での分断という問題は，世界中で見られる問題であり，今日の日中・日韓関係がもたらす葛藤をみれば，東アジアにおいても大きな問題であることはいうまでもない。
　UNAOC はメディア・リテラシー教育を普及させるために，前述のようにユネスコと協力し，情報リテラシー教育と統合して，メディア情報リテラシー教育として世界中に普及させる政策を採用した。実際にメディア情報リテラシー教育政策・運動・実践を進めるために UNAOC とユネスコが協力して作った組織がユネスコ・UNAOC UNITWIN MILID（以下，MILID と略）である。この組織の正式な名称は「メディア情報リテラシーと異文化対話におけるユネスコ・UNAOC UNITWIN グローバル・チェア」である。UNITWIN とはユネスコの事業を進めるための大学間ネットワークのことで，UNIVERSITY TWINNING を略したものである。[79] 2013 年時点で 69 の UNITWIN ネットワークがあり，763 のユネスコ・チェア大学がある。
　MILID はその中でも UNAOC との共同設立という点で特別である。MILID はスペイン・バルセロナ自治大学，エジプト・カイロ大学，中国・清華大学，アメリカ・テンプル大学，ブラジル・サンパウロ大学，オーストラリア・クイーンズランド工科大学，ジャマイカ・西インド大学，モロッコ・シディ・モハメド・ベン・アブダラ大学の 8 大学を基幹大学とし，それぞれの大学をハブとして全世界に大学ネットワークを広げることをめざしている。MILID はメディア情報リテラシーのコンセプトを広め，教職員研修カリキュラムの普及をめざして，2012 年 5 月，バルセロナで第 1 回，翌年 4 月にカイロで第 2 回 MILID WEEK を開催した。2014 年 6 月には，北京で第 3 回を開催する予定である。

また，2012年12月には重慶で基幹大学である清華大学を中心に，南アジア・東アジア地域のネットワークづくりをめざして，アジア・メディア・リテラシー教育国際会議が開かれた。日本からは東京学芸大学と法政大学がそれぞれ清華大学と協定を結び，MILIDへの加盟を進めることとなった。日本では，UNAOCやユネスコの理念や運動を日本国内および東アジア・南アジア地域に普及させるため，2012年10月，アジア太平洋メディア情報リテラシー教育センター（AMILEC）が設立された。[80]

　2012年3月に，法政大学でUNAOCのメディア・リテラシー教育プログラム・マネージャーのジョルディ・トレントを招いた国際シンポジウムが開催され，同時にUNAOCとユネスコが協力して編集した『世界のメディア教育政策——ビジョン・プログラム・チャレンジ』日本語訳暫定版が公表された。AMILECはこのシンポジウムを企画し，翻訳を行ったメンバーを中心に設立された。なお，本書の日本語訳完成版は2012年9月にUNAOCのウェブサイトに掲載されている。

2　ユネスコ・UNAOCのメディア情報リテラシー

　情報リテラシーは情報へのアクセス，評価，倫理に基づいた活用に焦点を当てたものであり，他方，メディア・リテラシーは，メディアの機能を理解し，評価し，そして自己の表現に活用する能力に焦点を当てたものである。ユネスコ・UNAOCの考えるメディア情報リテラシーをユネスコが配布しているパンフレットに即して紹介しておこう。

　まず，ユネスコ・UNAOCによれば，情報リテラシーとメディア・リテラシーのそれぞれのリテラシー概念には次の下位概念を含んでいる。

情報リテラシー
 1　情報の必要性を確認し，必要な情報を明確にする。
 2　情報の所在を調べ，アクセスする。
 3　情報を評価する。
 4　情報を整理する。
 5　倫理にしたがって情報を利用する。

6　情報を伝達・共有する。
7　ICT スキルを用いて情報を編集・加工する。

メディア・リテラシー
1　民主社会におけるメディアの役割と機能を理解する。
2　メディアが機能を発揮しうる条件を理解する。
3　メディア機能の視点から，メディア・コンテンツを批判的に評価する。
4　自己表現と民主主義実践のために，メディアに取り組む。
5　オンライン・コンテンツの創造に必要な（ICT を含む）スキルを再考する。

　ユネスコのメディア情報リテラシーは決して単なる二つの概念の接合ではない。以下の図のように，それらを含む以下の多様なリテラシーを調和させ，統合するものである。

（上から右回り）
情報リテラシー
図書館リテラシー
表現の自由・情報の自由のリテラシー
デジタル・リテラシー
コンピュータ・リテラシー
インターネット・リテラシー
ゲーム・リテラシー
映画リテラシー
テレビ・リテラシー
ニュース・リテラシー
広告リテラシー
メディア・リテラシー

図1　メディア情報リテラシー（MIL）の概念図

このユネスコの教職員研修用メディア情報リテラシー・カリキュラムおよびコンピテンシーの枠組みは，先進国および発展途上国の教育制度に対して，メディア情報リテラシー教職員研修プログラム構築のための枠組みをもたらすものである。
　また，ユネスコは，世界中の教職員がこの枠組みを見直し，カリキュラムを生きた文書として，より精細に，より豊かにするため，多様な衆知を集める過程に勇気を持って参加するものと考えている。こうした理由から，ユネスコのカリキュラムは核となる基本的な能力やスキルに焦点を当てたものとなっており，職務に追われている教職員に過大な負担を与えないものとなるよう意図されている。
　では，ユネスコの教職員用メディア情報リテラシー教育カリキュラムの概要を紹介しよう。まず，ユネスコはメディア情報リテラシー教育の目標を次の3点においている。
　①未来の市民としての能力の育成
　②情報とメディア・コンテンツを批判的に評価するための基本的スキルの形成
　③知識社会の発展と自由で独立した多元的なメディアの促進
　この3点を見てわかるように，メディアの読解や創造など，政治的・社会的な目標を含んでいるという点でメディアに関する能力に偏りがちであった従来のメディア・リテラシー論とは一線を画す内容が含まれている。メディア情報リテラシー教育は単なるメディアに関する能力の育成ではなく，これらの基本的なスキルの形成を含んだ「未来の市民」の育成と知識社会の発達，そしてあるべきメディアの促進をめざしたものである。
　カリキュラムは第一部と第二部の二つに分かれている。第一部はカリキュラムの枠組みについて基本的な考え方をまとめたものである。詳細な内容は，ユネスコのサイトに掲載予定の日本語版を参照してほしい。
　このカリキュラムからわかることは，第一に，すでに見て来たように，民主主義や市民社会への参画という政治的な課題と深く結びついているということである。表現・情報の自由，多元主義，異文化対話といった用語がこのカリキュラムの特徴を物語っていると言えるだろう。UNAOCがメディア・リテラシー教育の普及をめざした理由を考えれば，カリキュラムの持つ政治的意味は明

らかである。

　第二に，メディア情報リテラシーはすでに触れたように，単に二つのリテラシーを接続させたものではなく，より包括的なリテラシーと見なされると同時に，探究学習や課題解決学習（PBL）など，新しい教育学的知見や学習理論に基づいた教育方法が必要とされている点である。ユネスコが「生徒・学生中心主義的な教育」を促進するものであり，「なすことによって学ぶ学習方法は21世紀における知識獲得のための重要な一つの側面」だと述べており，すなわち，単にメディアや情報といった内容を教育に取り入れるだけではなく，それに伴う教育方法のあり方の変化を求めるものであり，学校教育全体に関わる理念を提示するものである。

　第三に，メディア情報リテラシー教育は，決してコンピュータやICTスキル育成と授業へのICT活用をめざすICT教育ではない。ICT教育はメディア情報リテラシー教育の一部にすぎない。ユネスコ・UNAOCの情報リテラシー概念およびメディア・リテラシー概念の一部として，ICTスキルが含まれていることからわかるように，ICTは21世紀の教育の土台となる重要な技術であるが，それ自体は教育理念でもなければ，教育方法でもない。それらはメディア情報リテラシー教育の一部として埋め込まれるべきスキルとしての一要素にすぎない。

　こうした視点から，ユネスコ・UNAOCのメディア情報リテラシー教育は，労働能力の基礎陶冶を目的するのではなく，ICTによる世界的な変化の中で，新たな市民社会への担い手の育成を目的とする市民教育であるといえるだろう。

　ちなみに，メディア情報リテラシーに関わるユネスコの会議に参加して，世界のメディア情報リテラシー研究と日本のメディア・リテラシー教育研究との大きな違いは，主体の違いである。前者は，図書館系やジャーナリズム・コミュニケーション系の大学・学部が中心になっているのに対して，後者は教育工学系だという点である。ユネスコの会議には発展途上国からの参加者が多いこともあり，表現・情報の自由をはじめとする人権に対する意識が高い。同じ概念を扱っていても，概念へのアプローチが大きく異なるため，理論の枠組みも異なってきたといえる。

　こうしたことから，日本のユネスコ・UNAOCのメディア情報リテラシー教育運動もまた，ジャーナリズム・コミュニケーション系の大学や図書館系の大

学・学部での研究をより一層進め，教育学系や教育工学系の研究者と共同研究を進めていく必要があるだろう。

❖ 資料

ユネスコ 教職員研修用メディア情報リテラシーカリキュラム概要 　　　　　　　　　　　　　　　　　　　　　　　　　　　　　　（坂本訳）

［第1部］教職員のためのカリキュラムの枠組みに含まれるもの
政策とビジョン
　国の政策はメディア情報リテラシー教育に組織的かつ発展的に取り組んでいくことを保証するためにも必要である。そして，誰もがメディア情報リテラシーを持った社会を形成するための教職員の役割に対する幅広い議論が求められるだろう。

　民主的な言論や社会参加のためのメディアと情報に対する知識と理解
　これらの広い分野にわたる学習テーマの目的は，表現の自由や多元的な考え方，異文化対話，寛容のためのツールとして，そして民主的な討論やよい統治のための貢献者として，教職員，生徒，市民がメディアに関わり，図書館やアーカイブス，その他の情報源を活用するために，一般的にメディアと情報がいかにしての彼らの能力を向上しうるのか，その批判的な理解を発達させることである。

図2　メディア情報リテラシーと民主主義・よい統治に対する重要性

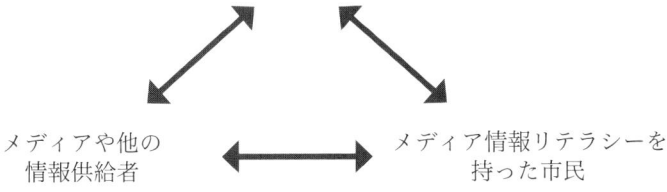

民主主義・社会発展・よい統治
　　　　↙↗　　　　　↖↘
メディアや他の　　　　　メディア情報リテラシーを
情報供給者　　←→　　　　持った市民

第4章　メディア情報リテラシー教育の理論と運動　　83

情報とメディア・コンテンツの評価
目的は教職員の以下の能力を向上させることである。
・情報源を評価し，情報の価値を判断する能力
・生徒・学生が多様な情報源からメディア・メッセージや情報を解釈する方法を評価する能力

メディアと情報の創造と活用
　メディアの創造と活用は，調べ学習や振り返りによる考察を奨励するような生徒・学生中心主義的な教育を促進するものでなければならない。なすことによって学ぶ学習方法は21世紀における知識獲得のための重要な側面の一つである。
　ユーザーによるオンライン・コンテンツは，新旧どちらのメディアにとっても他を圧倒する魅力を持ちつつある。SNSの他のユーザーとの交流の重要性が次第に大きなものになりつつある。なぜならば，若い人たちはさまざまなツールを用いてインターネットにアクセスしているからである。これは発展途上国でも制限されない。

核となる教職員の能力
　核となる教職員の能力として，民主主義におけるメディア情報リテラシーの役割を理解することや，情報源の批判的な評価，教育的技術そして情報や題材にアクセスするための技術的能力を有していること等があげられる。

メディア情報リテラシーの教育学習における教育学
　以下の教育学的アプローチは，第2部で示すモジュールを通して用いられるストラテジーの土台である。
1. 課題探究学習　2. 課題解決学習（PBL）　3. 科学的探究　4. ケーススタディ　5. 協同学習（Cooperative Learning）　6. テキスト分析　7. 文脈的分析　8. 言いかえ　9. シミュレーション　10. 創作

　以下の能力群は，メディア情報リテラシーのカリキュラムのモジュール，

単元，テーマと関連しており，教職員がモジュールを通して自分たちの方法で，自分たちの仕事として得なければならない知識やスキルを重点的にあげたものである。

・民主主義におけるメディアと情報の役割の理解
・メディア・コンテンツとその利用方法の理解
・情報への有効かつ効果的なアクセス
・新旧のメディア形式の応用
・社会文化的文脈へのメディア・コンテンツの当てはめ
・生徒・学生間へメディア情報リテラシーの奨励と彼らに求められる変化への対応

［第2部］
中心モジュール
それぞれのモジュールは以下の内容を含む。
・背景と関連性
・モジュールに含まれる3つまたは4つの単元にはそれぞれ，キーとなるトピックや学習目標，教育的アプローチと練習問題が用意されている。

《モジュール1》 シチズンシップ，表現および情報の自由，情報へのアクセス，民主的な言論と生涯学習
　単元1　メディア情報リテラシーの理解（オリエンテーション）
　単元2　メディア情報リテラシーと市民参加
　単元3　メディアや図書館，アーカイブス，インターネットなどの他の情報源に触れる
　単元4　メディア情報リテラシーと教育，学習

《モジュール2》 ニュース，メディアと情報倫理の理解
　単元1　ジャーナリズムと社会
　単元2　自由，倫理，説明責任
　単元3　ニュースを作るもの――ニュース制作の基準を調べる
　単元4　ニュースの制作過程―― 5W1Hを超えて

《モジュール3》 メディアと情報の表現

単元 1　ニュース・レポートと映像の力
　　単元 2　多様性とリプリゼンテーションに対する報道業界の倫理規定
　　単元 3　テレビ，映画，本の出版
　　単元 4　リプリゼンテーションとミュージック・ビデオ
《モジュール 4》　メディアと情報における言語
　　単元 1　メディアと情報のテキストを読む
　　単元 2　メディアとメッセージ——印刷とニュース放送
　　単元 3　映画のジャンルとストーリーテリング
《モジュール 5》　広告
　　単元 1　広告，収益，規制
　　単元 2　公共広告
　　単元 3　広告——クリエイティブなプロセス
　　単元 4　広告と政治的駆け引きの場
《モジュール 6》　ニュースと伝統的メディア
　　単元 1　伝統的メディアから新しいメディア技術へ
　　単元 2　社会での新しいメディア技術の利用——マス・デジタル・コミュニケーション
　　単元 3　教室における電子ゲームも含んだインタラクティブなマルチメディア・ツールの活用
《モジュール 7》　インターネットの活用機会と挑戦
　　単元 1　バーチャル世界の中の若者たち
　　単元 2　バーチャル世界における新しい挑戦と危険性
《モジュール 8》　情報リテラシーと図書館活用スキル
　　単元 1　情報リテラシーのコンセプトと応用
　　単元 2　学習環境と情報リテラシー
　　単元 3　デジタル情報リテラシー
《モジュール 9》　コミュニケーション：メディア情報リテラシーと学習——一つのキャプストーン・モデル（ピラミッド型階層の最上位に位置づけられる総まとめ学習モデル）
　　単元 1　コミュニケーション，教育，学習
　　単元 2　学習理論とメディア情報リテラシー

単元3　学校におけるメディア情報リテラシーのための学習環境を形成するための変化への対応
周辺モジュール
《モジュール10》　オーディエンス
《モジュール11》　メディア，テクノロジー，グローバル・ビレッジ
　　単元1　今日のグローバル・ビレッジにおけるメディア・オーナーシップ
　　単元2　グローバル・メディアの社会＝文化的・政治的側面
　　単元3　情報のコモディティ化
　　単元4　オルタナティブ・メディアのリスク
《モジュール3》
　　単元5　デジタル編集とコンピュータによるレタッチ
《モジュール4》
　　単元4　カメラ・ショットとアングル――意味を伝える
《モジュール5》
　　単元5　国境を越える広告と「スーパーブランド」

3　メディア情報リテラシー教育運動の展開

　ユネスコにはメディア情報リテラシーに関する2つのネットワークがある。一つは前節で紹介したように，8つの基幹大学を中心として世界の高等教育機関を結ぶMILIDであり，もう一つがGAPMIL（メディア情報リテラシーのためのグローバル・パートナー連盟）である。前者が大学のネットワークであるのに対し，後者はグローバルなNGOによるネットワークであり，AMILECはGAPMILのメンバーである。両者はユネスコのメディア情報リテラシー教育運動の両輪であるが，GAPMIL運営委員会の議論によれば，将来的には統合する可能性もある。

　ユネスコは2013年7月にナイジェリアの首都アブジャでメディア情報リテラシーに関するグローバル・パートナーシップ国際会議を開催した。そこで合意された文書が「GAPMILのための枠組みと行動計画～オープンでインクルー

シヴな発展の道具としてのメディア情報リテラシーの促進〜」である。

　GAPMIL は，MILID で議論され合意されてきた基本的な理念を受け継ぎ，そのグローバルな発展を促進させることを目的としている。その理念についてメディア情報リテラシーを進めてきたユネスコのメディア情報リテラシー専門官のアルトン・グリズレ，UNAOC メディア情報リテラシー・プログラム・マネージャー，MILID リーダーのホセ・マニュエルは MILID 年報（2013）で次のように書いている。

　　私たちは紛争を防ぎ，不平等を正し，協力関係を作り出し，そして互いの理解と異文化対話を育てていくための新しい道を見つけなければならない。このような背景のもとで，MILID ネットワークの構築が求められ，さらに私たちはその戦略的強化を追求するのである。ユネスコと UNAOC は，メディア情報リテラシーとそのグローバル教育への貢献が多様な文化や文明間の理解を促進するものと考える。[81]

　このように，メディア情報リテラシー・プロジェクトの目的は「紛争を防ぎ，不平等を正し，協力関係を作り出し，そして互いの理解と異文化対話を育て」ることであり，そのためにグローバルなネットワークを構築しようとしているのである。
　MILID が掲げるアジェンダとして次の 7 点があげられている。

・認知的なデジタル・デバイドとの闘い
・国際的な協力と参加の促進
・グローバル教育
・それゆえ，教育はグローバルな相互作用に対して開かれていなければならない
・グローバルな公共圏の再生
・コミュニケーションの原理と情報の原理の統合
・最後に，平和文化の創造とコミュニティと人々の間の平和的な理解がメディア情報リテラシーの究極的な原理でなければならない。これは対話なくしては誰も存在し得ず，自由と公正なくして平和はあり得ないという基本

的な原理を有していることを意味している。

　一見してわかることは，ユネスコ・国連がめざすメディア情報リテラシー教育は同時に全地球的教育であり，相互理解を前提とした平和の創造を究極の目標に置いているということである。この点で，従来のメディア・リテラシーや情報リテラシー教育運動を包含し，統合するが，決して同じものではない。それらを世界平和の実現と強化という，国連憲章の理念で結びつけたものだと言える。

　GAPMIL はこの MILID の精神をそのまま引き継ぎ，さまざまな国際機関や地域・国ごとの組織・団体のネットワークを作ることを通して世界中に普及することをめざしている。目標に掲げられる 8 つの分野は学校教育のみならず，さまざまな社会教育を含んだ統合的な生涯学習のあり方を示唆している。

　GAPMIL はユネスコがイニシアティブを持つ，一つの世界的な教育運動であり，その理念と規模において識字教育運動に匹敵し，それを知識情報社会に適応させるものである。日本では保護主義的な要素の強い情報モラル教育と技術主導的な要素の強い ICT 教育の組み合わせであり，エンパワーメント，権利ベースアプローチ，マイノリティ・文化的言語的多様性の重視，異文化・異宗教間対話といった視点に乏しいが，GAPMIL 運動は日本のメディア・リテラシー教育，ICT 教育，情報リテラシー教育にこれらの視点を運動の中核に位置づけることを提起し，かつ一つの原理として包含・統合することを全地球的に進めるものである。

　一方，AMILEC はユネスコと深い関係を持ち，メディア情報リテラシー教育分野におけるユネスコのミッションを南・東アジア地域に普及させる役割を担っている。ユネスコの教職員研修用メディア情報リテラシー教育カリキュラムの普及はその重要な柱の一つである。

補足資料——ユネスコ・国連メディア情報リテラシー宣言の歴史（抜粋）

①ユネスコのメディア教育関連の宣言
■グリュンバルト宣言（1982）
　生涯にわたる包括的なメディア教育の必要性，教職員研修，研究の促進，ユネスコによる活動。

■世界情報サミット宣言とアクションプラン（2003-2005）
・ICT を市民社会の原理の中に位置づけた。
・リテラシー概念にメディア・リテラシーと情報リテラシーを必須なものとして組み込む。
　「能力開発には，ICT を使う技能，メディア・リテラシーと情報リテラシー，能動的な市民に必要な技能，すなわち，情報と技術を探し出し，評価し，活用し，創造する能力を含む必要がある」（市民社会宣言，FCT 訳）。

■アレキサンドリア宣言（2005）
（ユネスコ・IFLA による生涯学習理念と情報リテラシーの結合）

・情報リテラシーは，文化的・社会的文脈の中で，情報の必要性を認識し，場所を特定し，評価し，適用し，そして情報を創造するコンピテンシーから構成される。
・情報リテラシーは個人や企業（とりわけ中小企業），地域や国家の優位性という点できわめて重要である。
・情報リテラシーは経済発展や教育，健康，人的サービス，その他現代社会のさまざまな側面を支援するためのコンテンツへの効果的なアクセスや利用，創造のための鍵をもたらすものであり，それゆえに，ミレニアム宣言や情報社会世界サミットの目標を達成するために不可欠な土台をもたらすものである。
・情報リテラシーは学習や批判的思考，職業の範囲を越えて転換可能なスキルを包含し，個人やコミュニティを力づけるために現代技術を越えて拡大

する。

■パリ・アジェンダ（2007）
・メディア教育に包括的な定義を与える
・メディア教育，文化的多様性，人権の尊重の結びつきを強める
・基礎的なスキルの定義と評価のシステム
・教員の初期研修へのメディア教育の統合
・適切で発展的な教育方法の開発
・社会空間における他のステークホルダーの動員
・生涯学習のフレームワークへのメディア教育
・高等教育におけるメディア教育と研究の発展
・交流ネットワークの創造
・目に見える国際交流の組織化と創造
・政策決定者への意識づけと動員

■フェズ宣言（2011）UNAOC
・メディア情報リテラシーに関する最初の国際フォーラム（ユネスコとUNAOCが主導）
・メディア情報リテラシーは情報が爆発的に増加し，コミュニケーション技術が収斂するデジタル時代における基本的人権であるという信念を再確認する。
・メディア情報リテラシーは人間生活の質を高め，持続可能な発展とシチズンシップを強化するものと考える
・社会的，経済的，文化的発展におけるメディア情報リテラシーの重要性を強調する。
・メディア情報リテラシーの包括的発展にとって，もっとも大きな障害は，今日，それがもたらす力の可能性に気づかれていないことである。
・メディア情報リテラシーは男女を含むすべての市民，とりわけ若い人々に焦点を当て，彼らを社会に積極的参加へと巻き込んでいく鍵であると信じる。
・メディア情報リテラシーは異文化対話や文明間の相互知識や理解へ向けた

平和文化の構築のために重要な役割を果たすことができることを強調する。
・メディアや情報の共有者の間で，倫理的な価値や健全な職業実践が見られなくなり，報道機関や公共圏での監視機能が縮小しつつあることを懸念する。
・グリュンバルト宣言，パリ・アジェンダ，アレキサンドリア宣言を促進するために，世界情報サミット宣言とアクションプラン，とりわけ第9（メディア）アクションプランに対しても取り組む。

■モスクワ宣言（2012）IFLA
・メディア情報リテラシーは，オープンで多元的，インクルーシヴで誰でもが参加可能な知識社会やこれらの社会を包括する市民制度，組織，コミュニティ，個々人の持続可能な発展のための必要条件である。
・メディア情報リテラシーは，人権を尊重するための創造的・合法的・倫理的な方法による，知識，態度，スキルの組み合わせであり，情報と知識にアクセスし，分析し，評価し，使用し，創造し，コミュニケートする実践として定義される。MILを有した個人は，私的，職業的，公共的生活の中で，多様なメディアと情報源・経路を利用することができる。MILを有した個人はいつ，どんな情報を必要とし，何のために，そしてどのようにそれを手に入れられるのか知っている。その情報を誰がなぜ作ったのか理解すると同時に，メディアや情報供給者，情報蓄積組織の役割や責任，機能を知っている。メディア情報リテラシーを有した個人は，メディアや他の様々なコンテンツ制作者を通してもたらされる情報やメッセージ，信条，価値を分析することができ，さらに様々な一般的，個人的，文脈内在的な基準に意図的に反して，見いだし，そして創造した情報の正当性を証明することができる。このように，メディア情報リテラシー・コンピテンシーは職業的，教育的，社会的境界を越えて学習や批判的思考，転換可能なスキルを包含するために情報・コミュニケーション技術を超えて拡張する。メディア情報リテラシーはあらゆるタイプのメディア（口頭，印刷，アナログ，デジタル）およびすべての情報源の形式とフォーマットに対応する。
　（以下略）

②メディア情報リテラシーから「メディア情報リテラシーと異文化対話」へ
■ MILID アジェンダ（2013）
（Alton, Jordi, Jose, *MILID YearBook*, 2013）

　私たちは紛争を防ぎ，不平等を正し，協力関係を作り出し，そして互いの理解と異文化対話を育てていくための新しい道を見つけなければならない。このような背景のもとで，メディア情報リテラシーと異文化対話（MILID）ネットワークの構築が求められ，さらに私たちはその戦略的強化を追求するのである。
　ユネスコと UNAOC は，メディア情報リテラシーとそのグローバル教育への貢献が多様な文化や文明間の理解を促進するものと考える。

MILID アジェンダ
・デジタル認知的デバイドとの闘い
・国際的な協力と参加を刺激
・グローバル教育
・それゆえ，教育はグローバルな相互作用に対して開かれていなければならない
・グローバルな公共圏の再生
・コミュニケーションの原理と情報の原理の統合
・最後に，平和文化の創造とコミュニティと人々の間の平和的な理解がメディア情報リテラシーの究極的な原理でなければならない。これは対話なくしては誰も存在し得ず，自由と公正なくして平和はあり得ないという基本的な原理を有していることを意味している。

■アブジャ宣言（2013）
GAPMIL のための枠組みと行動計画
〜オープンでインクルーシブな発展の道具としてのメディア情報リテラシーの促進〜
GAPMIL の目標
　GAPMIL はコアとなる目標のまわりにメディア情報リテラシーをグローバルに再配置することを追求する。
　・メディア情報リテラシーのグローバルな発展を推進するために鍵となる戦

略的パートナーシップを接合するとともに，それを8つの鍵となる発展分野に適用する。
  a　ガバナンス，シチズンシップ，表現の自由
  b　すべての市民のための情報と知識へのアクセス
  c　メディア，図書館，インターネット，その他の情報供給者の発展
  d　（職能開発を含む）教育，教授，そして学習
  e　言語的・文化的多様性と異文化・異宗教間対話
  f　女性，子ども，若者，障害を持った人，その他周辺化された社会グループ
  g　健康と福祉
  h　ビジネス，産業，雇用と持続可能な経済発展
  i　農業，農耕，野生生物保護，植林と自然資源保護等
・メディア情報リテラシー・コミュニティが政策の必要性とともに，一つの統一した声で，ある重要な事柄を話すことができるようにする。
・地域的・国際的なイニシアティブの集中やグローバルなインパクトの増大を確かなものにする，メディア情報リテラシーにグローバルに関連するネットワークやアソシエーションのための共通のプラットホームをもたらすことにより，ひとつの複合的コンセプトとして取り扱われるよう，メディア情報リテラシーのための戦略をよりいっそう深める。

原理（枠組みと行動計画を下支えする原理）
・集中―結合アプローチ：コンピテンシーの複合的組み合わせとして，メディア・リテラシーと情報リテラシーの混ぜ合わせを包含する理論的集中。同様に，ジャーナリスト，情報／図書館スペシャリスト，教育者たちが，他の関連するアクティビストたちと出会う場への実践的集中。
・メディア情報リテラシーは市民の積極的参加，グッド・ガバナンス，異文化・異宗教対話および持続可能な発展に不可欠なものと見なされる。
・権利ベースアプローチ，メディア情報リテラシーへの権利を持つ市民とメディア情報リテラシープログラムを供給する義務を負う市民の双方に焦点を当てたプログラム
・女性，男性，少年，少女，障害を持った人々，先住民グループ，民族的宗

教的少数グループはメディア情報リテラシーに対する機会を平等に与えられる。
・単なる保護的な立場ではなく，エンパワーメントの立場に立つ。
・文化的・言語的多様性
・行動と組織，国または地域の特定の行動を接合する際のバランスをとる。

構造と機能
・ユネスコはGAPMILのリード役。
・国際開発機関は，パートナーのコアグループと相談しつつ，GAPMILアクションプランの活動全体にわたる実施を調整し，決定し，確認する。
　――パートナーのコアグループの代表からなる運営委員会はこのアライアンスに従事する。
　――中央行政組織（事務局）は，活動のすべてにわたる実施をコーディネートする。
　――テーマ・グループ（テーマや地域的な専門によって進められるワーキング・グループ）
　――GAPMILになりかわり，国や地域での活動をコーディネートするために，地域や国レベルのGAPMILの支部からあげられた諸点への集中
　――それぞれの国や地域における戦略的パートナー。
・GAPMILはバーチャル／デジタル・プラットフォームを通して存在の場を与えられ，コーディネートされる。2年後にはGAPMILのメンバーはグローバル・フォーラムの中で他の人と出会い，情報を交換し，将来の行動を計画することだろう。

行動提起
・国連機関や他の国際開発期間におけるプログラムの強化
・加盟国との協力
・関連する組織や機関とのパートナーシップの確立
・意識づけ
・メディア情報リテラシー・イニシアティブの促進

<u>フォローアップ</u>
・国連の機関やファンド，プログラム，そして他の開発機関や財団の中に関係づけられる点を見つけ出し，接触を図る。
・GAPMIL が存在しない国や地域に GAPMIL 支部を設置もしくは設置をうながす。すでに設置されている場合はその能力を高める。
・すべての国の教育，コミュニケーション，情報に関する省庁に，メディア情報リテラシーに関する観点を見いだし，接触を図る。
・GAPMIL を活性化させることができる資金援助の枠組みを統合し，稼働させる。
・GAPMIL 成立後の 3 ヶ月の間に，実施可能な評価のスキームを決定し，これから先 2 年後に評価を実施する。

第Ⅱ部

異文化協働型メディア情報リテラシー教育の理論と実践

　　ユネスコ・UNAOC の「メディア情報リテラシーと異文化対話（MILID）」プロジェクトは始まったばかりであり，具体的な実践展開はこれからである。筆者はユネスコに出会う以前から，情報リテラシーやメディア・リテラシーの理論を用いた国際交流実践を模索してきた。これらの実践は，探究型学習から異文化協働型学習へと展開し，メディア情報リテラシー教育に対する「異文化協働アプローチ」として定式化した。

2012 年 MILID WEEK バルセロナ会議で実践を報告し，参加者の興味を引くこととなり，2013 年に発行された『MILID Yearbook』に実践と理論の概要が掲載されることとなった。そして翌 2013 年カイロ会議では，この理論をもとにしたプロジェクト案を提案し，現在，南アジア・東アジアでの展開を行いつつある。

　　第Ⅱ部では，ユネスコに提案した筆者の異文化協働型メディア情報リテラシー教育理論の概要を紹介する。

第1章
異文化協働型メディア情報リテラシー教育の基礎

1 教育実践のパースペクティブ

　第Ⅰ部第2章で批判的教育学の系譜に属する批判的メディア・リテラシー論を紹介し，批判的教育学が今日のメディア・リテラシー教育の土台に位置していることを示した。それは NAMLE の中核原理を見ると明らかである。しかし，もちろんのこと，アメリカのメディア・リテラシー教育実践のすべてが批判的教育学に基づいているわけではないし，すべての研究者や実践者が賛同しているわけでもない。

　もっともよく聞かれる批判は，批判的教育学は目の前の授業をどのように進めるべきかという，より現実的な課題に直接答えないという点である。例えば，デビット・バッキンガムは「ラジカル教育学を超えて」というサブタイトルを付けた本の中で，「批判的教育学の中心問題は，純粋に理論的なレトリックによって複雑な教育学的な問題を解こうとするところに存在する」と述べ，「批判的教育研究者は，教師への主張であるにもかかわらず，彼らの理論的パースペクティブの実行や，悪名高い曖昧な書き方を明確にすることを一貫して拒否し続けてきた」と痛烈に批判している。[82]

　実際，よき教育理論研究者が，同時によき教育実践者であるとはかぎらない。フレイレのように，教育哲学者であり，同時に優れた教育実践者は希有である。それゆえに，社会や歴史的な文脈の中で思念し，理論を構築する哲学や社会科学研究者と，より学校現場に近い臨床教育学や教育工学研究者や教育実践者の間に壁が生まれてしまう。実践そのものに強い関心を持つ筆者にとっても，バッキンガムの指摘はその通りだと言わざるを得ない。

　しかし，このことは同時に次のようにも言うこともできる。フレイレの理論

が今なおユネスコの現場で影響力を持ち続けているのは，その理論が実践に裏打ちされているからである。理論や思想は実際の実践や運動の形態でのみ，検討することが可能であり，現実を変える力になるのである。マスターマンについても同じことが言える。彼の本は単なる理論書ではなく，実践的な内容を含んでおり，それゆえにこそ，今日にいたるまで影響を与え続けてきた。

　さらに，次のように言うこともできる。だからこそ，哲学，社会科学からより実践現場に近い教育方法学や教育工学研究者や教育実践者による，分野を超えた交流と協働が必要であると。NAMLEのメディア・リテラシー教育の中核原理やアメリカ学校図書館協会と教育コミュニケーション工学協会が協力して作った情報リテラシー基準もそのようにして議論され，作られたのである。

　さらにメディア情報リテラシーは，多様なリテラシー概念を統合した，いわばユネスコ版21世紀型リテラシーである。実態としては，UNAOCのメディア・リテラシー教育運動とユネスコ——IFLAの情報リテラシー教育運動を土台にしており，これまで別々だった二つの教育理論と運動を一つの大きな潮流にすることをめざすものであり，決して，メディア・リテラシー教育の新しいバージョンではない。とはいえ，この統合は必ずしも順調だというわけではない。ユネスコの教職員研修用カリキュラムを見ても，この二つの分野は融合や統合というよりは，接合の段階にとどまっており，新しい教育概念と呼ぶ段階には至っていないといってもよいだろう。

　筆者は，ユネスコのメディア情報リテラシー概念と出会う前から，情報リテラシー教育とメディア・リテラシー教育を融合させようとしていたことは第Ⅰ部の序論で触れたとおりである。より正確に言えば，情報リテラシー理論を土台としたICT活用型探究学習にメディア・リテラシーの理論を融合させようとしたのである。そのもっとも大きな理由は，探究学習に異文化交流の要素を取り入れようとするならば，実践的にメディア・リテラシーの観点が欠かせないことがわかったからであった。

　このような経験から，理論と実践を弁証法的に関係づけること，そしてICT活用のための教育学・教育工学ではなく，実践の目的とそれを実現するためのツールの関係を捉え直すことである。エンゲストロームの「人間活動の明白な特徴は，活動それ自体の構造を複雑化し，質的に変えていく，新しい道具をたえまなく創造していくことにある」[83]という言葉はまさにそのことを言い表し

ている。

　筆者にとって，理論発展の目的と契機は異文化交流・対話であり，それをいかにしてより本質的なものにすべきかというきわめて実践的な問いにぶつからざるを得なかった。それらの問題は大きく分けると3つあった。第一に，影像をどのように考え，文字中心の交流から影像を含めた交流をどのように実現するかという問題である。第二に，交流におけるコミュニケーションをどのように考え，どんな質のコミュニケーションをめざすべきか，そして対話とは何かという問題である。そして第三に，異文化交流を行う教育がめざすべき，協　働（コラボレーション）とは何かという問題であった。あいさつや質疑応答を行う交流の段階から，より対話的要素の強い個人間のコミュニケーションへ，そして異文化を越えて新しい価値を生み出す関係を作り出す必要がある。その鍵となる概念が「協　働（コラボレーション）」であると考えたのである。

　筆者を代表者として，科研費研究グループを組織し，さまざまなICTツールを活用しつつ，研究を進めた。ICTの活用方法研究が目的ではないため，本研究は教育工学の分野には属さない。先に述べたように，理論と実践がそうであるように，目的と道具（ICTツール）もまた弁証法的にとらえるべきであり，教育工学はその断面研究である。

2　影像を中心としたメディア・リテラシー概念の展開

　メディア・リテラシーといえば，まず影像である。それは日本のみならず，欧米でも同様である。ユネスコのメディア情報リテラシーでもこの点は変わらない。これほどネットやスマートフォンが普及してもなぜ影像なのか。日本でもケータイ・リテラシーという言葉がずいぶん使われたが，それはメディア・リテラシーのほんの一部でしかない。

　その一つの理由は，今日もなお，影像の持つ力が圧倒的であり，テレビであれインターネットであれ，それは変わらないからである。ネットが日常化する時代となり，テレビ視聴率は減少していると思う人が多いかもしれないが，NHKの調査によれば，国民全体の平均視聴時間を見ると，平日は1995年が3時間19分，2010年が3時間28分と微増している。同様に土曜日は3時間40分から3時間44分，日曜日は4時間3分から4時間9分と，15年前とほとん

ど変わらないという結果である。[84]

　一方，インターネットを利用している時間を国民全体で見ると，2010年の場合，平日で23分，土曜日は29分，日曜日は31分という結果である。もちろん20代に限っては他の年代に比べると飛び抜けて多く，男は1時間8分，1時間3分，1時間28分，女は1時間8分，1時間3分，1時間28分となっており，男女の差はほとんどない。[85]

　つまり，実際は，テレビ視聴時間はほとんど変わらずそれに対してインターネット利用時間が加わったのである。その一方で，減少しているのは新聞を読む時間だ。国民全体では1995年が平日24分，土曜23分，日曜21分が2010年ではそれぞれ19分，21分，19分になっている。

　20代はとりわけ減少傾向が強く，1995年と2010年を比較すると，男は平日11分から4分，土曜が10分から4分，日曜は10分から2分，女は平日9分から4分，土曜が11分から1分，日曜は4分から1分である。[86] 若干，男の方が多いものの，ほとんどの若者は新聞を読んでいないと言ってよい数字である。

　すでに新聞もネットで読む時代が到来しており，電車の中やビルの壁面，公衆トイレにまでデジタル・サイネージを使った動画広告が現れ，街を歩くだけでも動画を見せられる時代である。もはや紙から電子へという動きは強まるばかりである。これは同時に，文字から影像へとメディアの力の変動がますます強まるということでもある。このように，テレビだけが動画配信の道具だった時代から日常生活のすみずみまで動画があふれる時代になったということが，第一の理由である。

　第二に，動画は文字に比較すると，圧倒的に感情に訴えかける性質を持つという動画の情報の形式に由来する問題であり，そのための文法を持つという問題である。ナチスドイツのゲッペルスが国民啓蒙・宣伝省を通じて，映画によるプロパガンダを行ったことは有名だが，その手法は，感動的な影像を巧妙に演出することによって，高揚感をもたらし，ナチスへの服従へと誘導するものであった。この手法は今日，広告という形で我々の日常生活に入り込んでいる。

　問題は，ナチス時代から一世紀近く経つにもかかわらず，一般市民の少なからぬ人々が，つくられた動画を通して自分たちが感情を操作されているという認識を持つことができないということにある。圧倒的な動画の速度と量に対し

て，なすすべがない状態である。そして現在もなお，この影像の力を知っている政治家はそれを駆使して，国民をコントロールしようとする。チョムスキーは次のように述べている。

> 「体制の神学者」とも呼ばれ，ジョージ・ケナンやケネディ政権の政策に大きな影響をおよぼしたニーバーによれば，理性はきわめて限定された技能なのだという。これをもっている人間はごく少数であり，大半の人間は感情と衝動に突きうごかされて行動している。理性をもった人間は「必要な幻想」をつくりだし，人の感情に訴える「過度の単純化」を提供して，純真な愚か者たちを逸脱させないようにしなければならない。これが現代政治学の主流となった。[87]

こうした状況がメディア・リテラシーの必要性の根拠になったことはいうまでもない。しかし，より重要なことは，映画史を紐解けば分かるように，1895年にリュミエール兄弟が撮影カメラと映写機を一体化させた装置「シネマトグラフ」を発明し，カメラマンと編集者が誕生して以来，映画産業は視聴者の心をつかむことができるさまざまな影像技法・編集技法を発明し，体系化していったという点である。まさにそれは人間の感情を操るための技術にほかならなかった。

実際の作業をするカメラマンやフィルム編集者は下働きに過ぎなかったが，魅惑にあふれた映画作品を作り出す映画監督や画面の中で演じる俳優は観客にとって特別な存在となった。

古代エジプト人はヒエログリフを神の言葉と考え，それを神聖文字と呼んだ。文字の読み書きは神の言葉をつづったり，読んだりする神聖な儀式だったのである。映画は決して神ではないが，象徴的な意味で，映画館は神殿であり，観客は信者であった。なぜならば，観客は影像制作の技術に触れることも学ぶこともできなかったからである。テレビ時代になると，テレビ局が神殿となり，家庭のテレビは神棚となった。

しかし，これまで決して学校で教えられることのなかった「神の言葉」を読み書きするための文法の学習が学校教育に入りつつある。それがメディア・リテラシー教育なのである。

第三に，技術の発展により，市民にもインターネットとともに動画を自在に

操作できる時代が到来したことである。古くは 8 ミリ映画，そしてそれに続く家庭用ビデオカメラの発明は，動画の制作を個人のものにした。この段階では，動画制作スキルがメディア・リテラシーの基礎を作った。例えば，8 ミリ映画時代に『影像教育論』を書いた川上春男は「写真撮影・8 ミリ撮影に興味をもたせることが，テレビとの鎖を断ち切り，さらにはテレビの映像を批判的にみるようになる。一石二鳥の方法なのである」[88]と述べており，今日のメディア・リテラシーの概念にきわめて近い。

これらのスキルがメディア・リテラシーになるためには，一連のスキル・プロセスが意識的に社会的な目的や価値の実現もしくはその学習のために用いられることが必要であった。川上の場合，社会が要求する「創造的表現力を身につけた実践人」[89]の育成であった。川上の表現は抽象的だが，プロフェッショナルな世界をのぞけば，ドキュメンタリー映画やビデオ作品の自主制作・自主上映運動が一つのメディア・リテラシー形成史を構成する要素となったと思われる。それは 8 ミリ映画が登場した 1960 年代半ばから始まり，1980 年代初めに登場したハンディ・ビデオカメラの登場によって，拡大していった。1978 年に始まる東京ビデオ・フェスティバルは，そのような時代を象徴するものであった。

一方，インターネットが普及する以前，パソコン通信が市民運動のメディアとして活用されていた時代がある。岡部一明が『パソコン市民ネットワーク』（技術と人間）を出版したのは日本でインターネットが普及する 10 年前の 1986 年であった。当時筆者もこの本を読んで，強い衝撃を受けた記憶がある。この本はアメリカのバークレーを中心にした，メディアを活用した市民運動を取材したものだが，彼らは当時普及しつつあったパソコンやパソコン通信を市民運動に精力的に活用していた。本書では「地域メモリー」と呼ばれる彼らの運動の一つを次のように紹介している。

> フリースピーチ運動（バークレーの大学闘争）の精神とシリコンバレーの技術を結びつけた民衆的コミュニケーション・メディアづくり」と形容されるこの運動は，人の集まる公共の場に端末機を置き，コンピュータ通信を使って人々の交流を生み出そうとしている。[90]

このようにして，パソコンとパソコン通信の登場は，メディア・リテラシーの質を大きく変えた。影像とコンピュータ・ネットワークはメディア・リテラシーの二大領域となったのである。インターネットが普及し始める 1996 年，市民運動でのメディア活用の普及をめざして，民衆のメディア連絡会は『市民メディア入門』という本を出版する。その前書きには「『ビデオ』と『通信』を二本の大きな柱としている。どちらも最近の技術の進歩によって，私たちが自由に扱える段階に入ってきた『道具』である」[91]と書かれている。

　さらに 2000 年頃からの本格的なインターネット普及の時代に入り，オンライン日記やブログ，動画投稿サイト，SNS などの CGM（消費者生成メディア）の登場によって，メディア環境は劇的に変貌する。それまでも市民運動がメディアを活用していたとはいえ，それは市民運動に関わる意識的な市民に限られていたが，CGM はその可能性を多様な市民に広げるとともに，全地球的な規模までに拡大したのである。

　松本恭幸は CGM がもたらした影響について次のように書いている。

　　放送や市民映像祭の領域でも個々に市民ジャーナリズムの取り組みがあるものの，「ジャーナリズムへの市民参加」が全国的な展開を見せたのは，インターネット上でのブログを始めとした CGM の登場によるものであり，それは既存のマスメディアにも大きな影響を及ぼすようになっている。その理由としてマスメディアが十分にカバーできなかったさまざまなテーマ型コミュニティの問題について，CGM は，不特定多数の人たちに関連した情報を伝えるパブリックメディアとしての役割と，その当事者間でのコミュニケーションを媒介するグループメディアとしての役割を果たすからである。そのため今日では多くの人が，マスメディアの報道するニュースを，CGM のコミュニティ内での議論を通して情報価値を判断するようになった。[92]

　このようにして，テレビ放送に対して視聴者という受け身の立場でしかなかった市民は，さまざまな市民運動・教育運動への正統的周辺参加としての学習による可能性を持った存在として，テレビ放送をチェックし，批判的に議論し，互いに結びつき，影像を制作し，発信し，既存のマスメディアに対抗しうるだけの「潜在能力」を持つにいたったのである。こうした技術発展の動向はメデ

ィア・リテラシーの定義にも大きな影響をもたらした。

　一方，日本におけるメディア・リテラシー教育研究もまた技術の発展にともなって展開してきた。水越敏行は1980年代の大学研究室を中心としたメディア・リテラシー研究をまとめ，それまでの映画視聴を中心とした視聴覚教育中心の考え方に対して，新しい視点や方法が加わった結果，「映像をよみとる力（受け手としてのメディア教育）」「映像を活用する力（使い手としてのメディア教育）」そして「映像を制作する力（送り手としてのメディア教育）」を中核に据えている点では，共通点をもっている」[93]と述べている。そして，「新しいメディア・リテラシーは，映像あるいは画像で，かつて文字がリテラシーに占めていた役割りにひけをとらぬ位置づけ」がされており，「映像をよみとる力—狭義の映像視聴能力が，あくまでも基礎であり，この基礎があってこそはじめて，選択や利用したり，表現や制作したりする力も育ってくるもの」[94]と指摘する。

　技術の発展は，教育研究の場でも，メディア・リテラシーの概念を影像の読解を中心にしつつ，それらを活用・制作する能力を含むものとして拡大していったことが水越の整理からよくわかる。しかし，一方で，こうした研究は理論的には，市民メディアの発展とは切り離されたものであった。第Ⅰ部第1章1節で紹介した「メディア・リテラシー運動全米指導者会議」によるメディア・リテラシーの定義には次のように書かれていた。

　　メディア・リテラシーとは，市民がメディアにアクセスし，分析し，評価し，多様な形態でコミュニケーションを創りだす能力を指す。この力には，文字を中心に考える従来のリテラシー概念を超えて，映像および電子形態のコミュニケーションを理解し，創りだす力も含まれる。

　この定義には主体が市民であること，コミュニケーションの重要性が含まれている点から，明らかに市民メディア運動の影響を見ることができる。そして，国連・ユネスコのメディア情報リテラシーの概念はそれを受け継いだものである。このことは，日本と欧米のメディア・リテラシー研究の相違を象徴的に示すものであろう。

3 教育実践の構造と基本概念

　筆者が職場で担当する授業はキャリアデザイン学部の「メディア・リテラシー実習」および「キャリアデザイン学演習」で支援している江戸川区立鹿骨東小学校とカンボジアの小学校との異文化交流学習である。また，2012 年度から始まった「地域学習支援士」のコミュニティ・メディア実習でも，市民メディア活動の実践として行った東日本大震災の被災地取材を行っており，これも筆者にとって重要な実践の構成要素である。さらに図書館司書課程担当教員として，検索演習を中心に情報リテラシーを身につける「図書館特講」やインタビュー取材をテーマに情報メディアを活用する「情報メディアの活用」を担当している。（ただし，カリキュラム改定に伴って「図書館特講」は廃止された。）また，キャリアデザイン学部の 1 年生全員が受講する「キャリアデザイン学入門」というオムニバス授業があるが，筆者は受講生 300 人全員にデジタル・ストーリーテリングを作らせる授業も行っている。このように，ユネスコのメディア情報リテラシー教育のプロジェクトとは無関係に，メディア・リテラシーや情報リテラシーをテーマとした授業を担当している。

　これらの授業の中でも，メディア・リテラシーにもっとも関係が深い科目が最初にあげた「演習」と「メディア・リテラシー実習」である。これらの授業はメディア情報リテラシー教育の一部ではあると同時に，2003 年にニューヨーク市立大学で始まった「カルチャー・クエスト（文化探究学習）」を発展させたものである。そのため，単なるユネスコの理論の適用ではなく，独自の理論と実践体系を有している。

　こうした実践を通してもっとも力を入れているのは映像の読み書き能力である。映像を重視する理由は次の二点である。第一の理由は，前節で述べたように，一般論として影像という記号の文法を学習する必然性があるからである。

　ほとんどの高校生・大学生がスマートフォンを所有し，Twitter や Facebook などのソーシャル・メディアを日常的に活用している。スマートフォンやタブレット端末の普及は，映像の制作と活用へのハードルを下げる効果をもたらした。もはやコンピュータやビデオカメラ等を使わなくても必要最小限の映像制作をすることが可能な時代なのである。さらに，インターネットの普及は映像を自作し，アップロードする若者を急速に増やしつつある。これまでプロの専

有物であった映画会社や放送局と同じことを個人でできるようになりつつある。

このような状況の中で，教える側もまた活字メディアの世界に留まり続けること自体が困難になりつつある。確かにネット生活にどっぷりと浸かっている若者たちの方が，技術的には映像制作を簡単にこなせたとしても，そのスキルを生かすためのコンピテンシー（目的や価値の実現のために一連のリテラシーを用いた実践能力）を持っているわけではない。とりわけ公共圏としてのネット社会へどのように参加し，関わりを持つべきか，メディアをどのように読み解き，情報を発信すべきかといった問題の解決は，教育する側に科せられた責務であるといえる。

もう一つの理由は，ニューヨーク市立大学で始まったカルチャー・クエスト[95]を日本に導入する過程で，ニューヨークの公立小学校と都内の小学校をスカイプでつなぎ，日本の小学生とニューヨークの小学校教師が対話する授業を行った結果，リアルタイムでなければ生じない緊張感が生まれた体験に由来する。子どもたちは初めて出会うアメリカの小学校の先生に釘付けとなり，映像によるコミュニケーションは今までに見たことがないほどの子どもたちの集中力を生み出したのである。

ニューヨークと日本の時差は14時間あり，そのために子ども同士の交流をすることはできなかった。やむを得ず，日曜日の早朝に子どもたちを集め，真夜中のニューヨークとつないだのである。質問と回答のやりとりだけではなく，子どもたちはアメリカの先生に見せたい合奏や歌を披露し，アメリカの先生は家族を紹介してくれた。実際に交流した内容は，そのようなものであったが，そこに生まれた雰囲気を言葉で表現するのは難しい。

ベンヤミンは『複製技術時代の芸術作品』で，今ここにしかないオリジナルの芸術作品だけが持つ性格を「アウラ」と呼んだ。コピーが氾濫し，あらゆるものがデジタル化され，簡単に遠隔地に伝達される時代の中で，アウラは次第に消滅しつつある。ベンヤミンの指摘はまさに現代のメディア社会にもあてはまる。たった一回のビデオ会議による対話が創り出す場を表現するのに，この言葉以外は思いつかない。

実際の実践では，スカイプによる交流だけではなく，実験的に掲示板を使った文字による交流を行うことをめざし，掲示板に翻訳機能を実装した実証を行おうとしていたが，小学生にはキーボード操作に時間がかかるため，なかなか

思うように進んでいなかった。この経験から，テーマを決め，ICTを用いて情報を収集し，評価し，整理し，発表し，掲示板で交流するという実践から，影像を用いた交流へと軸足を移すことになった。

しかしスカイプを使った交流は，大きな手間がかかるため，実際には簡単に授業に取り入れることができない。そこで，ビデオレターを用いることにした。ビデオレターは昔から国際交流の手法として使われており，そこにメディア・リテラシーの理論を用いることができると考えたのである。このようにして，情報リテラシー理論を中心とした文化探究学習に，メディア・リテラシーの理論を接合しようとしたのである。

4 社会的エージェントとしてのメディア

メディアにはマスメディアとしての意味と同時に，もともとの意味である「媒体（媒介するもの）」としての意味がある。このことによって，メディアの多様性や可能性を理解することができる。メディアを学ぶためには，メディアの定義を理解することが必要である。果たしてメディアとは何であろうか。日常生活の中で，メディアと言えば，放送局や新聞社，出版社といった報道機関（マスメディア）をさすことが多い。生徒や学生に「メディアとは何ですか，何を思い浮かべますか」と聞くとこのような回答が多数を占めるだろう。

マスメディアとしてのメディアは，集合名詞である。mediaが複数形であり，単数系としてmediumという単語があることを教えることで，メディアの本来の意味である「人と人の間にあるもの」「媒介」という意味に気づかせることができる。その結果，身の回りのありとあらゆるものがメディアであり，身体でさえもメディアになりうることがわかる。

このようにして，マスメディアとしてのメディアと本来の媒体，人と人の間にあるものとしてのメディアの違いを意識させることは，メディアの本来持っている多様な可能性を理解するための土台となる。

一方，情報（information）のinformは「知らせること」であり，人が介在して成り立つ言葉である。他方，コンピュータが扱うデータ（data）は二進法で記述されており，人間には理解することができない。コンピュータ内部のメモリ領域に保存され，処理される記号はあくまでもデータであり，情報ではない。

人間がプログラムを通して解読して，初めて情報となる。

　情報は人間が理解し，他者に伝達し，行動に影響を与えることができるが，それ自体は体系だったものではない。今日の天気やこれから乗る電車の時刻，会合の場所，出席者の名前など，こうした情報は人間の行動に影響を与える価値を持っているが，行動が終われば記憶として情報の残像が残されるだけである。

　多様な情報を一つの体系にまとめ，学習によって習得された情報を知識と呼ぶ。特定の領域を網羅された知識は学問となる。教育は単に生徒や学生に情報を与える場所ではなく，系統的に知識をもたらす場であるが，同時に学習者にとっては，体系的知識である学問と出会う場でもある。

　このような一連の定義は，人間を中心にしたものであるが，一方，情報は人間を離れて定義することもできる。例えば，コンピュータ等の機械によって処理される信号の体系を情報と呼ぶことで，情報科学は成立する。サイバネティクスの創始者であるノーバート・ウィナーは情報を「われわれが下界に対して自己を調節し，かつその調節行動によって下界に影響を及ぼしていく際に，下界との間で交換されるものの内容」（『流通用語辞典』日経文庫）と定義した。彼はフィードバックという概念を用いて，機械の自己制御によって「目的」を人間だけではなく，機械にも当てはめられることを指摘し，サイバネティクスの概念にたどり着いた。このような考え方が，その後のコンピュータ科学の土台となったことは言うまでもないが，同時に，この思想が生物学から始まった複雑系の思想とも結びついていることがわかる。

　メディアと情報についての，このような理解は原則的なものだが，今日のグローバル・メディア社会の性格をこれからの定義だけで説明することは困難である。マスメディアに対して，市民のローカルもしくはミニ・マイクロメディアがあり，それらが対立している図式そのものが，SNSなどのCGMの登場によって，大きく変化してしまった。公共圏と親密圏の境界線も危うくなり，閉鎖された親密な関係でのみ了解されるようなコミュニケーションが公共空間であることを意識しないまま公開してしまう若者が後を絶たない。つまり，これまで当たり前だと考えられていたメディアそのものの概念が揺らぎつつあるのである。

　メディア・リテラシーの一つの理解の仕方を考える際に役立つ，大変興味深

い定義がある。

　メディア・リテラシーとは,「私にとってメディアとはいかなる存在か」という恨元的な問いを通して各個人のなかに確立されるメディア観であり，また,そのようなメディア観に基づいてそれぞれにふさわしいメディアとの距離や接し方を主体的に選択する能力であり，さらに，必要に応じてメディアの向こう側にいる他者との関係を築いていく力である。[96]

　メディアそのものが大きく変化しつつある今日のメディア社会において，斎藤はメディアの定義からメディア・リテラシーの定義を導くのではなく，メディアそのものを問う力をメディア・リテラシーの定義に含めたのである。これは一つの卓見と言うべきであろう。
　ではメディアの変容をもたらす根本原理は何であろうか。その問題を解決するためには，今日のメディアがICTの発展に伴い，社会的エージェントしての性格を強化しつつあると考えるべきである。もちろん，身の回りにあるあらゆるメディアは社会的な性格を持つ。図書館情報学の分野では,「図書館資料とは伝えたいことの記録を社会化したもの」(『新・図書館ハンドブック』雄山閣出版，1984年）であり,「記録情報はすべて図書館資料となる資格をもっている」(『図書館資料論』樹村房，1998年）と定義する。図書館資料とはまさにメディアそのものである。
　粘土板やパピルスから紙にいたるまで，それが人から人へ，何かを伝えるために用いる限り，それは情報伝達のためのツールに過ぎなかった。しかし，印刷機が発明され，書籍が出版されるようになると，メディアそのものが独自の力を持ってくるようになる。いわゆるマスメディアの登場だが，それはメディアがミディアムの単なる複数形ではなく，我々がまさにイメージする「メディア」になったということである。そして，我々は多様な形態と多様な性質を持つメディアに取り囲まれるようになったのである。このようなメディアのもつ力をマクルーハンは「メディアはメッセージである」という有名な言葉で表現した。つまり，メディアの形態こそが，メディアが人間に与える機能を表現する。印刷機が活字文化を生み出し，百科全書を創り出し，啓蒙思想を登場させたように。

こうした意味で，メディアは個人のメッセージを社会化し，コミュニケーションを創り出す機能を持っている。インターネットの出現は，コミュニケーションの質の変化をもたらし，メディアをより複雑で自己創出的なシステムへと変容させていった。インタラクティブなメディアは個人と個人，もしくは個人とコンピュータの間で使われるかぎりは，線で表現できるが，それらが一つの巨大なシステムになるや否や，人間に対峙する存在となる。それはもはや社会的ツールではなく，自己創出的な社会的エージェントとしての性格を色濃く持つ。

　ツールならば，人間はそれを目的と手段によって制御することが可能である。しかし，今日のメディア社会は，もはや個人の目的と手段によって制御することはほとんど不可能である。新奇性の高い，つまり人の好奇心を強く惹起する情報は，それが真実であれ，嘘であれ，たちどころにネット社会に広がり，情報発信者の意図を超えた結果をもたらすといったことが起こるのである。では，次にコミュケーション概念の問題を検討しよう。

5　共鳴としてのコミュニケーション

　文部科学省は情報教育の目標として，「情報活用能力」の育成を掲げている。その情報活用能力には，情報活用の実践力，情報の科学的な理解，情報社会に参画する態度という3つの観点がある。この中でも情報活用の実践力とは，必要な情報を主体的に収集・判断・表現・処理・創造・発信・伝達する一連の能力のことをいう。

　ここに見られるのは，情報の送信および受信という行為の「主体」と情報という「客体」との明確な区分である。情報はつねに選択されたり伝達されたりする対象物にすぎない。当然のことだが，発信や伝達を行うときは，自動的にその情報を受け取る受信者が想定されている。つまり，情報の発信者と受信者の間に選択および処理された情報が行き交うという構図が浮かび上がってくる。

　こうした「主体」と「客体」との分離の構図から，今日の情報教育が前提としているコミュニケーションのモデルとは，情報科学の基本原理の一つである，送信者と受信者という二つの独立した「主体」が相対し，その間を「客体」としてのメディアを介して「客体」としての情報が移転するという線型モデルで

あるといえる。このようなコミュニケーションの線形モデルとは，情報科学の創始者とも呼ばれるクロード・E・シャノンとウォーレン・ウィーバーらによる『コミュニケーションの数理的理論』（1949 年）によって提起された以下のようなモデルである。

情報源　→　送信機　→　チャンネル　→　受信機　→　対象
　　　（メッセージ）　　（信号）　　　　　　　　（受信信号）
　　　　　　　　　　　　　↑
　　　　　　　　　　　　ノイズ

　このモデルでは送り手（情報源）と受け手（対象）の二者が分離される。情報源は情報（メッセージ）を送信機によって信号に変換し（信号化），信号は受信機に伝達・移転される。そして再び元のメッセージの形に復元されて受け手へと伝えられる。信号の精確さや有効性を低減させるものがノイズである。もともとこのモデルは，ラジオやテレビといったマスコミ技術の普及を前提にして作られたものであり，研究の目的はいかにして情報源からの情報が，マスコミを経由して正しく（あるいは歪められて）視聴者に伝わるのかというものであった。
　80 年代に入ってコンピュータの普及とともにマルチメディアやニューメディアといった用語が使われるようになると，それまで一対一の固定化された通信手段であった電話の回線を利用したパソコン通信をはじめとする電子ネットワークが普及しはじめた。それに付随して，さまざまな分野でこれまで一方的な受信者であった人々がこれらのメディアによって自由に情報を発信できるようになった。文部科学省による『新・情報教育の手引き』においても，「IT 革命」によってコミュニケーションの形態が大きく変わり，「誰もがインターネットによって自由に情報発信できる環境を私たちは手に入れた」と述べられている。[97] つまり，受信者であるだけではなく，送信者にもなりうるという意味での双方向性が強調されるようになったのである。
　しかし，情報科学の基本原理であるコミュニケーションの線型モデルが消え去ったわけではない。このモデルは，コンピュータを媒介としたコミュニケーション（Computer Mediated Communication）に対しても適用される。たとえば，

「適切に情報や情報手段を選択する」とか，「相手にわかりやすく情報を送信する」といった表現はこのような理解を前提にしている。コンピュータという情報機器が情報教育の牽引車となったことを考えれば，情報科学の概念や考え方が情報教育に大きく影響をもたらしてきたことはむしろ当然だったといえよう。

　しかし，情報科学中心の情報教育観によって方向・定義づけられた今日の情報教育のあり方には，次のような問題点があると考えられる。

　第一に，そもそも情報とは何かという問題である。現実の社会に見られるさまざまな情報は，それぞれ文化的，社会的，政治的文脈を背景に持っており，コミュニケーションの過程の中では，情報の受け手がそれぞれの文脈の背景を理解してはじめて意味を持つ。よって，情報の受け手がそれぞれの文脈の背景を理解しなければ，伝達された情報は，意味のない単なる文字の羅列，すなわちデータにすぎない。データそのものものは加工できても，情報は具体的なコミュニケーションの中で受信者の理解を伴ってはじめて意味を持つがゆえに，紙や粘土のようには加工はできない。

　シャノンらのモデルにおいてもデータと情報は区別されてはいるが，そこに展開されている理論が，情報科学の枠組みにとどまっているかぎり，方向性のないスカラー量であるデータに対して，情報は方向性を持ったベクトル量として理解されるにすぎない。

　第二に，情報科学中心のコミュニケーションの理解では，コミュニケーションそのものを，情報機器を活用したコミュニケーションに限定した狭い範囲でとらえている。現実の教育現場には，情報機器によるコミュニケーションのみならず，言語や身体を含むさまざまなレベルのコミュニケーションが存在している。しかしこのような理解のもとでは，情報機器を活用したコミュニケーション，すなわち「送信―受信」過程の部分だけが取り出され，情報教育実践の対象とされてしまいかねない。そのために実際の教育現場では，情報機器の使用能力の形成が情報教育の中心的課題となる傾向がある。たとえば，ウェブページの作成を授業で行おうとすると，ウェブページを作ることだけが情報教育の目標となってしまい，ウェブページ作成の過程でなされるさまざまなレベルのコミュニケーションの教育的価値が考慮されることは少ない。そのため，情報教育に対する考え方が矮小化されてしまうのである。[98]

　第三に，我々の実生活の中において情報を受信し，情報を送信するとはどう

いうことなのかというもっとも重要な理論上の問題がある。この点で，文部科学省が情報活用の実践力について「受け手にとってわかりやすく，かつ不快な思いをさせない」と述べていることは重要なことだが，ここではコミュニケーション論として理論展開されているわけではなく単なる心構えを述べているにすぎない。そのために，受け手がわかりやすく，不快な思いをしないようなコミュニケーション能力とはいかなるものなのかという理論的展開の余地は残されたままなのである。

　一方，宇宙物理学者のエーリヒ・ヤンツはその著書『自己組織化する宇宙』(1980年)で「コミュニケーションとは与えるものではなく，相手の対応する生のプロセスを喚起する自分自身の提示，自分自身の生の提示にほかならない」と述べている。これは物理学的アナロジーを使うならば「共鳴 (resonance)」という概念に当てはまるものであるが，同時に共鳴以上の内容をも含むと述べている。なぜならば，「自己創出性」の理論とは，「他のシステムに振動が誘発されるだけでなく，自己組織化のダイナミクス全体が刺激され，その進化を押し進めるから」であり，このような理解にもとづく「自己創出性」の「コミュニケーションとは心と心の相互作用」であると指摘する。[99]

　彼のコミュニケーション論をもう少し詳しく見てみることにしよう。彼は次のように述べている。「コミュニケーションとは，生産物や知識があるシステムから別のシステムへと移送されることではない。それはあるシステムが生来持つプロセス，つまりその認識領域ないし心が，相手のシステムの自己提示によって再編成され，同時に相手の対応するプロセスも再編成されることから生まれる。いかに美しい夕焼けを言葉で描写されようとも，自分の体験を想起できないかぎり本当の経験は伝わらない。言い換えれば認識は再認識となり，提示は再提示となるのである」。[100]すなわち，相手の考えていることを理解するためには，それに対応する経験や想像力が「主体」の中になければならない。そうでなければ，たとえ誤解はあっても理解に達することはむずかしい。つまり情報を送信する側も受信する側も相互に表現＝認識＝再認識の円環を生成し，その波長を合わせることが必要になるのであり，それはラジオが電波から音声を拾い出すために，発振子による「同調」が必要であることと似ている。

　ヤンツは移転メタファーとしてのコミュニケーション論を否定する。彼は

「主体」の持つ認識や感情が伝達される情報を通じて「主体」相互に理解され，さらに新たな情報として「主体」の中で再構成されると考える。すなわちコミュニケーションとは，相手が心に描いたものが情報として表現され，その情報を受け取った「主体」が，さらに自己の心の中でその情報を理解し，再び進化した情報として表現され直すという往復プロセスそのものであるという考え方を提示する。「共鳴」というメタファーを用いる根拠はここにある。

　共鳴が生じるかどうかは，「主体」間の経験の相似に基づく。相手から伝達された情報を理解するためには，想像が大きな役割を果たす。想像するためには，「主体」の中に想像のための土台となる多様な経験が必要になろう。こうした要素が「主体」相互において共鳴しあい再構成しあう自己創出的な過程がコミュニケーションなのであり，この過程を通して情報は「環状のプロセスで交換され，新生する」[101]ものなのである。

　ヤンツの理論の特徴とは次の3点である。第一に，彼のいう「散逸構造＝自己創出性（オートポイエシス）」がプロセスとして進行するための条件として，「開放性，高度の非平衡性，自己触媒」の3点が挙げられている。[102]これらの条件は単にコミュニケーションに対してのみ当てはまるものではなく，「散逸構造＝自己創出性（オートポイエシス）」システムが存在する，物理学から生物学，社会学にいたるあらゆる領域に当てはまることであり，自己創出性（オートポイエシス）概念の前提条件である。コミュニケーションを例にとれば，コミュニケーションはそれじたいを自己触媒（自己参照）して，外部に開かれた状態で自己創出性を展開し，その過程において高度の非均衡＝ゆらぎをもたらし，それらのプロセス総体を通じて新たなコミュニケーションを生みだすというきわめてダイナミックなコミュニケーション観が提示される。いいかえれば，コミュニケーションの本質は，「主体」間の「心と心の相互作用」であるために，コミュニケーションの自己創出性（オートポイエシス）がより大きく働き，広範囲の共鳴をもたらすためには，それだけ心をより大きく揺り動かすゆらぎが必要となるのである。

　彼によれば，このようなコミュニケーション論に必要な情報理論とは「実用的（プラグマティック）（効果のある）情報がもつ，新奇性と確立性の相補的関係に基礎を置く情報理論」[103]である。ここで彼が情報と呼んでいるものは，それじたいが「散逸構造＝自己創出性（オートポイエシス）」を持つものであり，とりわけ重視するのは新奇性の高い実用的情報である。ヤンツがカール・フォン・ワイツゼッガーの情報論を

第1章　異文化協働型メディア情報リテラシー教育の基礎　　**115**

参考にしつつ,「情報とは,インフォメーション・ポテンシャル(情報を生みだす潜在力)を生成するものである」[104]と定義づけているのはこのためである。このような情報理論の理解にたてば,従来の情報理論は確立度100％であるような情報のみを扱っていたにすぎないことがわかる。

　第二に,ヤンツにとってのコミュニケーションは階層的である。ヤンツはマトゥラナらの理論をもとにコミュニケーションを遺伝子段階,代謝段階,神経段階の三段階に分けた。[105]遺伝子段階のコミュニケーションとは世代を越えた一貫性のある系統的進化にかかわる概念であり,代謝段階のコミュニケーションはホルモンなどによる生体内の情報交換システムをさす。これには生態系間や個体間で営まれる生理的相互作用が含まれている。そして人間の神経系統を用いて個体間および個体・環境間の内部を通じて行われるコミュニケーションが神経段階コミュニケーションであり,言語などのメディアを介したコミュニケーションもここに含まれる。

　彼は次のように述べる。「言語によって拡充された神経段階コミュニケーションは,人間界,動物界を問わず,ひとつの集団的ダイナミクスを生みだし,これが断片的なコミュニケーションでは決して実現できなかったような,自己組織化ダイナミクスを発現させる」。[106]このことから,我々が一般的に思い描くコミュニケーションは,神経段階の一領域にすぎないことがわかる。彼のコミュニケーション概念は,人間以外の生物を含み,人間に限定する場合でさえも,意識下における認知的コミュニケーションのみならず,無意識下における生理的・身体的コミュニケーションもまたコミュニケーションの射程に入れて検討しているからである。これに加えて,彼は神経段階コミュニケーションを社会的に拡大するコミュニケーションとして電子コミュニケーションをあげている。[107]さらに美術や文学などの芸術鑑賞でさえ共鳴の可能性があるかぎり,これらもまた一つのコミュニケーションなのである。[108]

　こうしたことからヤンツは,コミュニケーションが階層的な過程であると指摘する。言語コミュニケーションが行われる場合でさえ,それはその過程において意識的・無意識的な生理的・身体的コミュニケーションを伴うのであり,それらの層が同時に相互に干渉しあい,それぞれのコミュニケーションへのゆらぎをもたらすこともありうるからである。こうしたコミュニケーションにおけるゆらぎを経て,コミュニケーション自体が自己創出的に新たな段階のコミ

ュニケーションに変化していく。

　第三に，コミュニケーションは二つの「主体」（システム）間において，互いに自律的に自己創出性（オートポイエシス）を醸成する相互交換プロセスの一形式にすぎないと指摘している。双方の自治が保たれていればシステム間ではコミュニケーションが起こるが，そこでは相互利用が行われるか，もしくは自治が完全に放棄されると共生や融合といった形態をとることになる。共生はサブシステムの共有化であり，互いの認知や理解などのシステムの一部を共同利用することを意味する。融合はさらに共有の度合いが進行することにより相互の自律性を完全に失った状態であり，それはまた意識の喪失を意味する。そこには新しいものを生みだす力はもはや存在しない。こうした観点から，コミュニケーションは自律的でダイナミックな自己創出過程の総体であることをあらためて確認することができるだろう。

　実際，人間「主体」の相互関係においても，コミュニケーションではなく，ここでいうところの共生や融合の段階あるいは局面を呈していることがありうると考えられる。たとえば，特定の認知能力に障害を持っている人の場合を考えると，一時的にその認知を代替する機能を他者が果たしたとしたら，その局面にかぎって共生関係が形成されているということができるだろう。

　このような特徴を持ったヤンツの理解にもとづく自己創出的コミュニケーション論を，「コミュニケーションの線形モデル」に対比させるために「コミュニケーションの共鳴モデル」と呼ぶことにしよう。[109] コミュニケーションの共鳴モデルは，「主体」間においては共鳴という用語によって特徴づけられるが，それが自己創出的であるがゆえに，コミュニケーションがそれ自身の内部循環構造の基準に基づき伝達された情報を受け取り，理解し，それらをさらに拡充して新たなコミュニケーションを形成・接合するという特質をもっている。共鳴が大きければ大きいほど，コミュニケーションは新たな再生産の過程を繰り返しながら，それ自身のエネルギーを加速度的に増大させ，反響を生みだしていると考えられる。このような状態は，外観的には，人間という「主体」がコミュニケーションを作りだしているのではなく，あたかも情報そのものがそれ自身繁殖力の強い生き物のように拡大していくようにも見えるだろう。[110] 筆者はコミュニケーションのこのような効果を「コミュニケーションの波及 (spread)」と定義する。

コミュニケーションの波及は，コミュニケーションの自己創出過程で生じる共鳴が反響を生みだし，新たなコミュニケーションにつぎつぎと接合される時に生じる。その場合，接合するコミュニケーション・メディアが同じ場合もあれば異なる場合もある。たとえば，言語コミュニケーションから別の言語コミュニケーションへ接合される場合もあれば，印刷メディアや電子メディアによるコミュニケーションへと接合される場合もある。

　この場合，情報とメディアは分かちがたく結びついており，不可分であることをもう一度確認しておく必要がある。メディアはその表現形式そのものにおいてすでに一つのメッセージであり，内容なき表現や伝達の形式なのではない。また，情報が先にあり，表現や伝達のためにメディアを選択するものでもない。なぜなら，メディアを選択した時点で，すでに表現・伝達する情報様式はそれらのメディアに固有なメッセージ性を付与されているからである。

　自己創出性＝複雑系の理論によれば，情報は人間の意識のレベルだけではなく，生理的なレベルでの信号のやり取りまで含むことになる。そしてコミュニケーションはこれら生理的レベルから意識レベルまでの多次元の情報の交流作用であり，他者との共鳴作用をへて，情報は拡散または収縮していく。人間主体は情報発信の主体であるとともに，絶えず変化する複雑な情報の受容体であり，それは個人間に存在するのではなく，複雑な社会総体の中で送り手と受け手が同時に，あるいは交互に作用しあっている。

　このように，情報は人間個人の視点と複雑な社会総体の視点の両面を持ったものとして，人間の意識行動に影響をもたらし，多様な回路を経て社会総体を自己制御する特異性であると定義できるだろう。そして，社会的エージェントとしてのメディア社会は，自己創出的コミュニケーションが高度化・複雑化した一つのシステムと見なすことができる。それゆえに，この社会で求められるメディア情報リテラシーは，もはや「メディアの活用」といった目的―手段によって叙述される線形的モデルでは不十分であり，それに代えて，抵抗―順応―変革―抵抗―……によって叙述される，弁証法的モデルを用いる必要がある。

6　フレイレの「対話」について

　「対話」は「コミュニケーション」を土台として成立するが，決して同じも

のではない。では対話とは何か。第1部第2章3節で述べたように，マスターマンは自らのメディア・リテラシー論にフレイレの「対話―省察―行動」の弁証法的理解を取り入れた。そしてそれは方法ではなく「哲学的アプローチ」だと述べたのである。ユネスコのメディア情報リテラシー理論と運動は，まさにユネスコのメディア教育と情報リテラシー教育の延長線上にあり，直接・間接的にフレイレの影響を受けているといってよい。だとすれば，ユネスコやUNAOCのいう「異文化対話」の「対話」とは，フレイレの対話概念であると考えるべきだろう。

　では，フレイレは対話をどのような意味で使っているのだろうか。まず彼は対話には言葉が必要であり，言葉には省察と行動が必要だと述べる。省察がない言葉は，行動至上主義に陥る。一方，行動のない言葉は空虚な放言となる。そして人間を豊かにするのは，省察と行動を伴った「真の言葉」だけであり，人間は「真の言葉」によって世界を命名し，それを変えることだという。ここでいう「命名」とは，自分のまわりにある現実を言葉によって発見し，それによって自分の世界を再構成することをいう。ここでは言葉と学習者の世界が結びついており，教科書によって教え込まれる空虚な言葉ではない。彼は次のように述べている。

　　対話とは，世界を命名するための，世界によって媒介される人間と人間との出合いである。それゆえ，世界を命名しようと思う者とこの命名を望まない者とのあいだには，また言葉を話すという他者の権利を否定する者と話す権利を否定されてきた者とのあいだには，対話は成立しない。
　　自分の言葉を話すという本源的権利を否定されてきた者は，まずこの権利を取り戻し，非人間化という暴挙が続けられるのを阻止しなければならない。[111]

　このように，対話は単に出会って話すことではなく，「真の言葉」を話し，世界の命名を望む者同士だけが，対話をすることができる。それは世界を変革するためのプロセスである。そしてフレイレによれば，対話には，愛，謙虚，人間に対する力強い信頼が必要であり，それによって対等な対話が可能になる。さらに対話には希望と批判的思考が必要である。「批判的思考を要求する対話だけが，同時に批判的思考を生み出すことができる。対話がなければ交流はな

く，交流がなければ，真の教育もありえない」[112]とフレイレはいう。

　この翻訳では交流と訳されているが，英訳[113]ではコミュニケーションである。この一文には，批判的思考と対話，コミュニケーションの関係とその重要性が示されていると言ってよいだろう。これらのことから，次のように考えることができるだろう。

　まず，対話には対等な人間関係と信頼感が必要だということである。教師と生徒は銀行の預金のように知識を与え，蓄える関係ではなく，対等な関係でなくてはならない。第二に，対話とコミュニケーションは，一方向の銀行型教育に対して，双方向を意味する言葉として使われる。明快に定義づけられる対話に対して，コミュニケーションはより状況的な環境を表現している。批判的思考が求められるのは対話である。対話は双方向で対等な教育的関係性を示している。

　さらに銀行型教育に対置されるのは課題提起教育である。これは今日よく使われる用語ならば問題解決学習（PBL）に近いものだと考えられる。ただし，フレイレの理論の中では，それが何のためのものであるかという，目的と切り離してとらえることはできない。フレイレにとって，教育方法はそれじたいがメッセージである。

　フレイレは対話の対極として文化侵略については語ったが，異文化間対話という用語を使ったわけではない。また，フレイレは成人の識字教育の実践の中から，これらの論理を組み立てていったが，子どもを対象とする学校教育を考察するのならば，子どもの発達という別の論理についても考慮する必要がある。筆者は，対話の対等性をさらに一歩進めて，協働概念の可能性に注目する。対話はコミュニケーションの中の学習形態だと考えられるが，それらが創り出すのは課題提起教育であった。それは雑誌記事や新聞，本の朗読と討議であり，批判的思考の涵養を通して世界観を再構成する営みである。マスターマンがそうしたアプローチを自らのメディア教育学に位置づけたことはすでに述べたとおりである。

　しかし，ここには創造のプロセスが欠けている。筆者が構想するのは，批判的思考と省察―対話―コミュニケーションのプロセスの先にある新しい価値創造のプロセスである。そのためにもう一つの概念の検討をしなければならない。それが「協働(コラボレーション)」である。異文化とは他者であり，コミュニケーションは対話

の基礎であり，対話は 協 働(コラボレーション)を可能にする。他者との価値の創造は 協 働(コラボレーション)によって実現されると考えられる。

＊本節は以下の論文をもとに本書のために加筆修正したものである。
　坂本旬・村上郷子（2002）「情報教育におけるコミュニケーション概念と『自己創出性』」『法政大学文学部紀要 (48)』，163-185 頁。

第 2 章
協働学習の可能性

1 「協働学習」とは何か

　最近，さまざまな分野で「協働」という言葉がよく聞かれる。英語ではコラボレーション（collaboration）である。英語の「collaboration」は「働く」を意味するラテン語の「laborara」に「ともに」を意味する接頭語「co」が加わったものであり，文字どおり「ともに働く」という意味である。この用語は特に芸術家や研究者による「共同作業」や「共同制作」を意味する用語としてしばしば使用される。最近では，異種企業による製品の共同開発を意味することもある。語源から見れば，「collaboration」は「協働」という訳語がもっとも適切であるといえる。

　「協働」という用語が使われるようになったのはここ 20 年ほどであり，次章で触れるが，当初は決して「collaboration」の日本語訳として使われ出したわけではない。しかし，90 年代末以降は「協働」という用語をさまざまな分野で見ることができるようになると同時に「collaboration」の日本語訳としても理解されるようになってきた。学校図書館の世界でもスクール・ライブラリアンと教師との協働の重要性が指摘されており，地方自治の分野でも行政と NPO や住民との協働を理念として掲げるところも増えつつある。

　他方で，「協働学習（collaborative learning）」という用語も少しずつであるが，広がりつつある。しかし，教育学の世界では，教育現場における「協働学習」の概念を明確に定義し，その意味が十分検討されてきたとはいいがたい。「協働学習」とは何か，「協働学習」と「共同・協同学習（cooperative learning）」は何が違うのだろうか。このような問題に対する答えは十分用意されていないのである。

今日、「協働学習」概念がもっとも数多く使用されているのは、教育工学や認知科学の分野であろう。後ほど改めて検討するが、教育工学では「協働学習」ではなく「協調学習」という訳語を使用する。しかし、この用語は日本語としてもこなれておらず、理解しにくいため、教育工学や認知科学以外の分野ではほとんど知られていない。そのために、日本における「協働学習」をめぐる議論は特定の分野に限ったものとなっている。

それにもかかわらず教育学にとって、「協働学習」の意義は歴史的であり、学習の概念そのものを大きく変える可能性を持っている。「協働学習」は教育工学での議論が示唆するように、インターネット環境がもたらした新しい学習形態であるが、それが社会全体に大きな影響を与える技術的基礎であるがゆえに、筆者はその影響力は「教育工学」という世界にとどまらないと考える。

2　日本における「協働」概念の形成

先に触れたように、日本の地方自治の世界では、90年代の初め頃から「協働」という用語が使われるようになった。もっとも早い時期に「協働」という概念を用いた森啓によれば、「協働」は決して「collaboration」の訳語ではなく、独自の概念だったと述べている。そして「協働」とは「自己革新した行政と市民による協力」であると定義している。[114]

筆者が委員長を務める東京都北区の市立図書館長の諮問会議である「図書館をともに考える会」では、これから図書館像として「協働型図書館」という理念を掲げている。ちなみに北区では職員向けに「北区協働ガイドライン〜『区民とともに』を実践するために〜」というパンフレットを作成し、職員の研修に活用されている。このガイドラインによると、「協働」とは「公益活動を行う区民と行政、あるいは、公益活動を行う団体同士が、それぞれの特長を生かしながら、お互いを対等のパートナーとして認め合い、より豊かなまちづくりに取り組むこと」である。[115]

この定義からは、異なった立場や組織にある人々が対等なパートナーとなること、そして一つの目標を共有することという二つの要素を見ることができるが、興味深いのは、森の定義では「自己革新」に重点が置かれる一方で、後者の定義では「対等のパートナー」という言葉からわかるように明らかに英

語の「collaboration」の意味が付加され，強調されていることである。（英語の「collaboration」の意味については次節で検討する。）

例えば，松下啓一は，パートナーシップと「協働」はほとんど同義であるととらえつつ，パートナーショップは主体間関係に重きを置いた用語であり，「協働」は「対等な関係を基本としつつ共同事業を行うという行為・行動に着目した言葉」であり，「合作や共同行動といった言葉がこれにあたり，英語ではコラボレーション（Collaboration）がより近いニュアンス」であると指摘している。[116]

このように，地方自治における「協働」は70年代の「参加」を中心とした理念に変わって，登場したパートナーシップを中軸にした理念である。「協働」とは，自治体職員と市民（特にNPO）という，立場の異なる個人や組織が対等な立場で一つの目標を共有し，共同事業を行うことだといってもよいであろう。

一方，教育学の分野で「協働」概念がもっとも盛んに論じられたのは，学校経営の分野である。1990年代の半ばから「協働」をキーワードとする論文が数多く書かれている。もちろん，ここでいう「協働」とは学校現場における「協働」であるが，その多くが一つの学校の中での「協働」を意味しており，「ともに働く（co-work）」とほとんど変わらない意味づけがなされていることも多い。

学校経営の分野で「協働」の概念を整理した論文の一つとして，藤原文雄の所論がある。藤原は高野桂一と吉本二郎の議論を紹介しながら，学校経営分野における「協働」概念の整理を試みている。藤原によると，高野桂一の「協働」は「（個々の）」教師の価値観・教育観の解放過程と組織化過程」であり，「『協働』のプロセスは教師たちの『協同学習』の過程」であるという。[117]

一方，吉本二郎は経営学の分野におけるリーダーシップ論の始祖として有名なバーナード（C. I. Barnard）に依拠しつつ，「協働」を「cooperation」として論じ，学校を「明確な目的の下で協働する人々の組織体」として定義したと藤原はまとめている。[118]

本書では学校経営学での議論に深入りする余裕はないが，少なくとも藤原の指摘によれば，学校経営学における「協働」は高野の議論にせよ，吉本の議論にせよ，「協同（cooperation）」の概念に近いものだといえる。それは学校という一つの組織の中での「協働」を議論の中心に置いていることが一つの理由であろう。しかし，アメリカの学校図書館界では一つの学校内でのスクール・ラ

イブラリアンと教師との「協働」の重要性が指摘されており，このことが十分条件となるわけではない。

いずれにせよ，学校経営における「協働」議論は「協働」というよりは，「協同」についての議論にとどまっているといえるのではないだろうか。

3　「コラボレーション」としての「協働」

　ではそもそも「協働」とは何であろうか。本書では「協働」と「collaboration」の訳語であるという前提に立つ。しかし，これまで見てきたように「collaboration」を「協働」と訳したのではなく，もともと行政と市民が協力し合うことを指し示す用語として「協働」という言葉が作られてきたことも理解しておく必要がある。つまり，「協働」も「collaboration」も独自な概念として作られ，あるいは自覚的に使われ，相互に対応しあう関係になっていったと考えるべきであろう。

　そこで，次に英語としての「collaboration」の意味について検討してみよう。アメリカの企業や行政，教育などさまざまな場で読まれている『コラボレーション・ハンドブック』では，「協働（collaboration）」とは，一般的には一つの目標に向かって人々が一緒に働くことだと認めながらも，「協同（cooperation）」，「調停（coordination）」と比較しつつ，「協働」を次のように解説している。

> より持続性があり，普及力を持っているのが協働である。協働の担い手は，互いに別の組織に所属する人々に対して，共通の目標に向かって全力を傾ける一つの組織をもたらす。この関係には，あらゆるレベルで包括的な計画を立て，はっきり定められたコミュニケーション回路を用いることが必要である。協働組織は権威を持ち，リスクは協同や調停よりも大きい。なぜなら協働のパートナーはそれぞれ自分たちの資源力や評価を持ち寄っているからである。権力は一つの争点であり，不平等にもなりうる。パートナーは互いの資源力を維持あるいは共同で確保し，その結果や成果を共有するのである。[119]

　以上のような「協働」の性格づけに対して，「協同」は明確な目標や組織を持たない比較的短期間のインフォーマルな協力関係であり，お互いのリスクも

少ない。また，「調停」は「協同」よりもフォーマルな関係であり，長期間にわたって特定の計画を遂行するために調整的な努力を行う関係である。「調停」には，計画や役割分担が必要であり，互いの組織がコミュニケーションを行うためのチャンネルが開かれていなければならない。それぞれの組織の権力はそれぞれに残されたままだが，リスクは増える。そのため権力は常に問題となる。いろいろな資源が参加者に開放されるとともに，成果も共有される。

　以上のように，「協働」は「協同」や「調停」に比べてより長期にわたる関係であり，相互の緊張感が高く，それゆえにリスクも大きい。しかし大きな成果が期待される関係でもある。そして，このハンドブックでは「協働」は「参加する組織のそれぞれのアイデンティティを維持したまま，ともに働くためのもっとも強力な方法」[120]であると指摘している。

　また，2006年に発行されたファシリテーターのためのハンドブック『協働文化の創造（Creating a Culture of Collaboration）』によると，近年「協働」という用語がもてはやされるようになった理由として，「おそらく多様化し，相互依存的となり，複雑化した世界に適応しようとする方策の中で起こったプラグマティックな変化を反映たものであり，さらに協働の土台になっている価値観や思想，信条といったものへの支持を意味しているのではないか」[121]と述べられている。

　さらに続けて，「collaboration」が第二次大戦中にナチスドイツへの「協調」という意味で使われた過去の事例を指摘しつつ，このハンドブックは「collaboration」の肯定的な側面に光を当てるものだという。しかし，他方でこれまでの「協働」についての研究を検討した結果，大きく対立する者との協力を拒もうとする意識や複雑な社会的政治的制度のもとで協働する際のコスト，根の深い葛藤に関わっていく難しさ，相手を支配しようとしがちなリーダーシップによって「協働」はうまく機能しなくなると思われるし，また硬直した主義主張のもとでは，「協働」はまったく不可能になるだろうと指摘している。[122]

　そして次にS.ハリスの言葉が引用される。「人間がお互いに真に未来に開かれた協働ができるようになる唯一の方法は，自ら進んで新しい事実によって自分の信条を変えようとする心を持つことである」。[123]

　つまり，一般的に言えば，「collaboration」としての「協働」とは，自らが属する組織や文化の異なる他者と一つの目標に向けて互いにパートナーとしてと

もに働くことである。そのためには，さまざまな困難や葛藤を乗り越えて目標を実現しようとする強い意志，他者の正しい意見を受け入れる柔軟性，違いを乗り越えて理解し合うためのコミュニケーション能力が不可欠となる。このような理由によって，「協働」には常に挫折や失敗のリスクが伴うのである。

4　「コンピュータ支援協働学習」の登場

　認知科学・教育工学の世界では，最近「協調学習」という用語が数多く使われている。関連学会には「協調学習」をテーマにした複数の発表を必ず見ることができるほどであるが，教育工学界以外ではほとんど見かけることがない。「協調学習」という用語が教育学全体に共有されていない理由の一つとして，用語のもつ意味の曖昧さをあげないわけにはいかない。

　認知科学・教育工学では「協調学習」は「collaborative learning」の日本語訳である。教育学界で「協調学習」という用語が普及しないのは，「協調」という言葉の語感に問題があると考えられる。本来，「協調」とは「国際協調」や「労資協調」という用例が示すように，第一義的には「利害の対立した双方がおだやかに相互間の問題を解決しようとすること」(『広辞苑』) という意味であり，単なる協力ではなく「利害の対立」という意味合いが含まれる。(なお，一般的には「国際協調」の英訳語は「international coordination」であり，「労資協調」は「cooperation between capital and labor」が使われる。)

　確かに「collaboration」を「協調」と訳す場合があるが，それは前節で紹介したように，第二次大戦中にナチスドイツに協力した立場や考え方を指し示す場合である。このような事情によって，筆者を含めほとんどの教育学研究者は「collaboration」を「協調」と訳すことに抵抗を感じるのである。

　ではなぜ，認知科学・教育工学の世界では，適切な訳語とはいえない「協調学習」という用語が使われるようになったのであろうか。それは工学の世界で使用されていた「協調」という用語を教育工学の世界に転用したという事情が背景にあると考えられる。教育工学研究者がこの用語を好んで使用するのは，もともと工学の用語として定着しているからである。

　三宅なほみは，1997年に出版した『インターネットの子どもたち』の中で，認知科学で議論されている「協調問題解決過程」や「協調作業」に着目する

ことの重要性を指摘した。ここで指摘されている「協調問題解決過程」の研究とは，特定の問題を解決するために集団成員間の相互作用の過程に焦点を当て，効果的な問題解決の社会的環境を明らかにしようとするものであるが，三宅は集団成員のお互いの思考のプロセスが互いに見える形で共有されるならば，「インターネット上に作り出される世界が考える力や学ぶ力に結び付く道具にもなりうる」[124]と述べ，インターネットを利用した協調的学習活動の可能性を示唆している。

　他方で，このような認知科学の議論は，「分散協調問題解決」として，人工知能研究の領域で，人工的な知的エージェントが問題を解決するための相互過程を明らかにする問題として研究が進められており，このような分野では完全に工学系の議論となっている。しかし，この認知科学分野における「協調」という用語は，英語では「cooperation」であって「collaboration」ではない。

　教育工学界でも学習における「協調作業」という意味で「協調学習」という用語が使用されるようになるが，この場合の「協調学習」は「CL（Cooperative Learning）」である。[125] この時期の「協調学習」は，グループウェアなどを利用して集団的作業を支援することをめざした「協調作業」「CSCW（Computer Supported Cooperative Work）」の概念の学習への応用という側面が強かったのである。

　CiNiiで「協調学習」を検索してみたところ，英語表記を付した論文として最も初期のものは飯田隆之と赤堀侃司による「協調学習を目的としたマルチメディアシステム」（1994年）[126]であった。この論文では「協調学習」は「cooperative learning」である。ところが，同時に「協調学習」の訳語としても「collaborative learning」が使われる。それは，「CSCL（Computer Supported Collaborative Learning」の概念が教育工学界に導入されたことが大きな要因であろう。[127]

　「CSCL」とは，遠く離れた学習者がCMC（Computer-Mediated Communication），すなわちインターネットを介して相互に協力し合いながらすすめる学習形態である。CSCLの考え方が普及し始めてから，教育工学界では，「協調学習」は「CSCL」を意味する用語として使われるようになる。

　当初は「cooperative learning」も「collaborative learning」も，ともに「協調学習」という訳語が使用されていたが，その背景にはもともと「協調」という用語の認知科学的・工学的理解が反映されており，当事者間では違和感なく用いられ

続けたのだと考えられる。しかし，すでに見てきたように語源をみれば，「collaborative learning」は「協働学習」と訳すべきである。[128] つまり，教育工学では，「協働学習（collaborative leraing）」という概念についての検討が十分なされないまま，「協調学習（CSCL）」という概念だけが一人歩きしていったのであろう。

　ではそもそも「CSCL」とはいかなる学習なのであろうか。ポウラス（Paulus, T. M.）によると次のように説明される。CMCは「地理的に離れた学習者の間の相互交流をより高速に，より頻繁にさせた。そして遠隔教育においても小グループによるプロジェクトのような活動をますます普及させた。そしてこのような活動はしばしば『協働学習活動（collaborative learning activities）』と呼ばれた」[129] のである。つまり，「協働学習」とは，CMCを用いたプロジェクト型の小グループ学習活動であるということになる。

　しかし，このような定義では，プロジェクト型の小グループ活動にCMCを用いれば自動的に「協働学習」になってしまいかねない。同時に，ポウラスはロッシェルとピアの所論[130] を用いながら，技術決定論者はオンライン・コミュニケーション・ツールなら何でも「コラボレーション・ツール」とラベルを貼って研究を進めてしまうため，「collaboration」概念が本来持っている意味を失ってしまう危険性があると指摘している。

> このことはある種の技術決定論を反映しているといえるかもしれない。すなわちいまや学習者はより活発に相互交流できるようになったのだから，彼らは自動的にそうするという思いこみである。同じような思いこみから，参加者の相互交流を協働学習（collaborative learning）と同じものとする仮定を立てることによって，ある種の相互交流の調査に，協働研究（collaboration studies）というラベルを貼ってしまう傾向がある。[131]

　ポウラスの指摘は日本の現状においても当てはまるのではないだろうか。教育工学系の学会に行けば，「協調学習」をタイトルにした報告のほとんどは「コラボレーション・ツール」と称する情報機器やソフトウェアの実証研究であり，教育理論の概念としての「collaboration」が議論されることがほとんどないのが実態であろう。

　ではポウラスの論文では「協働学習」をどのように定義しているのだろうか。

彼は学習活動における「協同（cooperation）」と「協働（collaboration）」の違いを明確化しようとする。まず、ヘンリとリゴルトの所論を参考に、協同作業を個々人に分担され、実行されるものだと定義する。分業や業務の分割化、最終的な結果に対する個人の部分責任は「協同学習」を特徴づけるものであるという。つまり、「協同」という概念の背後に大量生産様式における分業システムを見ているのである。

一方、「協働」はそれとは対照的である。彼はロッシェルとティーズリィの定義を引用する。「協働」とは「調整された同期活動であり、それは一つの問題に対して一つの考え方をつくりだし、共有し、それを維持しようとする持続的な試みである」。[132] また、続いてスクラッジの定義も紹介する。彼によると「協働」とは、「共有された創造過程、すなわち二人またはそれ以上の人数の成員が、以前に持っていた、あるいは自分自身に持ち得ていたそれ以上の理解を作り出し、共有するために、お互いの補完的なスキルを用いて相互交流することである。協働はプロセス、成果または企画についての共通の意味を作り出す」[133] のである。

これらの所論をもとに、ポウラスは次のように述べている。「協働グループに形式的な役割は与えられない。論じられているように、協働はディスカッションを通じて多元的なものの見方が共有されるような個人の思考過程を自覚化させるがために、学習を進化させるのである。理念を見据えた学習に結びついた、意味の深い、持続的な対話は協働学習体験の鍵になるのである」。[134]

ポウラスの議論は「CSCL」の議論を技術決定論的な場から本来の教育学のアリーナへと連れ戻してくれるものであり、「CSCL」は決して単なるインターネットを介して相互に協力し合いながらすすめる学習形態のことではないといえる。問題は「協働学習」における「協働」概念そのものの理解に関わっているのである。

よりわかりやすくするために、コンピュータによって支援されない「協働学習」を考えてみよう。「CSCL」はCMCを利用することによって、遠隔学習者間に「協働」を可能にした。しかし、ポウラスが指摘したように、「協働学習」は単なる遠隔グループ学習ではなく、異なる意見がぶつかり合うことを前提とした多元的なものの見方が共有される学習である。「協働」という概念が本来持っている意味を見失ってはいけないのである。

「協働学習」という概念にとって，CMCを学習に活用することが本質なのではない。ここでいう「協働学習」とは，異なる組織や地域，文化に属する複数の学習者が，対等なパートナーとして出会い，互いの違いや葛藤を乗り越え，互いの立場や価値観を尊重し，互いのスキルや資源を活用し，共有された一つの学習目標や課題の達成をめざすプロジェクト型の学習である。そして同時にそれは対話を創造するプロセスである。

　遠隔学習者の「協働」はその一つの形態であるが，それがすべてではない。学校あるいは教室という組織を超えれば，学習者にとって協働すべき学習者となる可能性をもった他者はあまねく存在するのである。とりわけ，これまで「異文化理解教育」と呼ばれている分野では，まさに求められる一つの学習形態であるといえるだろう。しかし，より本質的に言えば，単なる相互理解ではなく，「協働」のプロセスは「対話」の創造プロセスであり，「異文化対話」の土台となるものである。

5　「協同・共同学習」から「協働学習」へ

　日本の教育学では，これまで「協働学習」という用語はほとんど使われていなかった。各種の教育学事典を見ても「協働学習」という用語を見ることはできない。しかし，協同学習については，数多くの理論や実践の歴史がある。

　欧米では「バズ学習」(Phillips, 1948) や「ジグソー学習」(Aronson, 1975)，「協同学習 (cooperative learning)」(Johnson & Johnson, 1981) といった学習方法が有名であり，日本でも及川平治の「分団学習」(1912年) や小川太郎の「共同学習」(1954年)，そして1960年代になると相沢保治の「自主的協同学習」や末吉悌次・信川実の「自発協同学習」が登場し，70年代には高旗正人の「自主協同学習」があげられる。

　ここでは，ジョンソン兄弟の「協同学習」理論を取り上げてみたい。彼らによれば「協同学習」は受動的で競争的な学習を主体的で協力を中心としたものに変える革新的な学習方法である。「競争から協同・共同へ」という思想は日本においても1980年代から教育運動の世界で盛んに主張されてきた理念であり，現代でもその価値は変わらない。そのような意味で，「協同学習」それ自体は今日の日本においても価値のある学習方法であるといえる。彼らは次のよ

うに述べている。

　　　協同とは同じ目的のために複数の個人が事にあたることです。協同して行う活動においては，個々人は，自分にとっての利益であるとともに，グループの全員にとっても有益な結果を追い求めます。協同学習とは教育において小集団を活用するもので，学生が，自分と他者の学習を最大限に高めるために協同して学習します。考え方は単純です。教員の指示を受けた後，小グループに分かれた学生は，全員が完全に理解し達成するまで，課題を通して学習します。[135]

　ここでモデルになっているのはビジネス界における「自己管理チーム」である。彼らは「誰がもっとも成績がよいかを見るために学生たちを序列化する象牙の塔を脱して，大学教員も近代的なチームを基礎にした協同的組織構造の世界に入っていく」べきであり，「大学卒業生のうちでもチームの一員として働くことができる者だけが，多くの近代的な企業に雇われることができる」[136]と指摘する。

　先の引用とあわせると，彼らの「協同学習」は大量生産様式を前提としたフォーディズムやテーラー主義ではなく，小集団による自己管理チームを最大限に活用する，いわゆるトヨティズム的な労働組織を念頭に置いていることがわかる。つまり，チームの一員である学習者は一つの組織の同質的な役割を担うものとして期待されており，学習集団は与えられた学習課題をもっとも効率的に達成するために，リーダーを中心にチームワークを最大限に発揮することが求められるのである。すでに見てきたように「協働学習」はこのような「協同学習」とはまったく異なるものである。

　「協働学習」とは，第一義的には学習活動に「協働」を用いる学習形態であり，二義的には「協働」するための能力や学習者間の「協働」関係の形成を志向する学習も含んでいると考えられる。ここでは第一義的な意味での「協働学習」について考察しておこう。これまでの検討をふまえると「協働学習」は次のような学習であると考えられる。

　第一に，他の組織や地域，異なる文化に属するかもしくは多様で異質な能力を持った他者との出会いが前提となる。教室内に「他者」が存在する場合は教室の中での「協働学習」が可能になるが，多くの場合，教室外，さらには学校

外の組織や地域，文化に目を向けることになるだろう。

　第二に，学習者の高い自立性と対等なパートナーシップ，相互の信頼関係の構築である。一方が他方に依存あるいは一方的に恩恵を与えるだけの関係では，「協働学習」は成立しない。また，互いに自立しており，対等であるということは，リーダーシップが絶えず問題となりうるということである。信頼関係があればパートナーシップとリーダーシップは両立しうるが，誤ったリーダーシップは不均衡な人間関係をもたらしてしまうだろう。

　第三に，学習目標や課題，価値観および成果の共有である。「協働学習」はプロジェクト型の学習であり，参加する学習者同士を結びつけるのは，共有された学習目標や課題の達成への強い意思に他ならない。それは他者同士の出会いから生まれる矛盾や葛藤を止揚し，新たな共同体と価値観を創造することにつながる。

　第一義的な「協働学習」の成立にはこれら三つの要素が不可欠である。多様で異質な学習者が，お互いの能力やスキル，地域や文化的な資源を共有し，対等なパートナーシップと信頼関係を構築することで，同質的な組織内学習ではとうてい不可能な高い学習目標や課題の達成が可能になり，新たな「学びの共同体」と「学びの文化」が作られるのである。

　しかし，同時に失敗のリスクも内包していることも忘れてはならない。なぜならば，異質な他者との出会いが引き起こす結果は，学習活動をコーディネートする学習指導者にとっても未知なものであることが多いからである。このように見ると，「協働学習」とは「探究学習」の一形態であるということもできるだろう。

　このように「協働学習」を定義すると，「協同学習」とは大きく性質の異なる学習方法であることがわかる。一見似たような概念であるが，その中身はまったくといってよいほど異質なのである。

6　なぜ「協働学習」なのか？

　先に紹介したように，「協働学習」の実際のモデルとしては，異なる地域に居住する学習者による「協働」を学習活動として組織する「CSCL」がもっとも顕著な例としてあげられる。「CSCL」は同時間，同じ場所にいなくてもオン

ラインによる「協働」を可能にするという点を考慮すれば，必ずしも「遠隔教育」でなくてもよい。重要なのは，これまで指摘してきたように，オンライン・コミュニケーション・ツールを用いることではなく，協働学習を学習活動の中に実現していくことである。

では，今なぜ「協働学習」が求められるのだろうか。もちろん自治体やNPO，企業などさまざまな現場で「協働」という用語が注目を浴びていることがあげられる。その背景には，同質的組織による開発や企画よりも異質的組織による「協働」が，それによるリスクを勘案してもより高い生産性を得ることが可能であるという理解が広まったからであろう。この意味での「協働」は「コラボ」という言葉で表現され，広く流通するにいたっている。

一方，教育工学分野で「CSCL」が急速に普及した背景には，オープンソース運動に代表されるCMCを介した協働型生産様式ともいうべき「分散開発」の世界的拡大があると考えられる。オープンソース運動では，「すばらしいソフトウェアを作ること」という目的とオープンソース運動そのものが持っている価値観を中心に形成されたコミュニティが重要な役目を果たしている。このようなオープンソース運動の存在が「CSCL」を現実的なものとしているのである。

しかし，オープンソース運動は一つの「協働」のあり方の現実性を示し，その高い生産性ゆえにCMCを介した「協働」の物質的な可能性を十二分に示唆しているといえるが，決して「CSCL」そのものではないし，モデルであるともいえない。なぜならオープンソース運動は「協働」を目的にしているのではなく，あくまでも本来の目的を達成させるための手段に過ぎないからである。「協働学習」は学習課題達成の手段として「協働」を用いるのではない。「協働」そのものに「教育的価値」を見いだし，教育活動に取り入れるべき学習方法である。

対話創造のプロセスを内包する「協働学習」は多様な価値観や文化がしばしば対立し，葛藤する世界を変革するための一つの教育的方策として理解することができる。確かに「協働」は高い生産性を可能にするという点で，経済的価値を持ち，CMCを中心としたICTがそれを世界的に拡大することを可能にするという点で，技術的基礎を持っているといえるが，それを教育の現場に取り入れる意義は，何よりも「協働」の技術と思想が「異文化対話」を創造し，世

界的な対立や葛藤の解決の手段として不可欠であるという現実によるものであり，そこに教育的価値があるからである。

＊本節は以下の論文をもとに本書のために加筆修正したものである。
坂本旬（2008）「協働学習とは何か」『法政大学キャリアデザイン学会紀要　生涯学習とキャリアデザイン』Vol.5, 49-57 頁。

第3章
メディア情報リテラシーと「教育的価値」

1 抵抗の教育としての生活綴方

　映像メディアとは，今日では主にビデオカメラを使って撮影されたものをさしているが，広義にはスチルカメラやフィルムカメラ，コンピュータグラフィックスなどより多様なメディアを含んで考えることができる。また，作品の種類も，ドラマやニュース，ドキュメンタリー，広告など多様である。

　映像を中心としたメディア制作の実践は，これまで主として放送局や市民運動の場で行われてきた。民放連やNHKは学校と連携しながら，メディア情報リテラシー教育の実践を行うと同時に，放送番組や教材を作成した。しかし，教育学の分野では，映像メディアの制作について，子どもの発達という観点から，これらの実践を分析し，その教育的価値を検討することはほとんど行われてこなかった。

　その理由として，メディア情報リテラシーの研究は，教育学者よりももっぱらメディア学研究者や社会学研究者が中心になっていたことがあげられるかもしれない。さらに，テレビとビデオがあればすぐにでも可能な映像の読み解きに比べると，映像メディアの制作はビデオカメラや編集用パソコンが必要であるなど，どの学校でも可能だと言えるほど簡単ではなかったために，実践そのものが十分ではないという問題もある。また，議論になる問題として，映像の読解と制作，そのどちらを主にするのかという問題もある。

　しかしメディア情報リテラシー教育研究が，真に教育学たり得るかどうかは，戦後教育学の基礎を作った勝田守一の論に従えば，教育が経済や政治の単なる従属システムではなく，固有の目的の体系を持った相対的に自立した価値を持ちうることにある。つまり，他者との出会い（交流）からコミュニケーション，

協働（対話の創造）へと進んでいく過程は，社会的・経済的な目的のみならず，子ども・青年から成人・老人にいたるまで，人間発達を目的とした過程でもある。

　教育の現場では，子ども・青年・成人の発達を目的とし，その発達の現実に即した教育がなされなければならない。そして彼らの発達の現実は地域や生活と結びついており，生活教育の原理に従えば，「生活現実こそが子どもの発達の源泉」[137]である。ここでいう生活現実とはローカルな地域に限定されることなく，世界中の生活現実をさしている。

　こうした論理の組み立ては，一方で，教育過程の政治的・社会的性格を否定するかのように見えるかもしれない。しかし，勝田守一の構想は，戦後の国家的な教育統制に対する対抗論理としての意味があった。実際，「教育の条理」は教科書裁判における「杉本判決」の根拠にさえなった。

　それだけではない。こうした思想をたどれば，戦前の生活綴方教育運動にまでさかのぼることができる。本書ではこの問題を詳細に論じる余裕はないが，戦前の生活綴方はまさに機能的リテラシー教育そのものであり，生活現実を批判的に考える力を育てようとしたのである。

　現代においても，社会実践の中で識字をとらえる機能的リテラシー教育論は明示的である必要はない。綴方教師の思想の中に貧困と圧政に対する社会変革への意思があったとしても，戦前の体制下ではそれをそのまま教育論として展開することは困難だった。子どもの生活現実への着目の中にこそ，その教育論の本質がある。

　1938年の初頭，『生活学校』誌上で，留岡清男による生活綴方批判が特集された。留岡は前年暮れの『教育』で，「協同組合運動そのものが教育運動であり，而も教育そのものの方法は，生活の必要の発見とそれの充足であらねばならない」[138]と述べた上で，「生活主義の綴方教育は，畢竟，綴方教師の鑑賞に始まって感傷に移るに過ぎない」[139]と批判する。そして自らの生活主義の教育を「最小限度を保証されざる生活の事実を照準にして思考する思考能力を涵養することである」[140]と述べたのである。

　これに対して『生活学校』では生活綴方の反論が掲載された。その中で，ある秋田の小学校教師は次のように書いている。

自然と抵抗し，社会と抵抗するいたましい現実を，見抜く「眼」の工作が，僕の仕事だ。その「眼」に能力としての「技術」が訓練されて，構へとなり得る。その「技術」の文字表現能力を結びつけるのが綴方の仕事だと思ふ。[141]

　抽象的だが，この端的な文章に生活綴方における識字(リテラシー)と批判的思考の関係が表現されていると言える。いわば，生活綴方は子どもの「生活指導」を目的とした，機能的識字(リテラシー)教育であった。ただし，当時は日中戦争の最中であり，とうてい社会変革といった用語を使える時代ではなかった。結果的に言えば，生産主義を掲げた留岡の生活教育論は，大政翼賛運動の中に取り込まれてしまう。一方，綴方教師たちは治安維持法により，1940年に一斉検挙され，弾圧されてしまったのである。綴方教師だった柏木栄は戦後次のように書いている。「私の行こうとする途は反体制の途のようだ。この途を見，あるいは行こうとした人たちだろう。大量の検挙にあった」。「暗い谷間の村は凶作だ応召だと暗さを増してゆく。子どもたちは貧困にいためつけられているすがたを日々見せる。私はあえぎながらも私の途を行こうとする」。[142] 当時はそんな時代だったのである。筆者は，こうした歴史的事実から，留岡による生産主義的生活教育論に対する綴方教師の反論は正しかったと考える。時代背景を考えれば，彼らの文章をそのまま受け取るわけにはいかず，背後に隠された教育思想を勘案するしかない。生活綴方教育運動はまさに無言の批判的教育思想であり，実践であった。

　筆者は，戦前の生活綴方運動に，現代もなお表現の自由が十分でない，あるいは圧迫されている発展途上国の現実を重ね合わせようとしている。それはリテラシー（識字）教育運動のみならず，メディア情報リテラシー教育の段階にいたっても同様であると考える。

　生活綴方の概念をメディア情報リテラシーの概念に接合させるために参考になるのはアマルティア・センの「潜在能力(ケイパビリティ)」概念である。ヴィスウィット・ダスは，インドのメディア教育の実態とメディア・リテラシー教育の可能性について述べた論文の中で，「メディア教育をメディア・アクティビズムと同一視する政治的方向」[143] の限界を指摘した後，センの「潜在能力」概念の可能性を検討する。そして「人間の機能と潜在能力とを区分することで，潜在能力アプローチは発展途上国と先進国のどちらにおいても，メディア教育を理解する

ための枠組みとして役立つだろう」[144]と述べている。

　センによれば，潜在能力とは「『様々なタイプの生活を送る』という個人の自由を反映した機能のベクトルの集合」[145]と定義される。センの考える潜在能力は，きわめて広範であるが，メディア情報リテラシーに対象を狭めて考察するならば，福祉の実現のために必要な「表現の自由」の理解や，入手可能な情報にアクセスし批判的に読み解く能力，自分の意見を主張する能力，パブリック・アクセスなどの機会の活用など一連の機能に対して，それらに向かうベクトルの集合がメディア情報リテラシーの潜在能力にあたる。またこれら一連の「価値ある機能を達成する自由」[146]の反映であるともいえる。戦前の生活綴方教育運動は，直接これらの機能を実現したわけではないし，時代背景のもとでは，それらを達成目標として表現することすら困難であった。しかし，それらを可能にする潜在能力に働きかけるベクトルを有しており，最終的には消失してしまったものの，その自由の反映であったと考えられる。

　この自由を持たなければ，人間は自らの労働能力を他者に売り，隷属する以外に生きることができないという希望なき状態に陥る。センは「潜在能力の視点は，固定化してしまった困窮状態に希望や期待」[147]を順応させるものとして描く。潜在能力概念は，人間が隷属から解放されるための希望の種であるといってもよいだろう。その意味で，マルクスのいう「全面発達」の可能性を表現しているともいえる。

　別の言い方をすれば，経済的価値や政治的価値などの社会的諸価値から相対的に自立した「教育的価値」は，このような必ずしも明示的ではない潜在能力を，人間発達の視点から体系的に意味づける機能を有していると考えられる。重要なのは，教育研究者や実践者が，潜在能力と目に見える機能との連関を認識し，社会変革の課題と教育現場での実践とのつながりを意識することである。

　以上のような観点から，メディア，とりわけ映像制作に焦点を当て，その教育的価値について考察を行いたい。そのために，まず映像メディア制作の教育性の問題を検討し，一つの試論として，「映像化された生活綴方」としてのセルフ・ドキュメンタリーの可能性について検討する。

2 「映像化された生活綴方」としてのセルフ・ドキュメンタリー

　日本の場合，影像制作教育の分野では，オウム問題を取り上げた松本美須々ヶ丘高校放送部の実践のように，もっぱら学校放送部を中心として進められてきた歴史がある。放送部を指導してきた元松本美須々ヶ丘高校教諭の林直哉はまさに教育的な観点から映像メディアの制作について次のように検討している。
　まず，撮影方法は教えられるかという問題を立て，それに対して林はテクニックを教えるのは簡単だが，それだけでは済まないという。なぜならば「映像は被写体との関係が映り込む難しい代物だから」[148]だと答えている。ビデオカメラは単なる映像を撮影するための道具ではなく，それじたいが一つの社会関係を構成する装置だと見なしているといってもよいだろう。メディア情報リテラシーを教育学の観点から検討するためには，この視点がきわめて重要である。
　林は同じ著書の別の箇所で「メディア使い」になるための条件として次のように述べている。

　　表現することは，メッセージをメディアに乗せて送り出すこと，作品という形に作り上げることです。表現活動を成立させるためには，表現する「送り手としての自分」と，その表現が伝わるかどうかを確かめる「受け手としての自分」の両方の立場の視点が必要になります。ここでは，それぞれの二つの立場を「自分の中の他者」と呼ぶことにしましょう。「自分の中の他者」とは，自分が作り出す（送り手）であれば受け手を，自分が受け手であれば作り手（送り手）を，というように情報伝達の反対側を指します。この両者を自分の中でバランスよく育てることが，メディア使いになるための必須条件なのです。[149]

　このような観点から，メディア・リテラシーの獲得とは「いわば漢方薬や生活習慣改善による治療のようなもの」であり，「遠回りでも自分の中の他者をじっくり確実に醸成していくしかない」[150]のだという。
　「自分の中の他者」の醸成という発想は，教育という観点があって初めて可能であろう。メディアを制作する能力やスキルを形成することだけが目的ならば，人格そのものに関わる自己認識や他者認識といった問題にたどり着くこと

はない。

　しかし，最初に引用した「映像は被写体との関係が映り込む難しい代物」という表現とここで引用した二つの文章を改めて比べると，その意味するところは異なる。被写体は林が言う「送り手としての自分」でもなければ，「受け手としての自分」でもない。ここでいう被写体とは，カメラを媒体にした他者それ自身である。つまり，映像メディアは「自分の中の他者」という自己認識に関わる視点だけではなく，同時にカメラを通した他者との関係性についても考える必要があるのである。

　ただし，林の所論の中心はあくまでも「自分の中の他者」にあり，「自分の外の他者」との関係性が人間発達にいかに関わるのかという問題に触れているわけではない。しかし，筆者はカメラを通した他者との関係性こそが，映像制作における教育性を考える重大な論点なのではないかと考える。

　筆者がこのことを考えるきっかけになったのは，2007年，第3回日本放送文化大賞準グランプリを受賞した中国放送制作の『子どもと島とおとなたち』というドキュメンタリー作品を視聴したことである。

　このドキュメンタリー作品は瀬戸内海に浮かぶ百島という人口700人たらずの小さな島にある尾道市立百島幼稚園小中学校にRCCのディレクターがビデオカメラを持ち込み，「総合的学習の時間」を使って子どもたちにドキュメンタリーの作り方を教えるという実践を紹介したものである。彼らが作ったドキュメンタリーは，自分たち自身の生活を題材にしたドキュメンタリーという意味で，セルフ・ドキュメンタリーだということができるだろう。

　この学校には30人の児童生徒が在籍している。その中の中学生のうち，半数はいじめを受けるなどの理由で不登校となり，島の外から転校してきた子どもたちであった。RCCのディレクターは，彼らにビデオカメラを持たせ，百島をテーマにセルフ・ドキュメンタリーを制作させる実践を試みたのである。その過程で，子どもたちと百島に住む人々との交流が生まれ，完成した1時間にもおよぶ作品の発表会は島中に感動を与えたのであった。ここには中学生たちが社会と切り結んでいった絆があり，確かな成長の軌跡があった。

　大変地味な実践であるが，子どもたちにとって，セルフ・ドキュメンタリー制作は，映像製作や表現のスキルを身につけることが目的なのではなく，それ以上に自らの生活と地域との関わりに目を向け，自分と他者と人間関係を切り

結び，そのことを通して自分を見つめ直していくことに大きな教育的価値があったといえよう。

　セルフ・ドキュメンタリー制作は「映像による生活綴方」である。この実践からそのような解釈が可能であるように思われた。ただし，映像制作と生活綴方には大きな違いがある。どちらも生活現実を文章化し，あるいは映像化することを通して，その現実を客体化，対象化させる力を育てようとするが，映像制作はカメラという異物を持ち込むがゆえに，他者との関係性を否応なく映像としてあぶり出してしまうからである。林が述べた「映像は被写体との関係が映り込む難しい代物」とはまさにそのことを示している。

　一方，ビデオカメラは映像を撮影するための道具である。しかし同時に撮影という行為を通して，他者との関係を作り出し，それを映像化することによって関係性そのものを変え，自己認識を変えていくことができる道具である。

　そのことを示すもう一つの文章を紹介したい。渋谷で実験映画の上映や配給，映像制作のワークショップを行っているイメージ・フォーラムの設立者である川中伸啓は，「映画の誠実さ」と題されたメールマガジン用に書かれた文章の中で，セルフ・ドキュメンタリーの教育性を次のように語っている。少々長いが，出版物ではないため，あえてここに引用しておきたい。

　　『以毒制毒宴』という作品をご存知だろうか。これを8ミリで手がけた作者の二宮正樹は，高校生の時にいわゆる落ちこぼれだった。名門高校を2年で中退し，各種学校へ行くのだが，ここでも学習になじめず中退。彼の兄もまた社会になじめず，サラ金から借金をしまくって母親を泣かせているという。家庭内暴力もしばしばらしい。

　　〈イメージフォーラム付属映像研究所〉の，卒業制作プラン講評のとき，作者からそんな愚痴めいた話を聞いた。家庭内がごたごたしていて，作品どころではないという彼に，「そんなにいい題材があるのに，なにを悩んでるんだい？」と訊いた。

　　家庭内暴力は，肉親の問題として捉えると，かなり深刻である。が，いっぽう作家としての視点から捉えると，これは絶好の題材といえよう。ぼくにそんな兄弟がいたら，きっとカメラで対峙するだろう。「不幸と思わずに，面白がればいいじゃないか」とけしかけた。

彼は，兄の借金のために三つの職場を掛け持って懸命に働く母や，無干渉をきめこむ父や，ときには暴力をふるう兄に，カメラを持って対峙した。その結果，全国の映像系大学および専門学校の学生を対象とした映像コンペ〈BBCC〉で，なんとグランプリを獲得してしまったのである。

　マイナスのカードばかり集めるとプラスに転じるトランプゲームがあるけれど，彼はこの作品によって，人生のマイナスを一挙にプラスに転じてしまったのである。賞を獲得したからというのではない。観客の共感を得たからというのでもない。彼は，映画を撮るということを通じて自分自身をたてなおし，なかんずくこれまで意識の外に置いていた兄の存在と，積極的に取り組むようになったのだ。

　カメラの前でタイマツを掲げ「これはぼくと，ぼくの兄が立ち直るための映画である」と宣言する作者の鮮烈な姿を見ると，思わず目頭が熱くなる。社会を広い視野で捉える正統派ドキュメンタリーとは異なるけれど，映画を通じて自己を回復しようとする，このようなドキュメンタリーの切実さが，ぼくは好きだ。[151]

　『以毒制毒宴』の作者である二宮正樹は，家庭崩壊の危機に見舞われているにもかかわらず，8ミリビデオカメラを持ち，その生活現実を直視し，一つの作品として形にすることを通して，自分自身を立て直し，兄との関係性を変えていったのである。なぜそれが可能だったのだろうか。ビデオカメラのどんな機能がそのような現実を変えていく価値になり得たのだろうか。

　川中が「ぼくにそんな兄弟がいたら，きっとカメラで対峙するだろう」と書いているように，映像作者の視点に立てば，どんな厳しい現実も「絶好の題材」となる。過酷な現実の中を生きる自分ではなく，その自分自身を題材として見る，もう一人の作者としての自分がそこに形作られることになる。これはまさに林が述べた「自分の中の他者」だといってよい。それこそ自分を見つめる力＝内省力の育成である。

　このエピソードは，教育としての映像制作に，単なる映像制作能力の育成を超えて，映像作者の人間的な成長と他者との関係性そのものを変えていく可能性があることを示唆している。さらに，その映像がセルフ・ドキュメンタリーという形式を取っていることがここではとても重要である。

セルフ・ドキュメンタリーはいわば日記の映像化であり，映像化された生活綴方だといってもよい。日常生活の現実を文章として描写し，その表現を通して，自分自身の生き方を見つめ直すこと，それが生活綴方であり，戦前から日本各地で行われてきた「生活指導」の一つの方法であった。セルフ・ドキュメンタリーは文章ではなく映像によって，日常の生活を表現する。そして，表現の対象として自分自身を置くことによって，「自分の中の他者」を構成し，それによって内省する力を育成する。その点で，これらは同質である。

　しかし，根本的な違いがある。生活綴方は記憶を通して文章に表現するが，映像はつねにリアルタイムで記録する必要があるという点である。前者は一人で行う作業だが，後者は被撮影者との関係を抜きにして行うことができない。撮影は同時に対象を記録することであり，記録を通して表現されることを前提としている。このために，撮影という行為は，それじたいが社会的関係の創造なのである。

　セルフ・ドキュメンタリーは，文章として表現される生活綴方に対して，リアルタイムな社会的関係の創造という点で大きく異なり，そのことに文字化される生活綴方とは違う教育的価値があると言える。生活綴方はそれじたいが社会関係を変えることはできないが，セルフ・ドキュメンタリーはその撮影という行為じたいが社会関係を変える可能性を持つ。二宮が「これはぼくと，ぼくの兄が立ち直るための映画である」と語るとき，できあがった映画に対して述べているのではなく，撮影する過程そのものが「立ち直り」の過程であったことを物語っているのである。

3　ドキュメンタリー制作の教育性

　セルフ・ドキュメンタリーが「映像化された生活綴方」であるならば，ドキュメンタリーは映像化された調べ学習であり，ビデオカメラを使った探究学習である。もちろんセルフ・ドキュメンタリーは自分もしくは自分たち自身の生活を対象としたドキュメンタリーとして，その中に含まれている。今日，ビデオカメラによる撮影によって制作されるドキュメンタリーには，フィルムによるドキュメンタリー映画の伝統とビデオ・ジャーナリストの新しい挑戦という二つの背景がある。

映画と言えば，映画館で見るものと思いがちだが，リュミエール兄弟が110年以上前に発明したシネマトグラフは映写機であると同時に持ち運びのできるカメラであった。そして映画とは記録映画であり，ドキュメンタリーに他ならなかった。E. バーナウは次のように述べている。「この装置をもった技師は一個の完全な移動と同じことであった。したがって，彼はどこか外国の首都へ派遣されて映画を上映し，昼間は新しい映画を撮影し，ホテルの部屋で現像し，その日の夜にそれを見せることも可能だった。突然爆発的な人気をえて，リュミエールの技師たちはやがてそのとおりのことを世界中で行うようになったのである」。[152] まるで今日のビデオカメラのように，リュミエールの技師たちは世界を飛び回り，ドキュメンタリーを撮影し，世界中でそれを上映したのだった。

　しかし，ドキュメンタリーは単なる現実の映像化ではない。水野肇は，『映画百科事典』（白楊社）から次の文章を引用し，ドキュメンタリーの本質を解説している。とても重要な文章なので，孫引きになるが，本稿に引用したい。

　　現実をありのままフィルムに記録する，いわゆる実写は，映画の創始とともにはじめられたが，それが再編集されることによって，単なる再生にとどまらず，新しい現実を創造し，作者の世界観が反映されて以来，ドキュメンタリー映画は，はじめて劇映画から区別される新しいジャンルとなった。[153]

　ドキュメンタリーは，単なる現実の映像化ではなく，それらを素材にした新しい現実や世界観の創造である。この事実こそが，一方で，メディア情報リテラシー教育における「メディアとは現実の再構成である」という一つの原理の根拠となるのだが，他方で，ドキュメンタリー制作は，現実世界をくぐって自己の世界観を再構成する創造的な営みとして，そこに教育的価値を見いだすこともできるのである。

　水野は21人のドキュメンタリー作家へのインタビュー取材を行ったこの著書で，「映画（特に記録映画）において，つまらぬ作品というのは，自らのものとしての『状況』をきりとる切迫した主観性の欠如にある。そこには，状況に対応し行為する劇性もあり得ない。いかなる表現領域においても劇性を欠落した作品はあり得ない」と述べ，「『状況』を切り取る切迫した主観性」の重要

性を指摘し，続けて「切迫した主観性」について，「自らが生きることの上で切迫する」のだと述べている。⁽¹⁵⁴⁾

　水野の見解から，ドキュメンタリーを撮る契機は，すでに外在的に「状況」が存在し，それを切迫したものとして感じられる主観が，カメラを通して映像として切り取ろうとする意志に存在するのだと言えるのではないだろうか。すなわち，社会のさまざまな「状況」への強い関心と，それを切迫したものとして切り取ろうとする主体の存在こそが，ドキュメンタリーを成り立たせるのだと言えるだろう。

　このような主張は，水野自身がドキュメンタリー映画作家を取材することを通して生み出されたものである。そこで彼の著書から，より具体的なドキュメンタリー作家の言葉を引用したい。職人の世界のドキュメンタリーを制作した池田達郎は，ドキュメンタリーとは何かという問いに対して，次のように述べている。

　　　きわめて外面的に言えば，ドキュメンタリーは，存在するものが，メイン，つまり主で，記録する側は従であると思います。（中略）まとめるときには，作家であり，自分なりの主義や主張を入れています。一つにまとめるときに，ドキュメンタリストの意見が出てくるものだ。僕は対象に愛情を持って，のめり込んで描く。よく醒めてみろといわれますが，それは出来ません。完全に同化して撮りまとめるときに離れるようにしています。同化した方がいい画が撮れます。⁽¹⁵⁵⁾

　また，同じ質問に対して，東洋の魔女を取材して「挑戦」というドキュメンタリー映画を撮った渋谷昶子は次のように述べている。

　　　被写体じたいのなかに，自分を発見する作業をしてゆきます。つまり，対象のなかに自分を組み込んでゆくこと，自分でしかないということだと，自分を発見する作業が映画ではないかと思います。ですから，ドキュメンタリーとは，私にとって，新しい人間を発見することになります。生きている間に，どの位の人々に逢えるか分かりませんが，ことあるごとに新しい人間に出会いたいと思います。⁽¹⁵⁶⁾

池田は取材対象への同化が必要だといい、渋谷は対象の中に自分を組み込んでゆくことの必要性を指摘する。どちらの発言も同じ内容を含んでいるといえるだろう。ドキュメンタリーは現実を客観的に記録したものだと見なすとすれば、制作者の側から見れば、大きな間違いである。目の前の「状況」への対峙とそれをなんとしても撮影しようとする主体の確立と、対象への同化こそが、ドキュメンタリーを一つの作品にさせるのである。

　これらの主張はドキュメンタリー映画の世界でなされたものであり、使用する機材はまさに映画制作用のものである。とても個人で使うものではなく、カメラマンや照明、録音などさまざまな機材を操作するスタッフが必要である。しかし、小型ビデオカメラの登場とともに、ドキュメンタリー映画の伝統はビデオ・ジャーナリズムの世界へと受け継がれていった。

　ビデオ・ジャーナリストとは映像記者のことである。映画のような完結したストーリーをもった作品よりも、ニュース映像を自ら取材して記録し、テレビ局に配信する。このようなことが可能になったのは、小型で誰でも持ち運びできる8ミリビデオカメラの登場が背景にある。ジャーナリストといえば、文章を書く職業であったが、ビデオ・ジャーナリズムの登場は、自ら映像を撮影し、編集し、さらには自ら取材や報道もするフリーのビデオ・ジャーナリストを生み出していくことになった。

　彼らの多くはドキュメンタリー映画作家の影響を強く受けている。当然のことながら、制作に対する考え方もまたドキュメンタリー映画の伝統を引き継いだものとなる。たとえば、アジアプレス・インターナショナル代表の馮艶(フォン・ヤン)は、自らの体験を綴った文章の中で、ドキュメンタリー映画監督の小川紳介から強い影響を受け、「真のジャーナリストとは、取材した相手に対しても責任を持ち、その人の人生に深い想いを馳せられる人間ではないか。そうして、はじめて人に伝えることができる。伝えるという行為は、現場へ行って必要な部分だけを切り取って持ち帰り、自分の視点や主張に基づいて番組を作って見せることではない。何かとても大事なものを教えられた気がした」[157]と書いている。そして馮は8ミリビデオカメラを使って中国農村部の貧困問題を取材し始めるのだが、その経験について次のように述べている。

私は考え込んでしまった。たしかにはじめは視覚的にインパクトの強い映像を求めて，この未就学児童のテーマを選んだつもりである。しかし，彼らの置かれている現実を目にし，撮影していくうちに，目に見えない，とても大切なものを彼らから教えられたことに私は気づいた。それは家族の愛，思いやり，何があっても決してくじけない強い意志だった。[158]

長年経験を積んだドキュメンタリー映画作家ではなく，駆け出しのビデオジャーリストとして，映像制作そのものから多くのことを学んでいった様子がこの文章からうかがえる。池田が取材対象への「同化」と呼んだ過程が，ここではさらに「教えられる」という取材対象からの学習の過程として描かれていることがわかる。

確かにドキュメンタリーは作家としての主体，対象への同化が必要であることをこれまでに見てきた。しかし，さらに取材対象との誠実な関係性の構築とそこから学ぶ姿勢が何よりも大切であるといえよう。ここにドキュメンタリー制作そのものが持っている教育性があると言えるのではないだろうか。

4　授業「映像実習」の試みから

筆者は，2008年度，法政大学キャリアデザイン学部の専門基礎科目「映像実習」という授業を担当した。この授業はカリキュラム改訂の結果，この年度に初めて設置されたものである。もともとの設置の趣旨は，学部付属撮影スタジオを教育用途として有効に活用することであった。しかし，筆者が担当することにより，学生のメディア・リテラシーの育成を授業の目標とした。（なお，現在は「メディア・リテラシー実習」という科目名称に変更されている。）

前期の「映像実習Ⅰ」では，映像の読み解き，後期「映像実習Ⅱ」では，地域のドキュメンタリー映像の制作を中心に映像の制作にあてることとした。まず，前期では，メディア情報リテラシーの基本的な知識や理解の習得および具体的な映像文法の学習，そしてコマーシャルやニュース，ドキュメンタリーなどの映像の分析や映像制作会社の見学などを行っている。また，最後にはビデオカメラとコンピュータを使い，ごく簡単な映像の制作も行う。

一方，後期の「映像実習Ⅱ」では，大学の所在地である千代田区を5つの地

区に分け，それぞれ4人程度のグループとなり，5分程度の取材映像を制作することにした。映像制作のための基本的な知識は前期で行っており，後期は制作だけに集中的に取り組む。

　授業として映像を制作するためには，職業としての映像制作に比べると多くの制約が存在する。一番大きな問題は，時間である。正味3ヶ月間で作品を作らなければならない。まったく経験を持たない学生たちにとって，企画や構成の作成から，絵コンテ，ロケハン，撮影，編集に至るすべてを学習しながら行うにはあまりにも時間が少ない。

　さらに，授業の中心は撮影と編集になるため，デジタル編集をするためのコンピュータ操作を習得する時間はほとんどないといってもよい。そもそもこの授業はコンピュータを教える授業ではない。ごく基本的なこと以外は，できるだけ自習で習得させるほかない。この授業にはTA（ティーチング・アシスタント）が付いているため，技術的な指導はできるだけTAに助けてもらうことにした。

　このようにして，5つの作品が完成した。それぞれの班はそれぞれの地域についてのもっとも関心のあるテーマを選んで取材を行っている。たとえば，神保町取材班は古書店街，秋葉原取材班はオタク，市ヶ谷取材班は東京大神宮といった具合である。

　授業を履修した学生たちは映像制作の過程でどんなことを学んだのだろうか。授業の課題として学生が書いたレポートの一部を紹介しよう。まず，テーマの設定について次の学生は次のように書いている。

　　初めは，どんなに考えても，考えても，永田町といえば『国会』や『政治』というイメージ，単語しか頭に浮かんでこなかった。永田町について色々と調べても，やはり出てくるものは『国会』や『政治』に関するものばかりであった。「もしかしたら本当に永田町にはそういう姿しかないのかもしれない……。」とあきらめそうになったこともあった。そして，インターネットや本に頼っていても仕方がない，と思い，実際に永田町に足を運んでみた。それが私の初めて永田町に足を踏み入れた瞬間であった。
　　まず意外だったことの一つは，確かに，政治に関与しているような人たち（スーツ着用）ばかりで，どこか急いでいる様子の人が多かったが，その中に，

普段着で，仕事をしに来たようには見えない人たちが数人いるのだ。
　次に，完全に機械的で政治に関するもの以外は何もないと思っていた中に，意外に緑が多く，自然のある綺麗な町であったことだ。
　そこで私たちは，その普段着で，仕事をしに来たようには見えない人たちは一体何をしに来ているのだろう？という疑問を抱き，そこに何か永田町の違う姿を見出すきっかけが潜んでいるはずだ，と思った。
　そして実際に私たちはそのような人たちにインタビューをしてみた。すると，すべての人たちが口ぐちに『自然がある』という話をしてくれたのだ。自然が多く，綺麗な町だから散歩コースにしている人が多くいた。そして，実際に歩いてみると『国会』や『政治』といったイメージだけであったのが，『自然』という姿が見つけられた，と語ってくれた。
　これこそが，永田町のもうひとつの姿であった。永田町と聞いて，『自然』というイメージが出てくる人は少ないだろう。やはり，『国会』のイメージが強すぎて，そのイメージしか浮かばない人が多い。しかし，確かに永田町には『自然』というもうひとつの顔が存在する。永田町は，ただたんなる『国会』や『政治』の要素だけが集まった町ではない。そのことを伝えるために，永田町のもうひとつの顔を映し出すために，わたしたちは永田町のドキュメンタリー映像を制作した。

　この班のメンバーは，テーマをさがすためのインタビュー取材を行い，自分たちが伝えるべきものは決めていった。その過程で，自分たち自身も考えてもいなかったテーマを見いだすに至っている。伝えるべき「状況」をつかむ努力がこの文章に表現されていると言ってよいだろう。
　この学生は「実際に映像制作をしてみて一番必要だと感じたことは，はっきりとしたテーマを持つことである。自分はどのような映像を作りたいのか，誰にどのようなメッセージを伝えたいのか，それをハッキリと持つことがその映像の出来栄えを左右すると思う。大学生だからこその，大学生の視点があるはずだ。それを自分できちんと掴めるかどうかが大切である」とも書いている。この視点はどの班のメンバーももつに至っており，実際に映像制作を行う過程で，視聴者を意識しながら制作する必要に迫られることから生じる，誰もが理解する一つの到達点であるともいえる。

次に取材過程の苦労について書かれた文章を紹介する。

映像を作るのに苦労したことはたくさんありました。まず，インタビューに応じてもらうのが大変でした。取材の許可を取りに東京大神宮の宮司さんに会いに行った時は割と快くインタビューを受けてくれる約束ができたのに，いざ取材の日になるとインタビューどころか，私たちの前にまともに姿さえ見せてくれませんでした。宮司さんに失礼にならないようにインタビュー依頼は，実際に会いに行ってお願いしたのとは別にファックスでもお願いをしてありました。ファックスにはだいたいの質問内容や所要時間などを記入して準備しておいたのに，当日宮司さんは現れませんでした。やはり学生が動くというのは大変なのだな，と世間の厳しさを改めて実感しました。

限られた時間でインタビュー取材を行わなければならないが，アポイントメントを取ることができても実際には取材ができないこともある。こうした問題はマスメディアの現場では日常茶飯事であろうが，限られた時間しかない授業では，当初の企画通りに進まず，作品そのものが変質してしまいかねない。授業として行う映像制作の限界でもあろう。

では，映像制作を通して，撮影対象に対する認識が変化したり，意識が変わったりした事例はあったのだろうか。長い時間をかけて行う商業ベースのドキュメンタリーとは異なり，数回の取材しかできない授業では，そのような変化を感じる経験をすることは難しい。その中でも，取材の難しさを抱えながら，意外な人たちから協力を得たことによって，その人たちへの意識への変化を書いた文章がある。

場所が秋葉原ということで当初取材を考えていた人は街を歩く一般の方，メイド喫茶で働くメイドさん，俗にいうコスプレイヤーと呼ばれる人たちの三方向の取材を考えていたが，メイド喫茶の取材は基本的に禁止されており，またビラを配っているメイドさんにもかなり厳しい取材の規制がかかっていたためにどうしても取材することが出来なかった。また一般の方でも取材と聞いて立ち去っていく人，そもそも怪しい勧誘と思い話も聞いてくれない人も多く取材することが困難だった。しかし，そんな中で唯一積極的に取材に協力してくれ

たのがコスプレイヤーの方々だった。彼らとは，こんな機会がなければ一生話す機会などなかっただろう。彼らの秋葉原に対しての考え方は面白く，私を含め一般の人には理解することが困難ではあるがとても芯の強い考え方を持っていた。このことは大変いい経験となった。コスプレイヤーの方も一般の方も，私たちの拙い取材に答えてくれた人たちは私に今まで考えたこともないような発想でこの街について語ってくれる。今回協力してくれた方々の優しさに心から感謝したい。

コスプレイヤーへの意識の変化は，今回の取材を通して得られた大きな成果だといえるのではないだろうか。

最後に，映像制作を経験することによって，メディアの読み解きに対してどんな影響があったのだろうか。この問題は，メディア情報リテラシー教育における映像制作のもっとも大きな問題であるといえる。もし，単に映像制作のおもしろさだけを感じたのであれば，映像制作実習としての授業は成功したといえるかもしれないが，メディア情報リテラシー教育としては不十分だと言わねばならないからである。

この問題に対する学生たちの答えは明快であった。ある学生は「今回，映像制作をする機会があり映像に対する意識が変わったように思える。前期の授業で学んだメディア・リテラシーは映像を制作するうえでは必要になるものだと思ったし，今までなんとなく見ていたドキュメント番組は，制作者がオーディエンスに何か伝えたい意図がある，という思いから制作されているのだと知ることができた」と書いており，こうした認識は共通している。しかし，このような書き方では抽象的すぎて，具体的に何がどう変わったのかわからない。次の学生の文章は映像編集を経験することを通して，日常生活で交わされる言葉に対する意識が変わったことを書いている。

　映像編集の作業を行っている際，私は徹頭徹尾気にしていた点がある。編集過程で「つまりなんなの？」「だからなに？」「なにが言いたいの？」とインタビューの映像を見ながら，使える映像を選別していく。話者が本当に言いたいことは言葉に表れている所だけなのかどうか，という点に注目するようになったのだ。普段の生活ではそのような面倒なことは考えない。だが，人間の言葉

の後ろで何が響いているのかを悟れるなら悟れたほうが良い。無駄な争いを回避できる。そのうえ，仕事の関係では本当に言いたいことを理解するという点でプラスになる。

　この感想は映像制作によって，単にテレビの見方が変わっただけではなく，日常生活におけるコミュニケーションに対する意識が変わっていったことを示している。このような意識の変化は筆者にとっても予想外であった。
　以上のように，大学における映像制作を中心としたメディア情報リテラシー教育は，作品の価値以上に，映像制作の経験を通した人との出会いや社会現実への直面，グループで活動することによる協働関係の形成などを通して得ることが大きいことがわかるだろう。
　ドキュメンタリーは「映像化された生活綴方」であるという一つのテーゼに導かれつつ，教育現場でドキュメンタリーを中心とした映像制作を行うことの教育的意義を検討してきた。映像制作の実践に対して，一般的にいえば，制作過程そのものよりも作品の価値の評価に目が行きがちだったのではないかと思われる。
　しかし，ドキュメンタリー映画作家からビデオ・ジャーナリスト，そして授業を通して映像制作を行った学生たちのインタビューや感想からは，作品の評価よりも制作過程を通して得ることのできるさまざまな社会関係や価値観の変化を読み取ることができる。
　ドキュメンタリーのなかには，自分もしくは自分たち自身の生活を対象とするセルフ・ドキュメンタリーがある。セルフ・ドキュメンタリーという方法が教育の現場に直接持ち込まれたことはなかったが，それは「映像化された生活綴方」としての可能性をみることができそうである。しかし，決してそれは単に生活綴方を映像化したものではなく，それ以上の教育的可能性を持っている。

5　デジタル・ストーリーテリング

　デジタル・ストーリーテリングという言葉は聞き慣れない用語であるが，2012年度から筆者が教育実践に取り入れている教育方法の一つである。筆者自身も，この実践方法を知ったのは2012年1月に東大で開催されたメル・プ

ラッツで「メディアコンテ」プロジェクト[159]の報告であった。ワークショップで作られた作品は，シンプルだが，強い印象を与えた。

デジタル・ストーリーテリングとは，一言で言えば，自分で語るデジタル生活綴方である。形式的には，ナレーションに静止画像を組み合わせ，一分程度の動画にしたものである。1990年代初期にアメリカではじまり，サンフランシスコにある「デジタル・ストーリーテリング・センター」[160]を中心に普及活動が進められている。

須曽野仁志らによると，アメリカでは「あらゆる教育レベル，教科の学習に導入されて」おり，「移民の国，多民族国家のアメリカでは，作品の多くに『自分探し』の要素が含まれていると感じられる。家族のルーツを調べることにより，自分のアイデンティティーを見直す，という狙いが感じられる」[161]という。デジタル・ストーリーテリングは，学習方法として多様な目的に多様な教科で活用可能であるが，本来は自分を見つめ直すことを目的に使われることが多い。

筆者は，この作品形式を1年生向けの受講生約300人のキャリア教育の講義に導入した。その結果は驚くべきものであった。300人の講義なので，学生たちは授業中に制作するわけではなく，すべて授業外で制作を行う。しかもこの授業はオムニバスであるため，筆者の担当は5コマしかない。授業では課題の目的と作り方を教えるだけである。テーマは「自分の今までとこれから」というもので，授業内で公開することを前提に，大学に入るまでの自分史と大学に入った今の思いをデジタル・ストーリーテリングで描くことを目標にした。ほとんどの学生は，やったことがない課題の困難さに尻込みをしてしまう。自分には無理だと感じる学生も多い。しかし，実際には約9割の学生が課題を提出したのである。まさにマジックであった。

6月末に締め切りを設定したものの，その時点では半分程度しか提出がなかった。7月初旬に発表会を行い，優れた作品を選んで上映した。発表会では一切の私語がなくなり，全員が映像に集中する。上映が終わると拍手で会場が包まれた。大学に入ったばかりの学生たちにとって，まだ話もしたことがない同級生の自分史作品に強い関心を示したのである。

中国や韓国からの留学生，スポーツ推薦で入学した学生，被災地出身の学生，不登校で苦しんだ経験を持った学生など，できるだけ多様な経験をした学生の作品を選んで上映した。たとえば，スポーツ一筋で入学した学生は，いつもは

私語が多く注意ばかりされていることが多いのだが，スポーツに打ち込んできた半生と思いを映像化した作品を上映され，周りの人たちから賞賛を受ける経験をすると，その後，授業への態度が一変する。
　また，どうしても自分のことを作品にしたくないという学生がいた。その学生は不登校の経験があり，そのことを振り返りたくなかったのである。しかし，同じ経験をした学生の作品を見て考え方を変え，作品を提出したのである。発表会の後，作品をどうしても作りたいので作り方を教えてほしいという要望が殺到した。
　そこで，オンラインによるサポートとゼミ生によるピアサポートを実施した。多くの学生たちは友だち同士で教え合うことで作品を完成させたが，それができない学生にはピアサポートが有効であった。1年目はパソコンによる制作を中心としたが，2年目からはスマートフォンによる制作も取り入れ，そのためのオンライン教材も準備したのである。
　また，この学習方法を，タブレット端末を用いて，ベトナムとカンボジア，中国，ネパールの大学でのワークショップにも取り入れた。ベトナム，カンボジア，中国では日本語，ネパールでは英語を用いた。そして相互に作品を視聴する機会を作った。この経験はそれぞれの国の学生にとっても初めての体験である。他国の同じ世代の学生の自分史や将来の夢に触れることで，自分自身についてより深く考える機会を持つことができるとともに，異文化対話の基礎を作ることになる。それぞれの国の大学教員にとっても，自分の教えていた学生の自分史や将来の夢を知る機会はそれまでになかったこともあり，高い評価を受けることができた。
　デジタル・ストーリーテリングは，一見するとスライドショーにナレーションをつけただけのように見えるが，実際はそうではない。逆にナレーションが主であり，それに映像をつけたものだと考えた方がよい。デジタル・ストーリーテリングの本質は，自分を物語ることにある。そのため，映像を作るというよりは，自分について語るべきことを考え，それを原稿に仕上げていく過程の方が重要なのである。また，よい作品はただ自分を語るだけではなく，メッセージを持っている。
　多くの学生は型にはまった作品を作りがちである。ただ生まれてから今までの半生を振り返るだけの作品は，他者へのメッセージを持っていないために，

共鳴を得ることができない。しかし，映像はありふれているのに，強い印象を与える作品は，例外なくその人でなければ作ることのできない固有のメッセージを持っている。こうした作品を作るためには，ただ過去の映像を並べるのではなく，深い省察が必要なのである。学生たちは作品を作るために，子どもの頃の写真を探したり，家族と会話を交わしたりしながら，なぜ自分はこの大学を選んだのか，自分は何をしようとしているのか，深く考える機会を持つことになる。

　デジタル・ストーリーテリングを使った学習は，典型的なメディア情報リテラシー教育の一つであるといえる。実際，筆者はユネスコの会議の中でも，イタリアとカナダで積極的にデジタル・ストーリーテリングが行われていることを知り，現在，アジアだけではなく，世界的規模でデジタル・ストーリーテリングを用いた異文化交流の方法を検討しているところである。

　また，ネパールでは，ネパール・テレビ・ジャーナリスト協会と協働でiビレッジ・プロジェクトを立ち上げる計画を立てている。これはネパールの僻地の学校に一台ずつタブレット端末を配布し，子どもたちによるデジタル・ストーリーテリング作品のワークショップやコンクールを行うというプロジェクトである。

　デジタル・ストーリーテリングは，作り方が簡単であり，スマートフォンやタブレット端末を使えば誰でも制作できることから，今後，学習方法として日本でも普及していくことが期待できる。また，静止画を用いたデジタル・ストーリーテリングの制作方法と動画を用いるビデオレターやドキュメンタリー・ビデオ制作の方法は基本的には同じである。異なるのは，カメラワークなど，カメラの使い方である。そのため，デジタル・ストーリーテリングは，次のステップであるより高度な映像制作の基礎としても位置づけることができる。

　　＊本節は以下の論文を本書のために加筆修正したものである。
　　　坂本旬（2009）「メディア・リテラシー教育とドキュメンタリー制作」『法政大学キャリアデザイン学部紀要』。

第4章
異文化探究学習の創造

1 異文化協働アプローチ

　筆者を中心とする科研費研究グループがこれまで取り組んできた，異文化交流を中心とするメディア情報リテラシーの理論を応用した文化探究学習（以下，「カルチャー・クエスト」と呼ぶ）は，一般的な理解におけるメディア・リテラシー教育とは内容的にも形式的にも異なるものである。一般的に言えば，メディア・リテラシー教育とは，メディアの批判的な読み解きと創造的な制作を主要な要素として見なされている。実際，ほとんどのメディア・リテラシー教育実践は読み解き，制作のいずれかを主としたもの，もしくはその両方を組み合わせたものである。筆者自身，数多くのメディア・リテラシー教育実践を参照する機会があったが，どんな理論的な枠組みを用いようと，その実践的枠組みはほとんど変わらない。

　筆者らによるカルチャー・クエストもまた，メディアの読み書きを実践の中心に置いている点は同じである。しかし，本質的に異なるのは，メディアの読み書きを他者とのコミュニケーション活動の中に位置づけていることである。筆者らは単なるメディア情報リテラシー教育のコミュニケーション活動への応用ではなく，他者とのコミュニケーションそのものがメディア情報リテラシー教育に欠かすことができない本質的な要素であると考える。そして，最終的には協働＝対話を目標とするが，子ども・青年の発達段階によって，その内容は多様である。そのため，子ども・青年の発達段階など，学習者の多様性に応じたカリキュラム開発が求められる。

　カルチャー・クエストでは，学習者の多様性の要素として発達段階をとらえるため，段階ではなく，局面（Phase）という用語を使用する。その局面は，

通信（Correspondence），コミュニケーション，協働（Collaboration）の3つである。対話は協働局面に含まれる。こうした筆者らのアプローチを「異文化協働アプローチ（Intercultural Collaboration Approach）」，このアプローチに基づいた実践を「異文化協働型実践」と呼ぶ。

　メディアの批判的読解も，創造的制作も，他者とのコミュケーションの過程としてとらえることで，メディア情報リテラシー教育の本質的意味にたどり着くことができる。本来，識字能力(リテラシー)は，他者とのコミュニケーションを目的とする能力である。読書は著者との対話であり，それが自分の作品ならば，他者としての自分自身との対話である。日本においても，近代以前に庶民の教育機関として子どもたちに読み書きを教えていた寺子屋で使われていた教材は，往来物と呼ばれる手紙であった。メディア情報リテラシーとはリテラシーの拡大であり，その本質はリテラシーと変わらない。映像であれ，インターネットであれ，原則は文字の読み書きを通じた他者とのコミュニケーションに関わる能力である。

　筆者らのカルチャー・クエストは，もともとはICTを活用した文化探究学習であり，学習の成果をウェブページとしてまとめるというものであった。第Ⅰ部第3章で紹介したように，当初のカルチャー・クエストはインターネットを活用するものの，海外との交流を目的とするプログラムではなく，さまざまな教科で活用される探究学習のプログラムであり，情報リテラシー教育であった。筆者は日本でも同様のプログラムを東京都内の小学校で実施し，子どもたちの探究学習の成果をウェブページにまとめる実践を行ったのである。

　この実践はICTを活用した探究学習であるが，ユネスコ・UNAOCのいうメディア情報リテラシー教育を意識したわけではなかった。筆者らは学校図書館との連携を視野に情報リテラシーの理論との接合をめざし，ICTだけではなく，学校図書館を活用した探究学習としてカルチャー・クエストを位置づけようと考えていたのである。

　カルチャー・クエストが探究学習から異文化協働学習へと移行するにあたっては，具体的な一つのきっかけがあった。2005年以降，筆者のゼミに所属する学生たちによって，墨田区押上小学校の子どもたちの学習成果をニューヨーク市ハーレム地区にある第161小学校およびモットホール中学校に紹介する活動を通じ，実質的な異文化交流学習を行ったのである。東京とニューヨーク市

写真1　日米の子どもたちが描いた戦争の絵（左はアメリカ，右が日本）

の子どもたちにとっては，まさに異文化を学ぶ機会となった。

　その過程でいくつかの教育上注目すべき出来事があった。一つはニューヨーク市の子どもたちの描いた戦争の絵を日本に持ち帰り，日本の子どもたちに見せたことから始まった。それらの絵は想像上の戦争ではなく，現実にイラクで起こっている戦争についての絵であり，子どもたちの何らかのメッセージを含んでいた。それらのメッセージを受けて，日本の子どもたちは担任教師の指導のもとに自分たちの考える戦争に対するメッセージを込めた絵を描き，ニューヨーク市の子どもたちに送ったのである（写真1）。

　日本の子どもたちにとって，戦争とは学校で学んだ第二次世界大戦のことであり，とりわけ東京の子どもたちにとっては東京大空襲であった。同時に，日本の子どもたちは戦争を描くだけではなく，平和への願いを同時に描こうとした。つまり，戦争への悲しみと平和な世界を生きる楽しさを一つの絵の中に描いたのである。

　絵からメッセージを読み解き，その返信として自らのメッセージを絵にする。絵というメディアの形式によるメディア情報リテラシー教育実践の始まりだったといってもよい。日本の子どもたちはその後すぐに卒業してしまったために，持続的な交流にはならなかったが，明らかに探究学習の域を超えたものを含んでいた。

　もう一つのきっかけは，1章でも触れたように，テレビ電話「スカイプ」によるリアルタイムの交流を行ったことである。当初は子ども同士の交流をめざしていたが，時差の関係で，早朝に子どもたちを教室に集め，ニューヨークの小学校の先生と交流することにした。リアルタイムの交流だけがもつ臨場感が

第4章　異文化探究学習の創造　　159

写真2　ニューヨーク市の小学校教師とのテレビ電話交流（2008年3月）

あり，子どもたちの興奮ぶりが十分に伝わってきた。こうして改めて映像によるリアルタイム交流の意義に気がつくことになったのである（写真2）。このような実践がもはや探究学習の範疇には収まらないことは明らかであった。

　ニューヨーク市の子どもと日本の子どもが交流する意義はどこにあるのだろうか。最初のきっかけは戦争の絵の交換であったが，これはICTを使用していない。ICTを使うことをもともとめざしていたわけではなかった。アメリカの子どもにとってのイラク戦争という現実を日本の子どもたちと共有することが目的だったのである。筆者がニューヨーク市に滞在したのはいわゆる「911」が起こった翌年2002年のことだったが，そのときアメリカ国民を戦争へと駆り立て，戦争を肯定する世論を作り上げていったマスメディアの影響を強く感じることになった。帰国後の日本のマスメディアの報道内容とのギャップはあまりにも大きく，アメリカのマスメディアは戦争のありのままの現実を報じているとはいいがたかった。しかし，子どもの絵には自分たちの家族が戦争に行っている現実に直面する子どもたちの心情がはっきりと描かれていたのである。

　我々の世界観はメディアを通して形成される。テレビや新聞・雑誌はもちろんのこと，ネット時代と呼ばれる今日のメディア社会にあっても，世界に関する情報のほとんどは自分の体験ではなく，メディアを通して伝えられ，メディアを通して現実とされるものを目撃する。メディアの遮断は社会そのものからの遮断を意味する。その中でもとりわけ大きな影響力を持つのは映像メディアである。映像は，文字のように頭の中で状況を再構成する努力をすることなく，我々の感情に働きかけることのできるメディア形式だからである。心理学的には画像優位性効果（Pictorial Superiority Effect）と呼ばれるものである。

戦争を遂行するためにマスメディアが物語を再構成し，印象を操作し，気分を高揚させる映像を繰り返し報道すれば，他の情報源を持たない国民はたちまちのうちにその仕掛けにはまってしまう。例えば「白人女性兵士ジェシカ・リンチ救出作戦」といった，でっち上げられたニュースも，映像ニュースとして描かれることで，一つの世界観の形成に寄与したのである。
　このようなアメリカの現状の中で行われた実践は，新しい教育の方向性を示唆するものであった。単なる探究学習ではなく，単なる国際交流学習でもない，別の教育理論の枠組みが必要であった。こうして映像メディアを中心としたメディア・リテラシー教育理論に着目するようになったのである。正確に言えば，探究学習が情報リテラシー理論を組み込んだものであることを考えると，すでにこの時点でメディア情報リテラシー教育であったと言った方が良いだろう。
　ユネスコがメディア情報リテラシー教育を主要な議題として取り上げたのは2005年のパリ会議であり，教職員研修用カリキュラムを作ることに決めたのは2008年のことであった。筆者らのグループもこうしたユネスコの流れに注目しており，これについては教育総合研究所「メディア・リテラシー教育研究委員会」の報告の中で触れている。[162]
　教育工学の世界では，絵の交換やテレビ会議システムを使った実践は決して珍しいものではないが，その教育的価値についてはなお検討すべき課題が残されている。そのためには，課題を解くための理論的な枠組みが必要であり，メディア情報リテラシー教育理論はその一つと見なすことができる。

2　異文化協働型教育実践の構造

　異文化協働アプローチは5つのキーコンセプトから成り立つ。それは創造 (Creation)，批判的思考 (Critical thinking)，コミュニケーション (Communica-

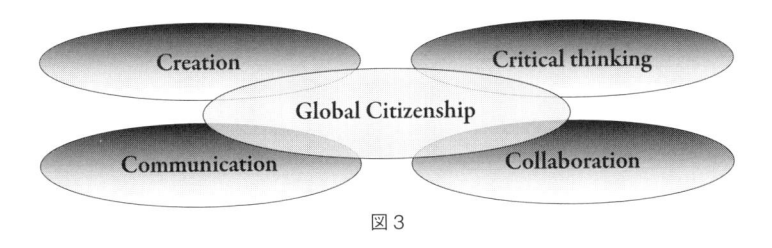

図3

tion），協働（Collaboration），そして中心に位置するのがグローバルなシチズンシップ（Citizenship）である（図3）。

　上段の2つは個人の能力であるが，下段の2つは社会的な能力である。特徴的なのはこの社会的能力として，協働（Collaboration）を主要な能力の一つとして位置づけていることである。

　これはOECDが2005年に策定したキー・コンピテンシーのカテゴリー1「相互作用的に道具を用いる」およびカテゴリー2「異質なグループにおいて，相互にかかわりあう」，カテゴリー3「自律的に行動する」のうち1と2に対応するものであり，メディアに関わるスキルやリテラシーを社会的な文脈の中で理解するためには，こうした理解が必要である。

　多くのメディア情報リテラシー教育の実践は，メディアの読解と創造にとどまるが，子どもたちはただ読解し，創造しているのではなく，社会的な誰かのメッセージを読み解き，社会的な誰かへのメッセージを創造している。すなわち，メディアの読解と創造は，他者とのコミュニケーション，他者との協働，そしてそれらは自分自身との対話や内省を含むと考えられる。

　協働（Collaboration）は，同質な他者との協力を意味する協同（Cooperation）とは異なり，対話によって，異質な他者と共通の目標を共有し，協調や葛藤を内包しつつ，新しい価値を創造する相互行為であることを確認しておく必要がある。単なるグループ学習の言い換えではないのである。異質な他者とは，自分とは異なる慣習や生活様式，価値観を持っている他者であり，しばしば自分とは異なる組織に属している。異質であることを理解するためには，自分自身についても同時に理解しなければ，協働は成り立たない。協働学習とは，それがコンピュータ支援を伴ったものであろうとなかろうと，異質な他者との出会いと対話を必然的に含む。

　日本の学校教育が同質な文化を持った組織であることを考えると，学校の中に協働学習を取り入れることはきわめて大きな教育観の変化を必要とする。その一つの方法が，ICTを活用した異文化協働学習なのである。

　その実践過程には3つのCと呼ばれる局面（Phase）を含んでいる。段階（Step）と呼びたいところだが，実際には複数の局面が同時に生起することや，複雑な局面から単純な局面に移行することもあり，単純な段階とはいえない。3つのCとは交換（Correspondence），コミュニケーション（Communication），

協働（Collaboration）である。

　交換とは他者とのメッセージのやり取りであり，手紙やカード，ビデオレターなどの交換を意味する。ICTを活用した交換活動は「eパル」と呼ばれる電子メールを使った文通がもっとも知られており，1990年代から世界中で行われてきた。ビデオレターも同様であるが，単にメッセージを録画するのではなく，子どもたちに伝えたいメッセージをより効果的に表現すべきか意識させることにより，メディアそのものについてのスキルやリテラシーが求められることになる。

　交換活動の目的は他者を理解し，その過程を通じて自分自身について考える契機を得ることである。文通がそうであるように，子どもたちはお互いの学校生活や地域の生活，そして趣味や好きなことについて知りたがる。こうした活動を行うと，異質な他者を発見することが目的のように理解されることが多いが，実際の子どもたちは異質の中に自分と同じものを発見することに強い関心を寄せる。たとえば，趣味を持っていたり，同じスポーツに親しんでいたりすることを知ることである。

　もちろん，ICTを活用しなくても，ニューヨーク市と東京の子どもたちによる戦争の絵の交換のように，絵やカードを使った交換活動は可能である。むしろ交換活動の局面では，ICTの活用にこだわりすぎて，交換活動の意味を見失う方がより問題である。

　2つ目の局面はコミュニケーションである。ここでいうコミュニケーションは第1章で検討したように，自己創出性理論（オートポイエシス）に依拠するものであり，主体間の情報のやり取りではなく，自己創出的なシステム間の相互作用のことをいう。実際，子どもたちのコミュニケーションは相互に刺激しあいながら発達する複雑なシステムとして見なすとこができる。コミュニケーションは単なる情報のやり取りの段階である交換とは質の異なる現象を含んでいる。それは突発的に生じる共鳴作用がシステムとしてのコミュニケーションの発達に大きな影響をもたらすということである。別の言い方をするならば，それは他者を含んだ学びの共同体（Learning Community）の発達を意味している。

　先に紹介したように，2008年11月に行われたスカイプを使用した押上小学校とニューヨーク市立第161小学校の教師とのリアルタイム交流はコミュニケーションの可能性を予期させるものであった。翌2009年より，総合的学習の

時間を使って，江戸川区立鹿骨東小学校とカンボジアのプノンペン市のスラム地区にあるインフォーマル・スクール VDTO 学校との交流が始まるが，交換からコミュニケーションへの展開は，スカイプによるテレビ電話交流を介しながら，第一局面と第二局面を同時並行的に進めていった。鹿骨東小学校は 5 年生 3 クラス，およそ 100 人の子どもが在籍する。一方，VDTO はインフォーマルな学校であるため，はっきりとしたクラス編制はなく，小学校から中学生までおよそ 50 名程度が通っていた。そのため，実際のテレビ電話交流では日本約 100 名に対して，カンボジアでは複数の学年にまたがり，約 20 〜 30 名となることが多かった。

　実践は子どもたち自身のカンボジアに対するイメージの振り返りから始まる。ほとんどの子どもたちは日本のテレビからカンボジアのイメージを作り出していた。たとえば，ほとんどの子どもたちはカンボジアに学校を建てる活動を紹介したバラエティ番組を見ており，そこに描かれているカンボジアの子どもたちは，日本人に学校を建ててもらって喜んでいる姿である。テレビ用に作られた映像なのだが，そうした映像を批判的に読み解くだけでは，カンボジアの子どもたちを理解することにはつながらない。こうして，カンボジアの子どもたちと友だちになることを目標に，ほぼ半年をかけて第一局面の実践であるビデオレターの制作，および第二局面の実践であるリアルタイムの交流活動を行ったのである。

　写真 4 は 2009 年 10 月に行われたスカイプを使った実践初期の交流の様子である。カンボジアの学校にはインターネット回線がないため，携帯電話のデータ通信を利用している。そのためしばしば回線が途切れるなど，苦労の連続であった。また，通訳は用意しているものの，基本的に言葉が通じないため，子どもたちはお互いに言葉ではなく歌や演奏で理解しあおうとした。このような機会を何度か用意したが，はっきりと共鳴作用が生じたと言えるのは，たまたまカンボジアの子どもたちが歌ったドレミの歌だった。この歌を知っていた日本の子どもたちから自然にコーラスが起こり，いつしかネットでつながった空間でドレミの合唱が行われたのである。これは予期していなかった現象であった。コミュニーション空間に共鳴が生じると，感覚的な距離感が縮まり，お互いの記憶に長く残ることになる。実際，あとで子どもたちに書かせた感想の中でも，このときのことは多くの子どもの中に印象的な記憶として残っていた

写真3　大学生によるビデオレター制作の説明と絵コンテづくり（2009年9月）

写真4　鹿骨東小学校でのテレビ電話交流（2009年10月）

ことが分かった。

　しかし，この段階ではまだ個々人の対話にはなっていない。お互いに集団として認識されているにすぎず，具体的な子どもたち個々人のコミュニケーションが存在していたわけではない。また，テレビ会議システムの大きな問題点として，ネット環境に強く依存するため，お互いの状況を視覚的に十分理解することができない。また，システムの性質上，何度も繰り返して視聴することもできない。

　こうした問題を解決する一つの方法が第一局面の取り組みであるビデオレターの制作である。子どもたちは映像制作の企画，絵コンテづくり，撮影まで行い，ゼミに所属する大学生が子どもたちの活動を支援し，撮影した映像をDVDとして編集した。撮影はDVカメラを用い，各クラス6つの班がそれぞれビデオレターのテーマを考えて，制作を行った。子どもたちの活動はすべて大学生がサポートを行った。3クラス計18グループが一斉に映像制作をする

第4章　異文化探究学習の創造　　165

ため，このような大学生による組織的な支援が不可欠である。

　ちなみに，2012年度からはタブレット端末を用いており，撮影から編集まで一つの端末を使って子どもたち自身で制作することが可能となった。2012年度はデジタル・ストーリーテリングを使用したが，2013年度はビデオレターに戻している。デジタル・ストーリーテリングはナレーションを利用するため，未熟な英会話力しかない小学生にとっては，デジタル・ストーリーテリングよりもビデオレターの方が向いているからである。

　制作には子どもによる撮影と大学生によるDVD編集を含め，約一ヶ月かかった。出来上がったビデオレターは，11月はじめにゼミに所属する学生たちが直接カンボジアに出向いてVDTOの子どもたちに見せた。その後スカイプを使って日本の子どもたちと直接感想や質問のやり取りを行った（写真5）。

　カンボジアの子どもたちは初めて見る日本の学校生活の様子に目が釘付けとなり，その後のスカイプによるテレビ会議交流でもやりとりは活発なものとなった。本来ならば，次のステップとしてカンボジアの子どもたちによるビデオレター制作を行うべきであるが，日本でも一ヶ月かかる実践を2日の滞在で実施することは不可能である。そのため，学生自身によって子どもたちの自己紹介や学校の様子を撮影し，編集したものを日本の子どもたちに見せたのである。

　子どもたちの感想を読むと，映像を細かく注視して見ていることが分かった。VDTO学校の階段に手すりがないことに気がついた子どももいた。小学校の教師らと検討した上で，カンボジアの子どもたちの地域での生活の様子はあえて見せていない。カンボジアの子どもたちはスラムに住んでおり，いきなり貧困な生活現実を見せるのではなく，まず子どもたち同士の関係を作ることを優先したからである。それでも子どもたちは学校の映像から，カンボジアの子どもたちの貧困な環境に気づき始めていたのである。

　この2009年の実践は，局面1と局面2に属する二種類の活動を同時並行的に進めた一例である。次のステップは個人の顔の見えるコミュニケーション，すなわちフェース・トゥー・フェースのコミュニケーションの実現である。つまり，カンボジア人や日本人ではなく，具体的な個人の名前でお互いを理解することが，コミュニケーションの局面では欠かせない。属性によって個人を判断することこそ，差別と偏見の根源だからである。

　2010年の実践はこのようにして同じ子どもたちを対象にフェース・トゥ

写真5　カンボジアでの上映会とテレビ電話交流（2009年11月）

写真6　じゃんけんによるテレビ会議交流と遊びの紹介（2010年3月）

ー・フェースのコミュニケーションを作り出すことから始まった。問題点は二つあった。一つは言葉の壁である。そしてもう一つは人数である。日本側の子どもの数が多いため，時間をかけて行うわけにはいかないという事情があった。採用した方法はじゃんけんである。じゃんけんはカンボジアでも行われており，日本の子どもたちはクメール語のかけ声を覚えてじゃんけんをすることになった。そしてじゃんけんをした相手の名前を聞き，手書きのカードを送ることにしたのである。さらに，子どもたちから自分たちの遊びやスポーツ，音楽などを紹介したいという意見が出され，じゃんけんのあとにカンボジアの子どもたちに見せることになった（写真6）。

　このようにしてコミュニケーション活動が進められたが，その後の子どもたちの感想には一緒に遊びたいという内容が数多く書かれるようになった。これは子どもたちにとって，カンボジアの子どもたちがより身近に感じられ，個人

写真7 パソコンで絵本を作る日本の子どもたち(2010年10月)

写真8 絵本の続きを作るカンボジアの子どもたち(2010年11月)

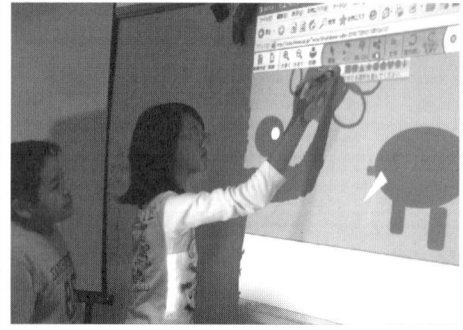

写真9 左はカンボジア,右が日本(2010年11月)

としての関わりを持ちたいという気持ちが生じるようになったのだと考えられる。

翌年度すなわち2010年9月以降は第3局面「協働」活動として,パソコンを使った絵本制作を行うことにした。言語の壁を超えるためには絵の活用がも

168　第II部　異文化協働型メディア情報リテラシー教育の理論と実践

っとも適していること，さらに身の回りの出来事から物語を創造することにより，カンボジアの子どもたちにとっても絵から物語を想像し，続きの物語を作るという創造的な活動が期待できたからである。使用したアプリケーションは「NOTA」と呼ばれるシステムであり，オンラインで複数のユーザーが同時にお絵描きができる機能を持っている（写真 7）。

両方の子どもたちが同時に「NOTA」サーバーに接続して制作することが望ましかったが，残念ながらカンボジアのインターネット環境が悪いこと，授業時間を合わせることが困難であることなどの理由から，前半を日本の子どもたちが制作し，それをもとに続きをカンボジアの子どもたちが制作することにした。

カンボジアの VDTO 小学校にもパソコンが数台あり，パソコン操作に通じている若いボランティア教師（大学生）に「NOTA」の使い方を教え，子どもたちへの指導をしてもらうことでこの実践が実現した（写真 8）。

絵本の制作と同時にリアルタイムで同時に一つの絵を描くという試みも行っている。カンボジアの VDTO 学校に簡易電子黒板を持ち込み，日本の小学校と同じ「NOTA」画面を投影し，同じ時間に同じテーマの絵を描いたのである。絵のテーマは海と町にした。ホワイトボードに絵だけを投影していたのでは，状況が分からないので，スカイプによるテレビ会議交流を同時に行った。実際にどんな絵ができるのか，誰にも分からない試みだった（写真 9）。

絵を描く子どもたちにとって，自分が絵を描きながら同時に相手の絵が少しずつ表示されていくことになる。お互いの絵がぶつかりあわないよう，そして全体として一つの絵になるよう心がける必要があった。そのため，両方の授業は緊張感に満ちたものとなり，教師も含め，すべての子どもたちが出来上がりつつある画面を注視することとなった。

実際に描かれた絵が図 4 である。左が町をテーマにした絵であり，右が海をテーマにしたものであるが，はっきりとカンボジアの子どもたちが描いた箇所と日本の子どもたちの描いた箇所が区別できる。絵の描き方や描いているものが大きく異なることがわかる。また，空に雲を描くなど，一枚の絵にしようとする意図を読み取ることもできる。このようにして描かれた絵を読み解くことにより，お互いの理解へとつながっていくものと考えられる。

東京とプノンペンをつないだ一連の実践には，メディアの読解と制作を，ス

図4

キルを身につける学習として組み込みながら，交換—コミュニケーション—協働の局面を作り出しつつ，異文化を超えた学びの共同体の創造を志向するものである。

　ICT教育もしくは教育工学という観点からは，コンピュータやDVカメラを活用する能力の形成に焦点が当てられることになりがちだが，この実践ではそのようなICTが実践の中心にあるわけではない。それらはあくまでも手段にすぎない。メディアの読解と制作能力もまたスキルとして重要であるが，それらの能力の形成は実践の主要な目的ではない。

　最初に述べたように異文化協働型学習の究極の目標は，5つのCの中心に置かれたグローバルなシチズンシップの育成にある。メディアの読解や制作能力，コミュニケーションや協働する能力は国や文化の壁を超えた人間関係を創造し，変化しつつあるボーダーレスな知識社会の担い手としての基礎能力の育成こそが求めるものである。

　ユネスコ生涯学習研究所（UNESCO Institute for Lifelong Learning）は2008年に「リテラシーとシチズンシップの促進（Literacy and the Promotion of Citizenship)」という文書を公刊しているが，その中でエバンネゲロス・インチデスとエレーナ・カラントザーラは「積極的民主的シチズンシップの枠組みの中でとらえられた学習とリテラシーは，持つ情報，知識，スキルの総和ではなく，それ以上のものである。学習とリテラシーは，人としてのまた社会的なアイデンティティを拡張する行為である」[163]と述べている。メディア情報リテラシーはリテラシーの拡大であり，リテラシーの理念はそのままメディア情報リテラシーへと適用される。

　すなわち，メディア情報リテラシー教育の実践においても，子どもたちが実践を経て得た知識やスキルの総和として評価するのではなく，社会的な関係性の中で，人としての社会的アイデンティティの発達を中心に置かなければならないということである。さらに，こうした社会的アイデンティティの発達は，一つの授業，一つの年度で形成されるものではなく，生涯にわたって学習し，発達していくものである。授業後のテストで評価できるというものではない。

　本実践で言えば，日本の子どもたちの生活の中でカンボジアを意識することはほとんどないという現実が前提としてある。カンボジアに生きる子どもたちを身近に感じることは普段の生活の中ではまったくといって生じることがない。そのため，テレビのバラエティ番組でカンボジアを描くことがあれば，その影響は大きい。マスメディアを介して，ステレオタイプなイメージを批判的に読み解くだけの能力はほとんどないのである。こうしたことは，カンボジアだけにいえることではない。

　最初に述べたように，マスメディアからもたらされる偏見を乗り越える力は，批判的な読み解き能力だけで形成されるものではなく，自分とは異なる他者とコミュニケーションし，協働する能力によって，初めて形成されるのである。もちろんすべての子どもたちが海外に出かけて様々な文化を持った人々と交流する機会があれば大きな教育的可能性が生じるに違いないが，現実には不可能であり，そのような機会の恩恵を受ける子どもは一部の恵まれた者だけである。

　だからこそ，異質なものを学校の中に持ち込むためにICTを活用しなければならないのだといえる。すべての子どもに異質な他者とともに生きる力を身につけさせるためには，たとえデジタルになったとしても，教科書で学ぶのではなく，ICTによって現実に生きている他者と出会う教育的機会を創造することが何よりも求められるのである。

東京の小学校とカンボジアの小学校の交流学習は，あくまでも小学校段階の交流であり，この実践で「異文化対話」が可能になるわけではない。筆者らの実践プロジェクトは小学校段階から，中学・高校段階，そして高等教育，成人教育段階まで包含しており，カンボジア以外にベトナム，中国，ネパール，そしてアジアから世界の国々の子ども・青年の交流と対話をめざすものである。これらの実践プロジェクトの全体像については，本書では書き切れなかったため，別の機会にまとめたい。

3　異文化協働型教育の授業

　本節は菅原真悟（法政大学）によって，東京都江戸川区立鹿骨東小学校とカンボジアの小学校間の異文化交流の実践過程をまとめたものである。原文は「異文化理解教育のためのメディア活用」『メディアと学校』（国民教育文化総合研究所メディア教育研究委員会報告，2013年5月）に掲載されており，第一著者菅原真悟の承諾を得て本書に収録した。なお，本書に合うように一部修正を加えている。

＊

　本実践で行った内容は，(1) スカイプを使ったリアルタイムのビデオ会議交流，(2) 学校紹介ビデオレターの交換，(3) メッセージカードの交換，(4) スカイプを用いたじゃんけん交流，(5)「NOTA」を使って協働で絵本作成，といったウェブというメディアの活用を軸としてさまざまな交流を長期的に展開している。本実践報告では，この中から実践の導入部分として行った，(1) スカイプを使ったリアルタイムのビデオ会議交流，(2) 学校紹介ビデオレターの交換についてまとめるとともに，継続的に交流実践を行うためには，どのような導入授業を行うのが望ましいのかをまとめる。さらに，本報告ではそれらの報告に加え，異文化理解教育を進めていくために必要なICTツールや，交流を行う上で留意すべきことをまとめる。

スカイプ・ビデオレター交換で日本の小学校とカンボジアをつなぐ

(1) 実践の背景

　筆者らは「総合的な学習の時間」を用い，異文化理解教育の実践を行ってきた。児童生徒の発達段階を考慮すると，初等教育における異文化理解教育では，子どもたちがお互いの顔を見ながら対等に交流することが重要であると考えられる。そこで，子どもたちが異なる文化を学ぶことを目的に交流をはじめるよりも，「同じ歌を知っている」「同じアニメやマンガが好き」といったお互いが共有している文化があることに気づくところから，交流学習を進めていくことが望ましいと考えた。

(2) カリキュラムの作成

　そこで，2009年度に東京都江戸川区立鹿骨東小学校5年生を対象に，「総合的な学習の時間」を用いてカンボジアのプノンペン市スティングミアンチェイ地区（いわゆる「スラム街」）にあるVDTO小学校との異文化理解「カンボジアの子どもたちにビデオレターをつくって交流しよう」のカリキュラムを作成し，実践を行った。本章は，その報告・分析である。

　カリキュラム作成にあたっては次の2点に注意した。

(1) 発展途上国のかわいそうな子どもたちという発想をさせない。
(2) 子どもたち同士が仲良くなることを最初の目標とし，それからお互いの文化背景や生活の様子などを知っていくというプロセスを経る。

　本実践の交流にはインターネットを使ったテレビ電話のスカイプを利用した。テレビ電話を用いたのは子どもたちがインターネットを使ったリアルタイムの交流を体験できることと，途上国であるカンボジアでも徐々にインターネットへ接続できる通信インフラが整備されつつあることが背景にある。VDTO学校との交流には，現地で活動している日本のNPO法人「ARBA」に協力していただき，インターネットネット環境や，通訳の手配を依頼した。

　今回行った実践は，総合的な学習の時間を使って行った。授業時間数は12時間扱いである。授業実施の日程は表1，各時間の授業内容は表2のとおりである。

交流学習を始めるにあたっては，児童が交流に関心を持つように，どの国と交流するのか映像を使ってヒントを出しながらクイズ（宿題）を出した（授業1回目）。翌日にクイズの答えがカンボジアであることを伝え，ビデオレターを作成して交流を行うことを子どもたちに伝えた（授業2回目）。次にビデオ機材の使い方についての授業を行い，撮影の注意点を教えた（授業3回目）。

　このような導入授業を行ってから，VDTO小学校の子どもたちとスカイプを用いてお互いの自己紹介や生活について質問をする交流を行った。VDTO小学校からは日本の小学生ならば誰もが知っている歌（ドレミの歌）を準備してもらい，お互いが同じ文化を持っているということを実感できるようにした（授業4・5回目は連続で実施）。

　ビデオレターの作成にあたっては，法政大学の学生（坂本ゼミ生）が撮影や編集をサポートしビデオレターを完成させた（授業6〜10回目）。完成したビデオレターはVDTO小学校へ送り，スカイプを用いてビデオレターの感想を聞く交流を行った（授業11回目）。最後にVDTO小学校で撮ったビデオレターを鹿骨東小学校で見せて終了した（授業12回目）。

　なお，教員間でのやり取りには，スカイプだけでなくメールやオンライン掲示板を活用し，話し合いの内容の記録や，実践の課題などの情報を共有した。

授業時	学習内容	授業時間数（実施日）
1	導入(1)「どの国と交流するのかな？」(ヒントとなる写真や動画を見せる)	1（9月17日）
2	導入(2) クイズの答えを発表	1（9月18日）
3	ビデオカメラの使い方	1（9月29日）
4・5	交流(1)「交流校の友だちとスカイプで話してみよう」スカイプを用いてお互いに用意した質問をする VDTO小学校が「ドレミの歌」の合唱をする	2（10月8日）
6〜10	ビデオレターを作る（大学生がサポート）	5（10月下旬）
11	交流(2)「VDTO小学校へ送ったビデオレターの感想をスカイプで聞く」	1（11月5日）
12	VDTO小学校から送られてきたビデオレターを見る	1（12月22日）

表1　交流授業の日程

表2 交流授業プログラム

時	学習活動	指導上の留意点	事前の打合せ内容 事前に必要な準備
1	1. 学習の見通しを持つ (5分)	○これから外国のお友だちと交流をすることを伝える	
	|海外の友達と交流しよう|		
	2. 本時の課題を知る「どこの国と交流するのかな？」(15分)	○これからどこの国と交流するのかクイズを出す。(どこの国と交流するかは2校時まで児童には伝えない) ○カンボジアについて扱ったテレビ番組を見せる (15分)	○カンボジアの画像・動画を用意しておく。「カンボジア」と言う言葉が入らないように編集する
	3. その国の先生と交流してみよう (20分)	○交流校で活動している日本人の先生とスカイプを使ってリアルタイムの交流をする ○どんな国なのか質問する	○現地の日本人の教員との交流では、「カンボジア」という名前を出さないように依頼
	4. まとめ (5分)	○何人かにどこの国だと思ったか感想を聞く。(この時点では正解は言わない) ○宿題：今日の交流からどこの国だと思うか，調べ学習などをして考えてくる	○あらかじめ質問を考えさせておく ＊質問の内容はどんな国なのかイメージをふくらませるような質問を考えさせる (例：食べ物, 使用言語, 首都, 盛んなスポーツ, 遊び, ゲームなど) ＊ことばでのコミュニケーション以外のものを用意させる (例：遊び用具, 民族衣装やグッズ, 歌, 生活用品など)

2	1. 本時の課題を知る	○カンボジアのお友だちにビデオレターを送る	
	カンボジアの友達にビデオレターを送ろう		
	2. カンボジアってどんな国	○交流する国がカンボジアであると伝える ○カンボジアがどんな国か（どこにあるのか・人口は何人か・どんな風土なのか・など）を教える ○前回に引き続き交流校で活動している日本人の先生とスカイプを使ってリアルタイムの交流をし，カンボジアへついて興味を持たせる	○カンボジアについて説明するプレゼン資料を作成しておく
	3. ビデオレターを送ろう	○これからビデオレターを作って送ることを伝える	
3	1 本時の課題を知る	○ビデオカメラの使い方を学ぶ	○班で1台ビデオカメラを使える台数を用意しておく
	ビデオカメラの使い方を知ろう		
	2. ビデオカメラの使い方	○ビデオカメラの使い方を	○忘れずに，バッテリーを充電しておく
	3. 使ってみる。グループごとにビデオカメラを使って撮影をしてみる	○ビデオカメラを使う場面では大学生がサポートに入る	
4・5	1 本時の課題を知る		
	カンボジアの友達と Skype で交流しよう		
	2. 自己紹介をしよう	○子どもたち同士の初めての顔合わせとして位置づける	○前日までにスカイプのテストをしておく

	3. 質問してみよう	○お互いの紹介と質疑応答（一人一人の自己紹介は無理なので, 日本側ではクラスの紹介） ○お互い聞きたいことを質問し合う ○3クラス合同授業のため, テンポよく質問できるようにする	○児童の質問内容を用意させ, 交流相手校に送っておく（表3） ○カンボジアの日本語が分かる大学生に通訳を依頼する
	4. 歌を届けよう	○日本の子どもが知っている歌を, カンボジアの子どもたちが歌う ○日本の子どもは校歌を歌う	○日本の子どもが知っている歌を歌うことを現地の教師に依頼しておく
6〜10	1 課題を明確にする		
	カンボジアの友達にビデオレターを送ろう		
	2. グループわけ	○グループで作品を作る	
	3. 絵コンテの作成	○絵コンテはワークシートを用いて絵を書き・撮影内容を書かせることで, どういったシーンを撮影するのか具体的な完成イメージさせるようにする	○ワークシートを準備しておく
	4. 撮影 5. 編集	○撮影は児童が行い, 大学生サポーターが編集作業を大学で行う	
11	1 本時の課題を知る		
	送ったビデオレターの感想を聞こう		
	2 スカイプで現地の小学生と会話する	○スカイプを使ってカンボジアへ送ったビデオレターの感想を聞く	○現地の小学生へ送ったビデオレターを見せて感想を準備させる

第4章 異文化探究学習の創造　177

			○いつも小学校でサポートしてくれていた大学生のお兄さん・お姉さんがカンボジアにいて，スカイプで交流が出来ることを体験する	○海外研修へ行っている坂本ゼミが現地の通信をサポート
12	1. 本時の課題を知る			
		カンボジアから送られてきたビデオレターを見よう		
	2. 送られてきたビデオレターをみる	○送られてきた映像を見て，感想を述べ合う		
	3. 学習の振り返り	○一連の学習のまとめをする ○これからの継続的な交流を意識させる		

表3 事前に用意した質問一覧

・どんな学校ですか？ ・学校は楽しいですか？ ・学校の自慢は何ですか？ ・学校ではどんなことをしていますか？ ・どんな授業をやっていますか？ ・先生はきびしいですか？ ・専科（家庭科や図工，音楽など）の授業はありますか？ ・どんな楽器がありますか？ ・プールはありますか？ ・冷房はありますか？ ・どんな授業が好きですか？ ・科目は何種類ありますか？ ・学校で一番楽しいことは何ですか？ ・なぜ階段に壁がないのですか？ ・学校の階段の周りに壁がなくて，こわくないですか？	・学校は何階まであるのですか？ ・給食はありますか？ 何を食べていますか？ ・クラスは何個ありますか？ ・休みはありますか？ ・校庭に遊具はありますか？ ・植物は育てていますか？ ・どんな一日をすごしていますか？ ・何時間授業ですか？（一日） ・一時間は何分ですか？ ・クラブはありますか？ ・掃除はありますか？何で掃除するのですか？ ・洋服は決まっているのですか？ ・学校にはどんな持ち物を持ってきているのですか？ ・学校のカバンはランドセルですか？ ・運動会はありますか？ 何月？

- 一番楽しい行事は何ですか？
- 一つの学校に何人ぐらい先生がいますか？
- 全校生徒は何人ですか？
- 男の子，女の子どっちが多いですか？
- 学校に着くまで家から何分かかる？
- どんな本を読みますか？
- 学校の宿題は多いですか，少ないですか？
- クラスの目標は何ですか？
- どんな遊びが好きですか？
- 休み時間にやる遊びは何ですか？
- どんなスポーツがありますか？
- 好きなスポーツは何ですか？
- サッカーは好きですか？
- はやっている歌は何ですか？
- 今，はやっていることは何ですか？
- テレビはありますか？
- 今はやっているテレビは何ですか？
- マンガはありますか？
- どんなマンガを読んでいますか？
- 人気のキャラクターは何ですか？
- 好きなアニメは何ですか？
- カンボジアの流行のファッションは？
- 休みの日は何をしていますか？
- ゲームをやったことはありますか？
- 住んでいるところはどんなところですか？
- どんな家に住んでいますか？
- トイレは洋式，和式，それとも別の形？
- 将来どんな家に住みたいですか？
- どんなものを食べていますか？
- 主食は何ですか？
- アンコールワットに行ったことはありますか？
- 夏はプールに入りますか？

- 夢は何ですか？
- 日本にはどういうイメージを持っていますか？
- 日本のどんなところがよいと思いますか？
- 日本に来たら何がやりたいですか？
- 日本のどこに行ってみたいですか？
- 日本に来て食べたいものは何ですか？
- 島田紳助は知っていますか？
- 他の国に行ったことはありますか？
- 友だちになってくれますか？
- 朝食，昼食，夕食は何を食べていますか？
- 好きな食べ物は何ですか？
- はしを使いますか？
- どんな道具でごはんを作りますか？
- 名物，有名な食べ物は何ですか？
- だいたい何人兄妹ですか？
- 自然はいっぱいありますか？
- 雨はどのくらい降りますか？　何日くらい？
- 公園がありますか？
- ジャングルは近いですか？
- ジャングルで遊んだことはありますか？
- 海はきれいですか？
- 山はありますか？
- 好きな動物は何ですか？
- 不自由なこと，大変なことはありますか？
- スーパーなどはありますか？
- カンボジアの良いところは何ですか？
- カンボジアのすてきなところ（自慢したいところ）はどこですか？
- 将来の夢は何ですか？

写真 10　カンボジアとのスカイプの様子（鹿骨東小学校）

実践成果の確認

　実践による子どもたちの変容をみるために，2 回目，4 回目，6 回目の授業後に，授業の感想を書くワークシートを配り，交流の感想を自由記述の形で記述させた。データの分析では子どもがどのような感想を書いているのかをカウントする質的な手法を用いた。

　2 回目の授業が終わった時点での感想には，カンボジアは「貧しい」「かわいそう」といった感想が最も多く，子どもたちの 68％（74 人中 50 人）を占めていた。

・貧しい。あまり豊かじゃない。
・そんなにお金のある国ではなかった。
・あんまりカンボジアについてわかんないけど，貧しい時もあり生活するのに大変な国だなと思いました。
・日本と比べていい学校がない。
・学校があまりない国。カンボジアという国は少しかわいそう。
・カンボジアみたいな貧しい国も勉強しなければいけないことがわかった。かわいそうだと思った。

---

2 回目の授業後の子どもたちの感想（抜粋）

　しかし，子どもたちがスカイプ交流を行った 4 回目の授業の感想には，「カンボジアにも『ドレミの歌』があるなんてびっくりした」と自分たちと同じ歌

を歌っていることに驚いたと感想を書いた子どもが 63%（78 人中 49 人）と最も多い回答であった。さらにカンボジアにも日本と同じような「おにごっこ」や「万華鏡」といった遊びがあることを知り，交流しているカンボジアの子どもたちと自分たちには共通の遊びや知識があることに関心を示した回答をあわせると 83%（78 人中 65 人）となった。逆に，「貧しそう」「かわいそう」といった回答は少なくなった。

- カンボジアの子が「ドレミの歌」のカンボジア版を歌っていてびっくりした。カンボジアでもケンケンやおにごっこがあるなんておどろきです。今日，カンボジアの子と仲よくなれたような気がしたので良かったです。
- カンボジアにもドレミの歌があるなんてびっくりした。とても元気がよかった。日本語をいっぱいしゃべっていてすごいと思った。カンボジアにもおにごっこがあることがわかった。カンボジアの人が東京タワーを知っているなんて思わなかった。
- VDTO 小学校の人たちとドレミの歌が歌えてよかったです。VDTO 小学校の人は，日本に来たら勉強や仕事をやりたいと言っていてびっくりしました。カンボジアの人は，東京タワーを知っていたなんて知りませんでした。
- ドレミの歌をクメール語で歌っていて，私たちも日本語で歌いました。私はカンボジアにも，日本で知っている歌があってすごいなと思いました。東京タワーを知っている！という人がたくさんいて，カンボジアの子は東京にある東京タワーを知っているんだな，と思いました。VDTO 小学校の子たちと初めてあった時はわけがわからなかったけど，何回か交流していたら自然と友だちみたいな感じになってきました。

4 回目の授業後の子どもたちの感想（抜粋）

　授業 6 回目が終わった時の感想では，「VDTO 小学校の子どもたちとじゃんけんがしてみたい」など，今後もさらに交流を続けていきたいという感想が出てくるようになった。

　以上のことから，鹿骨東小学校の子どもたちはカンボジアの子どもたちが自分たちと違う文化を持っていることよりも，「ドレミの歌」や「同じ遊び」という自分たちとの共通性の発見に強い興味を示していたことが分かった。交流学習を行うに当たっては，異なる文化に着目するよりも，住んでいる国や地域は異なっても，同じような文化を持っていると実感させることが重要であることが示された。

> - 歌（カンボジアの子どもたちは歌がとても上手だから一緒にドレミの歌を歌いたい。
> - 絵（一緒にかいて送れたら送りたい）
> - 自分たちの好きな絵を描きあって見せ合う。
> - カンボジアの子とジャンケンがしたい！！
> - 絵を描いてどっちが上手いか勝負したい。
> - 今度いっしょにおりがみでなにか作りたいです（つくった写真を送りあう）
> - 絵を描いて見せ合う

6回目の授業後の子どもたちの感想（抜粋）

本実践の成果と課題

本実践では、(1) 発展途上国のかわいそうな子どもたちという発想をさせず、(2) 子どもたち同士が仲良くなることを最初の目標とし、それからお互いの文化背景や生活の様子などを知っていくというプロセスを経ることを目標に掲げ、実践を行った。

本実践では、まずは相手の存在を感じること（アウェアネス・コレスポンデンス）から始め、次に自分のことを発信するビデオレターの交換、スカイプによる同期型コミュニケーションと段階を経ながら交流を行った。

実践を始めた当初は、「貧しい」「かわいそう」といった感想を書いていた児童が、相手も自分たちと同じような遊びをし、同じ歌を歌っているということを体験することで、継続的な交流学習に強い意欲を示すようになった。そして、本実践で交流を行った5年生の児童は、翌年もカンボジアとの交流を継続的に続けることができ、メッセージカードの交換や、NOTAというお絵かきソフトを使った絵本の協働作成へと発展させることができた。

異文化交流学習においては、自分たちとは異なる文化を発見することを目的に交流を開始するケースも見られる。異文化理解では、お互いが異なる文化を持っていることを理解し合う事も重要である。しかし、継続的に交流を続けたり、お互いが一緒に何かを作る協働制作のような活動を行ったりするためには、お互いの違いを探す事よりも、たとえ違う国・違う文化のもとで暮らしていたとしても、同じ歌を歌う、同じ遊びをするといった文化の同質性を共有し合うことが重要であるといえるだろう。

終 章
メディア情報教育学の構築

「ビジョン」をめぐって

　2010年度中に公表する予定であった文科省「教育の情報化ビジョン〜21世紀にふさわしい学びと学校の創造を目指して〜」(以下「ビジョン」と略す)は震災の影響によって、翌年度の2011年4月28日に公表された。公表直前に東日本大震災が起こったこともあり、十分とはいえないものの、災害への対策についても配慮された内容である。

　「はじめに」の中で「多くの学校が避難所等としての役割を果たしていることも踏まえ、災害時等に対応した安全・安心な学校の実現が求められている。こうした観点からも、教育の情報化の重要性が高まっている」と指摘されているのは、きわめて重要な視点であろう。ただし、本文で指摘されているのは主に災害に対応できる情報基盤についてであり、教育の内容については、「情報を適切に収集・判断したり発信・伝達等することが求められた」と述べられているに過ぎない。

　さて、「ビジョン」は全体としてどう見るべきだろうか。「ビジョン」にはこれからの子どもたちに求められる能力や教育の情報化が果たす役割が書かれており、この「ビジョン」は単に学校のICT環境のあり方に対する提言ではなく、今後の日本のITC教育政策の基本となる文書だといえるだろう。

　基本的にはこれまでの文科省の情報教育政策を引き継ぎつつ、2010年4月に設置された「教育の情報化に関する懇談会」(以下「懇談会」と略す)および「教員支援」「情報活用能力」「デジタル教科書・教材、情報端末」の3つのワーキング・グループの議論をへて作られている。委員の構成を見れば、およそ見当がつくことだが、「ビジョン」のもっとも大きな特徴は教育理念につい

ては自民党政権時代の政策を引き継いだまま「ICT を活用する教育」としての ICT 教育の普及という視点に貫かれている点である。

例えば「ビジョン」には「人権」や「民主主義」という用語は一言も出てこない。情報教育という観点から見れば，ICT 教育は情報教育の重要な要素の一つであるが，決してそれだけではない。今日の日本の情報教育政策に欠けているのは，学校図書館を中心とした「情報リテラシー教育」の領域とメディア・リテラシー教育の領域である。「懇談会」にはどちらの領域の専門家も参加しておらず，内容の不十分さは否定できない。

矮小化された「協働学習」

もちろん評価すべき点もある。まえがきでは「社会構造のグローバル化により，アイデアなどの知識そのものや人材をめぐる国際競争が加速するとともに，異なる文化・文明との共存や国際協力の必要性が増大している」と述べられているが，グローバル化する市場原理への対応だけではなく，異文化・文明間の共存や協力への対応が謳われている点はきわめて重要である。さらに「一人一人の子どもたちの多様性を尊重しつつ，それぞれの強みを生かし潜在能力を発揮させる個に応じた教育を行うとともに，異なる背景や多様な能力を持つ子どもたちがコミュニケーションを通じて協働して新たな価値を生み出す教育を行うことが重要になる」と述べられており，この文が「異なる文化・文明との共存や国際協力の必要性」と連関していると考えるならば，ICT を活用した異文化・文明を越えたコミュニケーション教育を志向していると考えられるが，残念ながら「ビジョン」のいう「協働学習」はそのような意味を含んだものと見なされていない。

「ビジョン」第三章では「情報通信技術の活用は，一斉指導による学び（一斉学習）に加え，子どもたち一人一人の能力や特性に応じた学び（個別学習）や，子どもたち同士が教え合い学び合う協働的な学び（協働学習）を推進することにより，基礎的・基本的な知識・技能の習得や，思考力・判断力・表現力等や主体的に学習に取り組む態度の育成に資するもの」と述べられている。つまり「協働学習」は「子どもたち同士が教え合い学び合う」学習の形態だとされる。

しかし，もともと「協働（コラボレーション）」という用語には，一つの目

標のために異なる文化や立場を越えて協力するという意味が含まれており，同じ立場のもの同士が協力し合う「協同（コーポレーション）」とは異なる。「はじめに」で示唆された異なる背景を持った他者との「協働」という，きわめて重要な概念が本文では矮小化されてしまった。

学校の中核としての学校図書館

　もうひとつの大きな問題は学校図書館の位置づけである。「ビジョン」では教員サポート体制のあり方として「子どもたちの情報の収集，取捨選択等，多様なメディアを活用した学習・情報センターとしての学校図書館の機能を，司書教諭を中心に一層強化していくことも求められる」と述べられている。このように明記されたこと自体は重要なことであるが，問題はその場所である。なぜ「情報活用能力の育成」や「学びの場における情報通信技術の活用」の章ではなく，「教員への支援の在り方」の章なのだろうか。
　「ビジョン」で示された「21世紀にふさわしい学びの環境とそれに基づく学びの姿（例）」に描かれた図を見ると，どこにも学校図書館が描かれていない。学校内で行われる個別学習，一斉学習，協働学習は情報端末によって外部サーバーへとつながっており，学習・情報センターとしての学校図書館の位置づけはない。
　一方，文科省子どもの読書サポーターズ報告「これからの学校図書館の活用の在り方等について」（2009年3月）では学校図書館の役割について，次のように書かれている。「児童生徒の『読書センター』機能及び『学習・情報センター』機能という2つの柱を持つものと捉えられてきた。この2つの機能の発揮を通じて，学校図書館は『学校教育の中核』たる役割を果たすよう期待されている」。つまり，「ビジョン」では脇役に過ぎない学校図書館は「中核」であるとされ，子どもたちの学びの中心にあるべきだとされている。
　さらに同報告では「学校図書館の業務の専門性を考え合わせると，専門的な知識・技能を有する担当職員である，いわゆる『学校司書』の役割が重要となる」と述べられており，専門性を持つ「学校司書」の役割を明確に認めている。
　また，かつて1998年8月に文科省に答申された「情報化の進展に対応した教育環境の実現に向けて（情報化の進展に対応した初等中等教育における情報

教育の推進等に関する調査研究協力者会議　最終報告)」の中で使われた，学校の情報化と教育ネットワークを示したイメージ図では学校図書館はコンピュータ教室の隣に置かれており，まさに学校の中心に位置している。

　同報告書では「情報活用の実践力」育成と学習の範囲として次のように述べている。「『情報活用の実践力』は，小学校段階から各教科等の学習内容や教科等の枠を越えた総合的な学習課題を題材として育成されることが望まれる。その際，徐々に教員主導から子供主体へという展開が重要であり，学校図書館やコンピュータ教室などを活用しながら，学習活動や活用する情報手段の範囲を広げたり，深めたりしていくことが望まれる」。

　さらに次のような指摘もなされている。「インターネットなどの情報通信ネットワークは，その双方向性の機能を活用することによって，学習の対象を広げ，興味や関心を掘り起こし，他の学校や地域，国境さえも越えた交流を可能にする」。この報告書では「交流，共同学習」という用語を使っているものの，明らかに「他者」との交流による「協働学習」を志向した内容となっている。

　また，「今後，学校図書館については，コンピュータやインターネット利用環境を整え，司書教諭の適切な指導の下に子供たちの主体的な学習を支援し，読書センターとしての機能に加えて，『学習情報センター』として機能を強化していく必要がある」と述べられている。

　一見すると，1998年の報告書の方が「ビジョン」よりも新しい内容を含んでいるかのようである。この「情報化の進展に対応した初等中等教育における情報教育の推進等に関する調査研究」が行われたのは1996年10月から翌年3月までであった。学校図書館関係者ならすぐにピンとくるはずである。1997年は学校図書館法が改正された年であり，この時期は自社さ政権の時代でもあった。さらに1998年はのちに「ゆとり教育」として批判されることになる新学力観に基づいた「総合的な学習」や「学校週5日制」，「絶対評価」を盛り込んだ学習指導要領改訂の時期であった。果たして「ビジョン」は1998年の報告書を越えたものだと言えるのだろうか。

デジタル教科書をめぐって

　読売新聞は「ビジョン」について，「学校現場へのICT導入を『学校教育の

責務』と明記した昨年 8 月の骨子案を元に，電子教科書の導入などを目的に専門家の意見を踏まえてまとめた」（2011 年 4 月 29 日）と報じた。マスコミ各社は「ビジョン」の「目玉」を電子教科書（もしくはデジタル教科書）だと見なして報道している。一般的な見方としては，「ビジョン」はデジタル教科書の導入を進めようとするものであろう。

　実際，「ビジョン」では第 3 章「学びの場における情報通信技術の活用」にもっとも大きなページを割いている。そしてデジタル教科書については「子どもたち一人一人の能力や特性に応じた学び，子どもたち同士が教え合い学び合う協働的な学びを創造していくためには，子どもたち一人一人の学習ニーズに柔軟に対応でき，学習履歴の把握・共有等を可能とするような学習者用デジタル教科書の開発が求められる」と述べている。

　しかしこの文の前半と後半がなぜつながるのか，つまり，なぜ協働的な学びを創造するために学習者用デジタル教科書の開発が必要なのか，その理由はどこにも書かれていない。子ども一人ひとりの能力や特性に応じた学びや子どもたち同士が教え合う学びにデジタル教科書が必要だという理屈がなぜ成り立つのか，「ビジョン」を読んだ多くの人が感じることであろう。

　学習者用の「デジタル教科書」を発行するとなると，当然問題となるのは教科書検定・採択制度や教科書無償制度との関係である。これについては次のように述べられている。「紙媒体の教科書の在り方，学習者用デジタル教科書の位置づけやデジタル教材との区分，これらに関連する教科書検定制度や義務教育諸学校の教科書無償給与制度など教科書に関する制度の在り方，著作権に関する課題等についても，検討を行う必要がある」。要するに，この問題については具体的な提案がなく，問題を先送りしているに過ぎない。

　先進諸国の中で，教科書検定制度を持っている国として，ドイツやカナダがあげられるが，その内実は日本とは単純には比較できない。例えば，ドイツでは教科書の使用義務はなく，採択も学校の教科担当教師の会議によって行われる。カナダでも同様に教師に教科書を使う義務はなく，どのように教えるかは教師にゆだねられている。（国立教育政策研究所「第 3 期科学技術基本計画のフォローアップ「理数教育部分」に係る調査研究」による）

　教科書・教材に関する世界的な潮流は「オープンソース化」である。今年 6 月ユネスコ世界オープン教育リソース（OER）会議はパリ宣言を発表している。

ユネスコは2002年にOERを「パブリックドメインとして，あるいは無料で利用でき，限定的な制限もしくはまったく無制限での利用・適用・配布が認められたオープンライセンスのもとで発行されてきた，デジタルを含むあらゆるメディア形態による教師用，学習用，研究用教材」であると定義した。パリ宣言はこの定義のもとに10の項目をまとめたものである。

その趣旨は，OERの原則を生涯学習の理念のもとに教育機会を拡大するために，フォーマル，ノンフォーマルを問わず，あらゆる教育段階に適用・促進すべきだというものである。OERの原則は誰もが等しく情報と知識を創造・アクセス・活用・共有しうるような，民衆中心かつインクルーシヴな発展的情報社会をめざしたユネスコ情報社会世界サミット宣言（2003年）に基づいたものである。

このようなユネスコを中心とした世界的な潮流から見れば，日本の「デジタル教科書」の動向は，本来あるべき情報社会における子どもの学びにおける教材のあり方に関する議論が不十分であり，先に「デジタル教科書」「情報端末・デジタル機器」導入ありきの議論になっていると言える。

ユネスコのメディア情報リテラシー教育政策の意味

「ビジョン」はOECDの影響を受けているが，国連やユネスコの動向にはまったく触れていない。しかし，ユネスコは本書第Ⅰ部4章で紹介したように「教職員研修用メディア情報リテラシー・カリキュラム」を公表し，21世紀の知識社会のための新しい情報教育像を示している。このカリキュラムは上に紹介したOERに関するパリ宣言と同じく，2003年のユネスコ情報社会世界サミット宣言の延長線上にあるといえる。

ユネスコは2005年に国際図書館連盟と共同で情報リテラシーと生涯学習の理念を結びつけた「アレキサンドリア声明」を出している。そして2008年に「情報リテラシー指標」を発表し，2010年にその評価レポートを公表している。ここでいう情報リテラシーとは，文科省による「情報活用能力」に近いものだといえるが，もともとICTではなく，図書館利用者教育を背景にしており，学校教育においては学校図書館が情報リテラシー教育の中核となる。

例えば，「教師のためのメディア情報リテシー・カリキュラム」では，「情報

リテラシーと図書館スキル」という単元が設けられており，情報探索の場としての図書館が重視されている。

　ユネスコは 2010 年 11 月，バンコクでメディア情報リテラシー教育に関する最初の会議を開くとともに「メディア情報リテラシー指標に向けて」という文書を公表した。これは単にメディア・リテラシーと情報リテラシーを統合するだけではなく，ユネスコがこれまで議論してきたリテラシー概念をもとに，デジタル・リテラシーや OECD のキー・コンピテンシーなどの概念を検討し，一つの枠組みへと再構成しようとする試みであった。この文書によればメディア情報リテラシーは，「私たちに対して，メディアの機能や情報システム，そしてそれらが私たちに供給しているコンテンツへの批判的な知識を与えてくれる欠かせないもの」である。

　ユネスコがメディア情報リテラシー教育に本腰を入れるようになった背景には，国連の動きがある。国連は 2005 年 9 月国連事務総長コフィ・アナンにより，スペインの提案に応じて「文明の同盟」の設立を発表した。この組織は世界的な文化間葛藤の状況に対して，ユネスコと協力しながら，世界各国が教育を通してその問題の解決に向けた協力を行うことを目的とする。その活動の大きな柱の一つがメディア・リテラシー教育である。

　「文明の同盟」は 2010 年にユネスコおよび欧州委員会との協力により，『世界のメディア教育』を公刊している。本書の序文で「文明の同盟」ディレクターのマーク・ショイアーは「メディア・リテラシーは同盟が培ってきた最初の教育イニシアティブの一つのテーマであり，メディア教育は暴力的な文化や宗教的対立を助長するメディア・メッセージに直面した人々に，クリティカルな態度を取ることを可能にするための基本的な道具だと考えている」と述べている。このような国連の動きがユネスコにメディア情報リテラシー教育という新しい教育理念の創造へと導いたのである。

　こうした国連やユネスコの動向はまったくといっていいほど日本の情報教育政策に反映されていない。日本でもインターネット上では近辺諸国や国内の他民族に対する偏見や差別が若者たちへと浸透しつつあり，大きな社会問題になりつつある。こうした問題はネット固有の問題ではなく，いじめ問題と同様に，日本社会そのものが直面している問題である。「ビジョン」ではネット上の誹謗中傷，いじめ，有害情報などの問題に対して「情報モラル教育に取り組むこ

とがますます重要」だと述べている。

　このような理解の仕方では現代社会が抱える問題の本質に迫ることはできない。マーク・ショイアーは「政治的，経済的，イデオロギー的な利害がぶつかり合う，時に挑戦的であったり，混迷したり，あるいは対立することもあるメディア状況の中で，すべての年代の市民は，積極的な市民参加だけではなく，よりよく生きることを可能にし，それを確かなものにするための新しい道具」を必要としており，それこそがメディア・リテラシーなのだという。前掲書に寄せた序文の中で，ユネスコのアブドゥル・ウォヘード・カーンは，メディア・リテラシー教育は「市民教育の重要な一部であり，それによって人々は権利と義務を十分理解し，かつ自覚した責任ある市民となることができる」と指摘するのである。

メディア情報教育学の確立へ

　なぜこのようなことが起きるのであろうか。もちろんさまざまな政治的な力もあるだろう。しかし，こうした政策の潮流に対して，ほとんど対抗運動がなかったことの方が重大である。対抗するための教育学理論が決定的に欠けていたのである。1985年の臨教審第一次答申以来，教育の情報化は教育学ではなく，工学や教育メディア学系の学問領域が主導していった。教育学的基盤が十分ではないこれらの学問領域が時の政権の政策を遂行すべく機能したのは必然的であった。この問題を教育工学の責任にすることはできない。国語教育分野をのぞき，これらの問題に対応する能力を十分に持ち得なかった教育学自身の問題であり，同時に筆者自身の問題でもある。

　『視聴覚教育』2012年11月号には第5回・第6回日本視聴覚協会・井内賞を受賞した笠原正太による興味深い論文が掲載されている（原文は『教育メディア研究』）。日本におけるメディア・リテラシー概念の変遷をまとめたものだが，簡単に言えば次のようになる。「メディアの批判的視聴能力」の育成を目標とした映像教育の主張は50～60年代初頭にあったが，ほとんど力を持ち得なかった。むしろテレビの活用の研究が主流であった。しかし，1982年のグリュンバルト会議の開催は日本の状況に一定の影響をもたらした。この会議に参加した研究者は他国の教師から日本にはメディア教育がなくて大丈夫なのか

と心配されたという。

　こうして,批判的視聴能力を基本とするメディア教育の考え方が日本にも導入されるが,メディア・リテラシーのとらえ方はその後変節していく。笠原は「『メディア・リテラシー』の解釈からマスメディアの商業的背景や政治的立場の読解という要素が消えても,問題視はされなかった」。「むしろマスメディアに対する信頼意識の上に研究が蓄積されていた日本において,メディア・リテラシーが批判的視聴の能力に限定される必然性は低かったと考えられる」と書いている。そして,「日本においてメディア・リテラシーという言葉は,『メディア教育』の枠組に収まるあらゆる実践が『メディア・リテラシー教育』として解釈される危険性をはらむ用語となってしまった。メディア・リテラシー教育の実践事例の目的や方向性に一貫性を見出しにくい原因はこの点」にあると結論づけている。[164]

　つまり,コンピュータ・リテラシーや影像リテラシー,メディア・リテラシーなどいろいろな概念がメディア教育の枠の中に入ってしまったために,目的や方向性が一貫しなくなったというのである。しかしユネスコの理論と比較すれば,この結論が間違っていることはすぐに分かる。ユネスコのメディア情報リテラシーは,本書第Ⅰ部4章で紹介したように,多様なリテラシーを含んでおり,多様だから一貫性がなくなったという見解は論理として正しくない。

　逆に,目的や方向性についての議論がなかったからこそ,一貫性を見いだすことができないのである。これまでの日本の教育工学や教育メディア学には,ユネスコがやってきたような教育の目的に関わる根本的な議論が欠けていた。民主主義や人権に関わる問題はすべて「情報モラル」の枠の中に追いやり,それらの概念とリテラシーとの関係について論じることを避け,同時に「マスメディアの商業的背景や政治的立場の読解」の意味について深く考えることを避けてきたのである。戦後教育学の基礎を作った勝田守一の教育的価値論はまさに,教育の目的と教育の方法を接合する理論であった。教育の目的を論じない教育学はあり得ない。

　このようにして,「ビジョン」に見られるように,結果として情報教育政策に産業政策と結びついた技術主義が蔓延すると同時に教育学はその対抗力を失ってしまったのである。「デジタル教科書」問題はまさにその現状をくっきりと示すリストマス試験紙のようであった。ちなみに,筆者は決して「デジタル

教科書」批判論者ではない。問題はその教育学的意味を問うことなく，導入が進められる状況にある。

　筆者がユネスコのメディア情報リテラシーの概念と運動と出会ったことは，日本のこのような現状を相対化する大きなきっかけになった。本書はこのような問題意識のもとに，社会学や教育工学が築き上げてきた体系を教育学によって組み替えていくことをめざしたのである。

　戻るべきは本書第Ⅰ部第2章3節で取り上げた，マスターマンが提唱した「メディア教育学」である。マスターマンはメディア教育の目的は「批判的自立性の発達」であると述べ，フレイレの哲学的アプローチを基礎にメディア教育学を構想した。批判的自立は民主主義の基礎である。だからこそ，土台に据えるのである。それは単なるメディアを批判する力のことではない。

　マスターマンの『メディアを教える』が出版されたのは臨教審第一次答申と同じ1985年のことであった。それから30年近くが経ち，技術は大きく進歩し，その頃にはなかったインターネットを土台とするグローバル・メディア社会が形成されていった。当然ながら，メディア教育学も発展を余儀なくされる。ユネスコがメディア情報リテラシー概念と運動を提唱したように，メディア教育学はメディア情報教育学へと発展しなければならないだろう。筆者の考えるメディア情報教育学の基本コンセプトは以下のとおりである。

①メディア情報教育学はメディア情報リテラシー概念を中核としながら，それに関わるメディア・エコロジーやメディア学，ジャーナリズム教育学，図書館情報学，教育工学，認知科学などさまざまな学問領域と相互に作用しあい，協働する。

②メディア情報教育学は，政治的価値や社会的価値と連動しながらも相対的に独立した教育的価値の実現を目標とし，社会諸科学および人間発達の科学を学問の基礎とする。

③メディア情報教育学は，常にグローバルな観点から研究される。研究領域としてだけではなく，メディア情報教育実践そのものがグローバルなものとして見なされる。

付属資料

日本で初めて国連文明の同盟（UNAOC）・ユネスコのメディア情報リテラシーの理念と運動を紹介したジョルディ・トレント氏のインタビューと講演の記録を，本人および著者の許諾を受けて資料として掲載する。

1
UNAOC プロジェクト・マネージャー，ジョルディ・トレント氏にきく

インタビュー・翻訳・編集　村上郷子
インタビュー　坂本　旬[165]

　去る 2008 年 11 月 5 日，著者（村上）は，共同研究者の坂本旬と菅原真悟とともにニューヨーク市に向かい，国連の「文明の同盟」（Alliance of Civilization）の事務所に向かった。今回のインタビューを快諾してくださったメディア・リテラシー・プログラムのマネージャーであるジョルディ・トレント（Jordi Torrent）氏にお会いするためだ。私たちは，2007 年の 11 月にメディア・リテラシーを研究しているコロンビア大学のレニー・チョロウ=オーレイ（Renee Cherow-O'Leary）氏が主催する研究会でトレント氏にお会いした。当時のトレント氏は，ニューヨークに赴任したばかりで，メディア・リテラシー教育の裾野を国連でどのように拡げていくか暗中模索している状態であった。その 1 年後のトレント氏は，各国・地域でメディア情報リテラシーを推進している団体・個人と精力的なネットワークを構築しつつあった。

　「文明の同盟」とは，異なる文化的背景を持つ者たちがお互いの文化を尊重しあい，相互理解を深めるために，インターネットを通じて教育的なネットワークを構築していくための国際組織である。私たちがトレント氏にその具体的な中身について伺いたいとインタビューを申し込むと，快く応じてくれた。

村上　今日は，私たちのためにお時間をとってくださりありがとうございます。さて，さっそくですが，トレントさんがこの「文明の同盟」で，なぜメディア・リテラシー教育を推進しているのか，その経緯を教えてください。

トレント　メディア・リテラシー教育についてですね。この団体が実際に稼働

を始めたのは 2005 年のことです。

　2005 年，トルコとスペインは，当時の国連の枠組みの中で対話を構築し，情報交換を行い，理論的枠組みを提示することが重要であると考えており，そのような活動に焦点を絞った組織を創設するという意志のもとに，国際連合総会で事務総長コフィ・アナンに「文明の同盟」の創設を提起しました。イスラム世界と西洋との間で，今なお起こっている，もしくは起こってきた消極的な態度や分断と対峙するためです。

　ですから，もともとの発想は，イスラム世界と西洋とのコミュニケーションを図り，理解を促進し，お互いのコミュニケーションの架け橋となる組織を創設したいということなのです。

　それ以来，本同盟の関心事は，相互理解を深めるため，イスラム世界，といっても多くの異なる国々にまたがっていますが，そのイスラム世界と西洋との間のコミュニケーションのやり取りにかなり絞られてきました。

　しかし，今その対象はイスラムだけではなく，さらにグローバル化しています。これはこれで非常に歓迎されました。異文化間における宗教と宗教の間のコミュニケーションや対話をする際の専門家のグループもつくられました。「文明の同盟」では，イスラム世界と西洋の架け橋となる組織になることが最優先課題なのですが，この組織はいったい何をするのかを厳密に決める必要がありました。

村上　それでどのようなことが決まったのでしょうか。またこの組織の使命とは何でしょうか。

トレント　その答えは，私たちより上層レベルのグループによる報告書の類に書いてあるのですが，基本的に「文明の同盟」は，教育，若者，メディア，そして移民の 4 つの領域で活動することになります。「文明の同盟」で集中的に取りかかるのはまさにこれら 4 つの領域になるからです。

　多くの組織がすでにこれらの領域で稼働していることも分かっています。しかし，「文明の同盟」は既存の組織の単なる模倣でもありませんし，同じようなものを創ることでもありません。また，これらの領域ですでに活動している組織と競合するものでもありません。むしろ，これらの領域ですでに活動している既存の組織を支持し，強化し，発展する手助けとなる組織なのです。

ですから，私たちの考え方も，文化間および宗教間の対立や紛争はメディア・メッセージによってかなり増長されているという理解にたっています。

「文明の同盟」では，メディアの作り手とメディアの受け手のどちらにも特別な関心を寄せています。メディア・リテラシーやメディア教育とはそうした両側面を学ぶことなのです。

他にもメディアに関連した問題があります。例えば，「グローバル・エキスパート・ファインダー (Global Expert Finder)」と呼ばれるものです。これは，「文明の同盟」から提示されたリーダーシップ (initiative) の一つで，「Rapid Response Media Mechanism（メディア・メカニズムの迅速な対応）」とも呼ばれています。基本的にそれが何かというと，どこかである危機がおきた時，メディアを創る側，つまりメディア・プロデューサーたちが，相互に対話ができる人や冷静な市民の代弁者となりうる専門家を見つけることができるようなシステムを構築することです。

メディアは，なにか大変なことがおきると，こうした危機を煽る傾向があります。しかし，もしあなたがメディア・プロデューサーで，どこかで重大な事件がおきたとしたなら，その種の危機に直面しても，冷静な判断ができ，対話の用意があり，さらなる相互理解を促進できる専門家の声を素早く見つける必要があります。

そのために，「文明の同盟」ではこうした代弁者たちの声をつなぐネットワークを作成しているのです。しかし，実際の私の仕事はメディア・リテラシー教育そのものです。メディア・リテラシー教育の中で，私たちはウェブサイトを作成しました。このウェブサイトのアドレスは，http://aocmedialiteracy.org です。

これが私たちの推進しているメディア・リテラシーの取り組みです。私たちはメディア・リテラシー教育，メディア教育政策，若者とメディアのためのリソースとして，参加型のウェブサイトを創設しました。ウェブサイトのナビゲーションとして3つの言語，スペイン語，英語，アラビア語があります。

当サイトは，アラビア語で書かれた最初のメディア・リテラシー教育のウェブサイト・リソースです。このようなウェブサイトを構築したので，アラビア語圏の教師や教育者，政策立案者たちは，このサイトによくアクセスし，

活用しています。それだけではなく，このウェブサイトはどの言語にも開かれています。重要なことは，このサイトがまさに世界中のあらゆる国，あらゆる言語の研究者や教育者たちのためのリソースであるということです。

それと同時に，メディア・リテラシー教育に関心を持って活動しているパートナー組織の国際的なネットワークも構築しています。これらのネットワークを通して，私たちは，すでに行われている活動を説明し，展開し，そして支持を集めるわけです。大変ですが，メディア・リテラシー教育の周辺領域でも，国際的な知的コミュニティの構築に取り組んでいます。

私たちには，現在31人のパートナーがいます。私たちのウェブサイトに行けば，そのパートナーたちを見ることができます。今，このウェブサイトには1カ月あたり1万人の訪問者たちが訪れるため，国際的なリソースにもなっています。

そして，何が興味深いかというと，あなた方がいったん登録して本ウェブサイトのユーザーになると，このウェブサイト上に自分で情報をアップロードすることができるのです。ですからここでの方式は，ピラミッド構造ではないのです。

それは，だれもが実際に情報と新しいリソースをもたらすことができる共同体とも言えますね。ですから，私たちはこのウェブサイトの開発に力を入れています。それと併行して，私たちは，メディア・リテラシー教育と異文化間対話をユネスコと協働して構築しています。

今のこの時期は「文明の同盟」の創設期にあたり，第2回フォーラムが（2009年）4月に開催されますが，そこでさまざまな議題が公式に発表されます。今年（2008年）の1月には「文明の同盟」の最初のフォーラムを開催しました。そして，第2回フォーラムでは，第1回フォーラムで取りあげられた論点に関する何かしらの成果報告をします。

メディア・リテラシーの領域における成果の一つとして，メディア・リテラシー教育とユネスコとの共有スペースを創設したことが挙げられます。それは，5つの大学，清華大学（中国），カイロ大学（エジプト），バルセロナ自治大学（スペイン），サンパウロ大学（ブラジル），そして，テンプル大学（米国）とのネットワークでもあります。

この5つの大学とのネットワークを5年間継続することにより，メディ

ア・リテラシー教育や異文化間対話に関する題材に取り組み，発展させ，それらを拡張していきます。このように，メディア・リテラシー教育をツールとして使うということは，まさに多文化的な方向性を定め，異文化理解を推し進めるための社会的な理解を得ることによって社会参加を促進していこうという考え方なのです。また，私たちは，今メディア・リテラシー教育の別のプロジェクトにも取り組んでいます。これらのプロジェクトではつねにさまざまなリソースを使って，すでに進行中のプロジェクトにも活用しています。

　この「文明の同盟」は異文化間の架け橋であり，そのように考えれば，この組織の使命も理解いただけるものと思います。つまり，支援が必要とされるところと繋がりを保ちながら，そういった支援を充実させるということなのです。現在，メディア・リテラシー教育の政策レベルでは，グローバルな関心があります。日本ともそうした関心を共有したいと思っています。

　また私たちは，『世界のメディア教育政策』[166]という本を編集しているところです。これは，第2回「文明の同盟」フォーラムが開催される4月に配布される本です。私たちはユネスコと共同で，メディア・リテラシー教育に関する経験について，17カ国から17の論文を載せた小冊子をつくっていますが，4月には正式に公開されます。

　また，クリエイティブなメディア・リテラシー教育が困難であるという問題は世界共通です。政府関係者の人たちは，子どもたちのために何をすべきか分かっていませんし，教育関係者や教師たちは，子どもたちの試験対策の準備に多くの時間をかけることを余儀なくさせられていますから，クリエイティブな活動をする余地などあまり残っていないのです。

　ですから私は，メディア・リテラシー教育がカリキュラムの一部に組み込まれるべきだと考えています。もし，メディア・リテラシー教育がカリキュラムの一部として組み込まれれば，学期中の間に何度か，異なる年齢層や学年でも，こうしたメディア・リテラシー教育のやり方を他の教科教育にも応用することができるでしょう。例えば，社会科や芸術，数学，物理学，歴史などです。

村上　そうですね。トレントさんが，メディア・リテラシー教育を拡げているように，私たちも授業を通じて，メディア・リテラシー教育を拡げていくた

めの実践をしています。とはいえ，日本では受験があるため，中等レベルでの実践は思うようにはできませんが。

トレント 事情はご察しいたします。しかし，日本の学校のカリキュラムには，音楽があります。体育もありますよね。美術だってあります。

　日本の学校でも，そうした教科教育の中の一つとして，一週間のある時間帯にメディア・リテラシー教育を組み入れるべきです。つまり，毎週2時間でも1時間でもいいのです。そうすれば，先生方もこの時間がメディア・リテラシーを学ぶための時間だと分かるでしょうし，安心してメディア・リテラシーの授業に取り組むことができるというものです。

村上 授業の中にメディア・リテラシー教育を組み入れるということは，学校のカリキュラムとしてということでしょうか。

トレント いいえ，メディア・リテラシー教育をカリキュラムの科目として組み入れるということではありません。メディア・リテラシー教育は総合的な学習であるべきです。個人的にはメディア・リテラシー教育を学校のカリキュラムに組み入れるという考えは重要だと思いますが，「文明の同盟」としての見解ではありません。

　私の個人的な意見では，言語表現のための時間をメディア・リテラシー教育の時間に割り当てることと同じことです。私たちが言語表現の授業を行っている間は，社会科や数学，物理，または化学などの授業は行われません。言語表現の授業なのですから。

　しかし，子どもたちは言語表現の授業で得た知識を，数学を解いている時や，物理の授業を受けている時，社会科や文学の授業の時，もしくは歴史や地理を勉強している時などに応用することができます。子どもたちはすでに言語表現に関する知識があるので，しっかりとコミュニケーションができるのです。そうですよね。私は，これと同じような考え方をメディア・リテラシー教育にも適用するべきだと考えます。

村上 そうですね，そのようなお考えに大賛成です。日本の教育を囲む状況は非常に難しいものがあるのですが，頑張っておられる先生方もいらっしゃいます。

　例えば，日本では国語にメディア・リテラシーの考え方を取り入れる活動を行っている教員のグループがあります。この教師グループは，国語の授業

の中でメディア・リテラシーを効果的に実践することに興味を持っています。ですから，メディア・リテラシーを教科教育の中で実践していこうとする先生方も確かにいらっしゃるのですが，全体としては日本のカリキュラムには余裕がないため，そういった熱心な先生方は非常に限られています。でも，こうした熱心な先生方のグループは，メディア・リテラシー教育の実践に意欲的であり，他の先生方とメディア・リテラシーの方法論を共有し，また広げてゆきたいと考えているのです。

トレント　そうですね。お話はとても興味深いのですが，本同盟の活動の目的や状況などについて私が十分に説明したのかどうかを再確認しなければなりません。本同盟のオフィスは非常に小さいですし，スタッフも今のところたった 10 名しかおりません。

　ここは「文明の同盟」の事務局ですが，まだ活動が始まったばかりで，異なる文化の架け橋となる活動を創造するには至っておりません。しかし，「文明の同盟」の究極の目的は，コミュニケーション，異文化間コミュニケーション，若者とメディア教育などが国レベルで発展してゆき，国や地域，文化間の架け橋を創造することです。

　「文明の同盟」の周りには，盟友ともいうべきグループがあり，その盟友と呼ばれるグループの政治的なレベルは非常に高いといえるでしょう。現在，私たちには 81 の盟友と呼ばれるグループがあります。正確な数はウェブページでも確認することができます。81 の盟友の内，75 のグループは実際にはそれぞれの国家です。その他のグループは，ユネスコ，イスラム教育科学文化機関（Islamic Educational, Scientific and Cultural Organization, ISESCO），アラブ連盟教育・文化・科学機構（Arab League Educational, Cultural and Scientific Organization, ALECSO）やその他欧州審議会やヨーロッパ共同体などのような国際機関であり，これらの機構が盟友としてのグループのようなものなのです。もちろん，個々の国も盟友グループにあげられますよ。日本も，「文明の同盟」の盟友国グループの一員です。「文明の同盟」の基本的な考え方は，盟友グループの一員として，各国や地域がそれぞれ「文明の同盟」の掲げる全国プランを展開してほしいということです。

　私たちはメディア・リテラシー教育についての関心を共有しています。日本でのメディア・リテラシー教育の輪が広がることを見守りたいと思って

います。もし，「文明の同盟」日本支部が全国的な政策を持っているのなら，メディア・リテラシー教育は，その政策の一つになるべきだと思いますし，政策がだんだんと機能して，メディア・リテラシー教育の考え方が広がっていければと考えています。

坂本 トレントさんがおっしゃっている「文明の同盟」の全国的な政策とは，政府レベルのお話ですか，それとも政治家を巻き込んだ運動のお話ですか。

トレント そのどちらとも言えるでしょう。おそらくは，外務省の類の部門です。国によって呼称は異なりますが，それに類した部署があります。しかし，重要なことは機動力です。全国的にこれらメディア・リテラシー教育のプロジェクトの機運を高めていくことです。

村上 さて最後の質問になりますが，「文明の同盟」ではユネスコと密接な関係がありますよね。私は，メディア・リテラシー教育に関する本の1章を書いた時，ユネスコから多くの情報を引用しました。そのユネスコの提唱するメディア情報リテラシーという概念は「文明の同盟」が発行した論文集でもふれられています。ユネスコの提唱するメディア・リテラシー教育と「文明の同盟」が描くメディア・リテラシー教育の関係を教えて頂きたいと思います。

トレント いま国際的にもメディア・リテラシー教育へのグローバルな関心がますます高まっていると実感します。もちろん，このグローバルな関心には，さまざまな領域，国・地域によって異なった側面や変化がみられます。

　メディア・リテラシー教育の重要性への認識はユネスコを含めたあらゆる国際機関に共有されています。私たちが推進しているメディア・リテラシー教育のネットワーク構築の考え方は基本的に正しいと考えています。

村上 本日はお忙しいところ，インタビューに応じていただきありがとうございました。

2
メディア情報リテラシー　異文化対話のための教育戦略

国連「文明の同盟」メディア・リテラシー・プログラム・マネージャー
ジョルディ・トレント

＊本資料は 2012 年 3 月 25 日に法政大学で開催された国際シンポジウム「文化葛藤時代のメディア・リテラシー教育」の講演記録である。なお，註は坂本による。

　私たちが，今，国連「文明の同盟」の活動についてお話しできることを光栄に思っております。そしてまた，日本が大震災から復興しつつあるということを耳にしてとてもうれしく思っています。去年は計画しておりましたところを，大震災がおこり，そしてまた津波が起こったことで皆さんが，個人的に被害をうけたことも存じております。心からお悔やみを申します。そしてまた，なんとかこの災害から生まれ変わることができることを願っています。でも今日来ることができたことをたいへんうれしく思います。

　私はスペイン，バルセロナの出身ですが，アメリカにもう 20 年以上住んでいます。おそらく半分スペイン人半分アメリカ人といってもいいのではないでしょうか。そういった意味では，ちょっとアイデンティティの危機に陥っているとも言えます。こういうこともメディア情報リテラシーという話の中に盛り込んでいきたいと思います。私は哲学の勉強をし，バルセロナ大学で学位を取得しました。そしてそのあとは映画学などを学習いたしました。これはパリのソルボンヌ大学で学習いたしました。そしてこれは実践のレベルで高等研究実習院というところで勉強いたしました。

　私の背景は非常に理論的，つまり哲学から得たもの，あるいは映画を制作す

ることで実践的な背景も持っています。テレビなど，さまざまなメディアでドキュメンタリーなども制作しています。

　私は教育者でもあります。教育の分野で，ニューヨークで15年もやっておりますし，メディアの教育もしています。生徒たちとも接していますので，さまざまな問題があることもよくわかっています。現在の教育制度や政策という観点からいえば，メディアの教育が世界中でどんな問題に直面しているのか，つまり多くの教職員が，かなりのプレッシャーにさらされていることもわかっています。メディア情報リテラシーを教え，それを積み重ねていくことがどんなに難しいかということです。

　現在，ニューヨーク市教育庁でメディア・コンサルタントをしていますが，つねに教師と協力しながら，カリキュラムを見直し，メディア・リテラシー的要素を，既存の教育課程の中に組み込んでいくことをつねに考えながら仕事をしています。何年もコンサルタントとして仕事をしてきました。また，2007年から国連の「文明の同盟」で仕事をしています。

　この組織は国連の中に作られたものです。2005年スペインとトルコが国連にこの組織を作ることを提案しました。現在，世界中でさまざまな文化的，宗教的葛藤や矛盾が起こっており，その現状に対して，コミュニケーションや交流，そして対話が必要であるという主張です。

　この世界に起こっている葛藤は，なんらかの意味で文化的な側面があります。これは必ずしも経済的な葛藤ではなく，文化的な葛藤です。もちろんこれに宗教的あるいは経済的な力が加わることにより，もっと大きな緊張が作り出されているわけです。この組織設立の提案に対して，当時の事務総長のコフィ・アナン氏が賛同しました。そして，現在の潘基文(パンギムン)事務総長も強くこの「文明の同盟」を支持しています。

　この「文明の同盟」は，世界中の盟友のネットワークです。現在の盟友は，だいたい130ぐらいです。そしてこのうち100がメンバーになっています。日本ももちろんそうです。そして残りの30がユネスコなどの，国を超えた国際組織です。

　「文明の同盟」は非常に小さい組織ですが，国連事務局と直結しています。つまり，非常にダイナミックかつ柔軟性をもって，機動的に動くことができます。組織としては，他の組織と重複や競争するものではありません。ユネスコ，

ユニセフ，それ以外のさまざまな組織がありますが，そちらの組織と協働しながらネットワークを構築し，互いの理解を深めることを目的にしています。文明は多様でも世界は一つであり，人間は一つです。私たちが共存し，平和の中で暮らすことが目的です。

　この「文明の同盟」が始まった当初，事務総長の承認を得ながら実際に何を考え，あるいは何をやっていくべきかということを話し合いました。上級のレベルでは専門家が集められました。そして2005年，2006年に何回か会議を開きました。そして，最終的にハイレベル報告書がつくられました。

　この報告書は四つの活動分野を提案しています。つまり若者，メディア，教育，そして移民の四つです。そしてキャンペーンやプラットホームの構築を進めるべきものとして，教育，宗教，メディア・リテラシーなどが例として書かれています。そして「文明の同盟」の仕事の一つは，ネットワークを作り，アクセスを容易にしていくことで，さまざまなグループ，組織，人々がアクセスしやすいようにすることです。そのためには，アイデアの交流や交換のできるプラットホームをまず作り，簡単に情報にアクセスできるようにしようと考えました。

　私が「文明の同盟」で携わっているのがメディア情報リテラシーの部門です。そしてユース・メディア，これが私の仕事です。どうしてメディア・リテラシーが重要なのか説明しましょう。アンドリュー・フレッチャーは「ひとりですべての物語（バラード）をつくることが許されるなら，その人は，誰が国の法律を作るべきなのかと考える必要などなくなるだろう」と言っています。この言葉の意味は，もし私たちが，特定な人あるいは特定のグループがすべての文明をコントロールするとしたら，この一人の人あるいはグループが私たちの考え方を管理してしまうということです。

　このバラード，つまりこの物語とは何なのでしょうか。現代社会ならばこれがメディアです。これが，さまざまなものを作り出します。そして私たちが理解しているものを代表していることになります。このメディアはとても力のある輝かしいツールとなります。なぜならば，メディアは私たちが信じるもの，あるいは私たちが信じるものが正しいのか，あるいは間違っているのかという問題に関わってくるからです。

　昨日，江戸東京博物館に足を運びました。展示物を見ると，江戸の末期にな

ると印刷や新聞がとても力を持ってきたことがわかります。さまざまな人々が情報を印刷して一ページの新聞のようなものを作りました。それは大変興味深いものでした。

さらに興味深いのは，この新聞の印刷がコミュニケーションのツールとなると，検閲がもう一つの力となるということです。江戸時代の政治体制の中で新聞を検閲するようになった。なぜならば，メディアが思考の枠組みを作り始めたからです。

これが表現や宗教，あるいは信念の自由といったものに関わってきます。それが緊張となったわけですよね。世界中のさまざまな場所にさまざまな宗教への信仰があります。そのことと表現の自由をどうやって結び付けていくのか，そこにはつねに緊張感があります。私たちは，よりよい理解を作り出すことができるし，その場合は，メディア情報リテラシーが一つのプラットホームに成り得ると考えています。

しかし，私は認識の悪循環というべきものがあると思います。まず，メディアが自覚，認識を作り，そこから意見が生まれ，その意見によってステレオタイプが強化されます。固定観念が強化されると，これが確信，信念となります。例えば，スペイン人はみんな闘牛が好き，そういうような考え方です。それが今度は政策となり，政治的行為を作り出します。今度はそれがメディアに反映されて，そしてまた，認識されてしまいます。これが悪循環です。

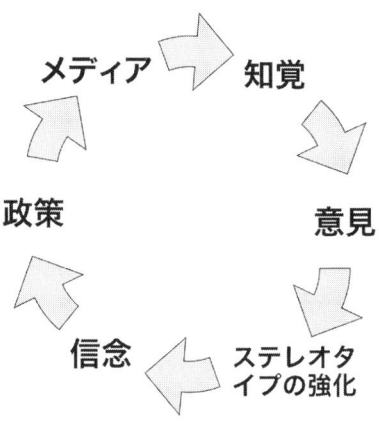

図5　認識の悪循環

この悪循環を壊す手段がメディア情報リテラシーです。批判的な考え方ということ，つまりこれは，メディアからやってくる情報を批判的，合理的に感情から切り離していくということです。そしてまた，情報と知識を切り離して考えることが必要だと思います。これらは違うものです。情報に対して批判的な分析がないのならば，それは知識とはなりません。単なる情報であり，そこからアイデアは生まれません。自分の考えを枠組みにはめて考えることにはならないわけです。

　そしてそれがなければ理解にはなりません。そうでないと数字だけになります。これが情報ですよね。現代は情報の時代です。我々の前にはたくさんの情報があります。知識とはその情報を文脈の中に落とし込むということです。受け取った情報を文脈の中で正して考える，しかし，批判的メディア・リテラシーがないとその情報に対する文脈や，そこから出てくる知識には文化的なバイアス，偏見，ステレオタイプがあるかもしれません。そのような環境で育ち，そういう教育を受けてくるとそういうことになってしまいがちです。だからこそメディア・リテラシー教育が必要なのです。

　我々の価値観をもう一回内省してみる，情報を文脈の中で考えてみる，その背景にあるイデオロギーや枠組みを考える，そして倫理的な観点も必要です。この倫理についてはもちろんいろいろな側面があり，議論があります。ジャーナリズムに関わろうとする人たちやコミュニケーションを勉強している人たちが考えなければならないのは，倫理的なコミュニケーション，倫理的なジャーナリズム，倫理的な情報，これは何を意味するのか，どういう枠組みをあてはめていくか，どういう文脈で考えるか，そしてどういう内省をしていくかということです。

　キルケゴールは19世紀のデンマークの哲学者です。彼は1846年に『現代の批判』という本を出しています。150年も前の話ですが，彼は非常に興味深いことを言っています。現代は（新聞の登場によって）情熱を欠いた反省的な時代になっており，そこには価値がないということを言っています。価値がない時代，それは単に他のものの表明にすぎない。そこには価値も力もない。さらに分析するような文脈がないとも言っています。150年前にすでにそういうことを言っているわけです。

　もう一つ，興味深いのは内と外ということです。150年前のデンマークの話

図6　キース・ヘリングの作品（右はボディペインティング）

です。個人の内省の世界が消滅して，外の姿が優先され，他者に送るメッセージが優先されていると言っています。ヨーロッパはこの時代，報道，そして印刷，新聞が爆発的に拡大しました。多くの新聞が現れました。ある意味で「われ思う，ゆえにわれあり」という時代から「われは更新する，ゆえにわれあり」という考え方に変わってきています。

　特に若者はそうですね。いつもスマホでメッセージを送っている，そうしなければいけないと感じる衝動があるわけですね。つねに更新された情報を送らなければならないと。それによって自分が個人としての存在感を得る時代になっています。このように，内省よりも外に発信しているという現象が起こりつつあります。新しい技術とともに。新しい技術がそれをさらに促進しているわけです。大変有名な言葉ですが，マクルーハンは「メディアはメッセージである」と言っていますね。

　キース・ヘリングというストリートアートの画家がいます。有名なボディペインティングの写真があります。これは非常に興味深い作品です。先ほどのマクルーハンの言葉を目に見える形で示しているわけです（図6）。

　これは最近私が見つけたもので，ニューヨークの地下鉄の駅にあったものです。ニューヨークの地下鉄は東京とはとても違っています（図7）。

　最近までは，メディアはメッセージだった。そしてそれについて考えることができた，内省ができたわけですが，しかしインターネットの時代，メディアそしてメッセージは自分自身である，本当に自分自身がメディアであり，メッセージであり，そしてみんなつながっている。これは興味深いことです。

　図7は自然にみえますが，ここには枠組み（フレーム）があるわけですね。周りは白，で

メディア情報リテラシー　異文化対話のための教育戦略　207

図7　ニューヨークの地下鉄駅の落書き

も今集中するのはこの枠組み(フレーム)の中，あるいは枠組み(フレーム)そのもの，ということです。ニューヨークの清掃作業員の人たちもこれを清掃するやり方があります。特別なタイルなので落書きをすぐに落とすことができます。ペンキで描いてもちゃんとすぐ消せるようになります。

　枠組み(フレーム)に気を取られていると，この枠組み(フレーム)の外にも何かあるのだということを忘れがちになる，今はそういう時代だと思います。皆さんもぜひ考えていただきたいと思います。SF作家のアイザック・アシモフはとても興味深いことを言っています。コンピュータは有限のデータしか入力できないし，それによってできるのは有限の動作だけである。つまりコンピュータはすべてではありません。コンピュータが対応しているのは限定されたデータだけであり，それのみによって動作するわけで，そこには枠組み(フレーム)がある。そして我々自身がその枠組み(フレーム)を設定しているわけです。[167]

　もう一つご紹介しましょう。このようにして，自分たちの文化はもう自然になってしまい，それ以上のことを見ることができなくなっている。しかし，考えなければいけない。コンピュータが扱うものは数字で表現できるものに集中しているわけです。コンピュータは演繹ができる，分析ができる，理解できる，しかしそれによって知性は狭くなってしまいます。知性は必ずしも数には落とし込めない，アーティスティックなレベルのものなのです。

　それは直観と呼ぶものかもしれません。東洋では勘といいますね。コンピュ

ータはそういうものには対応しません。そういうことは考えず，他の五感，そして六感は除いてしまいます。しかしそれを考えなければいけないでしょう。新しい社会を作りつつあるいま，何を検討として取り込むかによって，大きな結果の違いが生じてきてしまいます。

　ヒューマニティをどう考えるか，そこが問題だと思います。マクルーハンはもう一つ非常に興味深いことを言っています。これを我々の社会に，日本の社会に，アメリカにあてはめて考えてみたらどうなるか，あるいはヨーロッパにあてはめたらどうなるか。グローバルな社会にもあてはめることができるでしょう。彼は，人々がどんどん似てくる，そうすると，どんどん競争になる。個人がどんどん似てくる，類似性が増える，そうすると競争が増えると言っています。[168]

　競争というのは，絶対的な適合，合わせることに基づいています。その結果，みんな似てくる，そうするとどんどん競争が増えると言っています。競争は絶対的な適合がベースになっています。そして競争は枠組み（フレーム）の中でやることになります。これについて考えていくことが必要です。

　もう少し先に進みましょう。情報へのアクセスをしているからといって，意識への追求や意思，求める気持ちを奨励しなくていい，ということにはなりません。だからこそメディア教育というのが非常に大事なのです。アクセスをしているから，必ずしも追求心があるということではないのです。これについてはメディア・リテラシーについて誤解があると思います。メディア・リテラシーは，単にどうやってコンピュータを使うのか，どうやってインターネットのナビゲーションをするのかということだけではありません。

　メディア・リテラシーとはコンテンツ，そして自分自身のメディアを作っていくことであり，メディア分析，メディア批判をすることであり，それが自由になるということなのです。

　ダグラス・ワシュコフは彼の最新の著書[169]でこういっています。学校は子どもたちがプログラマーになれるようにカリキュラムを作るようになる。そのため，プログラムをどう使うかだけではなく，自分のプログラムをどう作っていくかが大事になっている。メディア情報リテラシーではそれが大事だと言っています。

　もし子どもたちにソフトの使い方だけを教えるならば，それは読み方だけを

教えて書き方を教えないようなものです。だから，子どもや若者に対して，自分のプログラムを作れるよう，プログラマーになれるよう促す教育も必要だと言っているわけです。そういう意味ではこれは課題であり，チャレンジです。われわれの教育制度の課題と言えます。

もう一つ考えるべきことがあります。学校の教職員はぎっしり詰まったカリキュラムに苦しめられています。他のことを入れる余地はありません。しかし私が高校生のときはラテン語を勉強しました。今は，それはほとんどやられていません。かつてはやったが今ではやっていない技術もいろいろあります。また，日本は分かりませんが，欧米では人間の研究がだんだん少なくなっている。数学や物理，化学はもちろん重要です。しかし歴史や社会，あるいは芸術の勉強がだんだんと減っている。このことも非常に重要な問題です。

人間的な知識がなければ世界は危険にさらされると思います。緊張感のある世界では，異なる文化を持つ人との理解を深めるために，歴史や社会を理解することが基本的なツールになると思います。それによって対話がより容易になると私は考えます。

マニュエル・カステルの言葉をご紹介したいと思います。皆さん，ご存じかもしれませんが，メディア・スタディという観点から考えたものです。彼の『コミュニケーション・パワー』[170]という最近の本の中で，次のような分析をしております。彼は力とは暴力，お金，そして信用であると言っています。その中でもっとも重要なものが信用です。もし信用が得られたら，力は自分の中から自然に現れてきます。そしてその後に感情について述べています。

私たちは，情報，コミュニケーション，メディアを学んだり分析したりしますが，感情的な側面はあまり考えていません。『コミュニケーション・パワー』では5つのことが指摘されています。まず，私たちの過去の経験は，脳の中で処理される習慣的な意思決定モデルである，これがステレオタイプとなってマッピングされ，機能します。情熱は基本的なものであり，国民性，国家性の優れた道具としてさまざまな力をもたらす役割を持っています。

合理性や理性的というだけで物事が決定されるわけではない。実際には，感情の側面を見なければいけません。皆さんご自身がメディア情報を分析する時に，この感情的な側面の持つ力を考えなければいけないのです。

そしてもう一つ，メディア・リテラシーの側面として考えなければいけない

問題があります。よくメディア・リテラシーとは西洋的なイデオロギーであるという人がいます。つまりメディア・リテラシーは経済的な，あるいは政治的なパワーであり，そして世界を一元化してしまう，あるいは標準化してしまうと考える方もいます。でも，それはそうではありません。

メディア・リテラシーは一つの道具として，多様性を考え，コミュニティやマイノリティ文化に力を与えるものなのです。決して，文化的な植民地化をめざすものではありません。

そしてもう一点，重要な側面があります。カリキュラムのどこにメディア・リテラシーを置くかという問題です。もちろんいろいろな意見があり，メディア・リテラシーはそれ自体で一つの教科である，あるいはそうではなく，一つの道具としてはさまざまな教科の中で連関していると考える意見もあります。

これは個人的な意見ですが，メディア・リテラシーは教科として特定の内容を有していると考えています。子どもが幼い時からメディア・リテラシーを学べばさまざまな知識に利用していくことができると考えます。つまり，メディア・リテラシーの授業を小学校の後半，おそらく5年生か6年生ぐらいに導入することです。日本の制度ではおそらく9歳から11歳ぐらいから教えるとよいのではないでしょうか。一週間に一時間でもよいでしょう。

メディア・リテラシーをひとつの科目として，話し合う機会を持てば，高校になればそれを使うことができると考えられます。この分析能力は，ある特定の言語や社会学，歴史や芸術の中でも使える道具になると考えられます。

重要なことは，子どもにしっかりとした理解を身につけさせることです。どんな言語でも，子どもにしっかりした土台を身につけさせれば，どんなものに対してもそれを使うことができます。歴史の分析や社会学あるいは物理や数学でも。メディアリテラシーを少なくとも1年間教え，そしてその後，他の科目にも導入していくのです。

メディア情報リテラシーという概念は，ユネスコが数年ほど前に定義を作りました。メディア・リテラシーと情報リテラシーという二つの分野を合わせたものです。これはもちろん議論の余地があります。「文明の同盟」のメンバーとして考えると，この問題は話し合われ，分析されなければいけないことだと思います。例えば，メディア・エコロジーやニュース・リテラシーというものがあります。後者はアメリカでかなり強く進められているものですが，これは

ニュースのリテラシーという分野になります。あるいは身体リテラシーというものもあります。私はもちろん学者ではありませんが、これらの課題を前に進め、問題を指摘していくことが重要だと思います。

　ジャーナリズムを教えている学校では、ニュース・リテラシーという考え方がかなり大きな力を持っています。ニュース・リテラシーは、ニュースに焦点を合わせた考え方です。つまり、テレビ番組やエンターテイメントを分析するのではなく、ニュースに関心が集中しています。ニュースだけではなく、広告やキャンペーンなどにも拡大する必要があるかもしれません。

　メディア情報リテラシーは、今後ユネスコで議論をしていかなければいけないでしょう。情報リテラシーは、もともとは図書館や図書館教育として情報を分類するのが従来のやり方でしたが、次第にデジタル化が進み、それがメディア・リテラシーに含まれていくべきだと考えられます。

　現在、世界中のメディア・リテラシー教育の流れの中で提携や協力が進みつつあります。これは何を意味するのでしょうか。メディア・リテラシー教育は誤解や偏見、ヘイト・スピーチと闘っているということです。現在、メディア・リテラシー教育ではさまざまなプロジェクトが進められています。私たちは直接それに関わっていますし、宣伝もしています。

　オンライン情報センター草の根プロジェクトのサポートや出版、研究、ユネスコとの協力、ニュース・メディアなどであり、プルーラル・プラスなどのようなプロジェクトです（図8）。

　皆さんにご覧いただきたいものがあります。「文明の同盟」の情報センターです。ここにはメディア情報リテラシーの情報が集められています。このサイトは英語、スペイン語、アラビア語に対応しております。毎月4千から5千人の人たちがメディア情報リテラシーについての情報を探すためにアクセスしています。日本語でも大丈夫です。英語にする必要はありません。アラビア語、スペイン語でもアップロードできます。このように、私たちはファシリテーターとして、情報源へのアクセス、情報へのアクセスを世界中で促進する仕事をしています。

　また、いろいろな場所で、メディア情報リテラシー教育のサポートをしています。そのうちの一つ、ザルツブルグ・アカデミー[171]はグローバルなメディア・リテラシーのカリキュラムを作っている組織です。日本の大学はまだ関わ

図8 「文明の同盟」メディア情報リテラシーの情報センター
(http://www.aocmedialiteracy.org/)

　ってはいないと思いますが、世界中の10の大学が関わっています。彼らは学生や教育者を対象とした夏季ミーティングをやっています。皆さんもぜひ参加してください。

　ユネスコのメディア情報リテラシー教育カリキュラムは日本語にも翻訳されています。本当に素晴らしい仕事をしていただいたことに感謝いたします。ウェブサイトにアップロードして、日本政府にもこういうのがありますよと伝えることで、皆さんの活動のサポートをしていきたいと思っています。

　私たちが支援している「メンター」というプロジェクト[172]は、カイロ大学とバルセロナ自治大学が協働で行っているものです。彼らは、異文化対話においてイスラムとは何かという問題を考えるべきであり、イスラムにはないものに基づくべきではないと考えています。ステレオタイプを排除することが必要です。メディアとは、私たちのコミュニケーションのために使うものです。このプロジェクトではいろいろなメディアを使っています。

　もう一つわたしたちがサポートしているプロジェクトがあります。クウェート大学、テンプル大学などが関わって小学校と一緒にやっている異文化交流プロジェクトです。[173] 報道関係者、テレビキャスターなども関わっています。

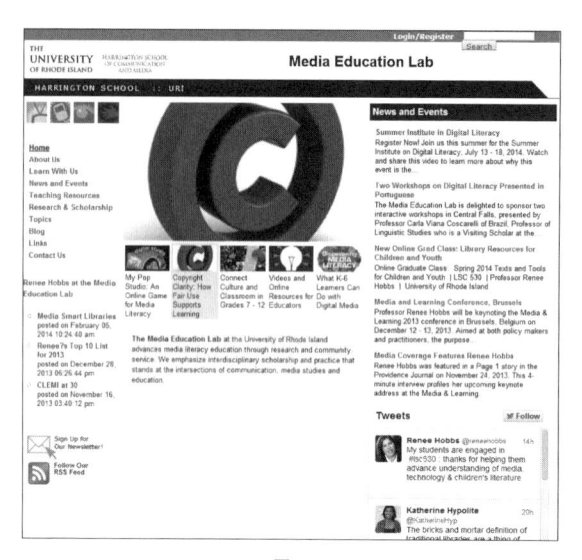

図9

テレビはどういう形でよりよい異文化間コミュニケーションを支援できるか考えています（図9）。

また、『世界のメディア教育政策』という出版物も出しています。英語、スペイン語、日本語でダウンロードできます。[174] このプロジェクトはユネスコ、EU、グルーポ・コミュニカと一緒にやっています。第二版にはぜひ日本の章も入れたいと考えています。

アメリカの大学と欧州の大学が共同して進めている「グランドゼロのモスク研究」という興味深いプロジェクトがあります。[175] こちらのプロジェクトは我々がファシリテーターとなりました。2010年初頭にいわゆる「グラウンド・ゼロのモスク」論争がアメリカで起きました。これについての分析です。非常に政治的な問題になったものです。この研究は二つの大学が関わって分析をしました。どういう表現でどのような形で報道されて、それがどう受け止められたのかということを調査分析しました。アメリカではグラウンド・ゼロのモスク論争に対する関心が高かった。というのも2010年に中間選挙があったからです。強い政治的な力がそこに働いて、これを利用して注目を集め、大衆の支持を得ようとしたとのことです。メディアと政治の関係を問うケーススタディとなりました。

214　付属資料

また，ユネスコと一緒に UNITWIN MILID[176] というメディア情報リテラシーのネットワークを作りました。今のところ，8つの大学が関わっています。2012年の5月に，大きな会議が開かれることになります。ユネスコは二つ以上の大学がチェアとして関わる場合に UNITWIN という表現を使います。メディア・リテラシーをプラットホームとして活用して，異文化間の交流を進めることが焦点となっているので，日本のメディアに関わる教育者の皆さんは，ぜひ積極的に参加してください。

　プルーラル・プラス[177]は若者のビデオ・フェスティバルです。これは25歳までの若者を対象としているので，大学生も参加できると思います。このテーマは移民，多様性，社会的インクルージョンです。多くの関連団体が参加していますし，いろいろな賞が用意されています。オンラインでビデオを見ることもできます。日本からは2010年に少しエントリーがあったのですが，2011年はありませんでした。7月1日が締め切りです。

　ソリア[178]は学生のインターネットを使った交流プロジェクトです。ニュースを見ながら，それぞれの学生がどうやってこれを編集したか，意見交換するものです。メディア・リテラシー教育や異文化間の協力ということでは非常に興味があります。

　おそらく皆さんが興味を抱くのは新しいメディアへの対応でしょう。スマートフォンのアプリケーションを異文化間の対話のために開発するプロジェクト[179]があります。マサチューセッツ工科大学やカナダ国立映画制作庁（NFB），ラーニング・ゲーム・ネットワークなどがアプリケーションを開発するために参加しています。ユーザーがお互いに関わり合い，それを使うことでさまざまな誤解や人種的偏見に対する認識を深めることができます。おそらくコンテストのような形にはなるでしょう。スマートフォンのアプリの開発に関心のある方はぜひ協力してください。ご清聴ありがとうございました。

註

1 「グローバル」をあえて「全地球」のルビにしたのは，グローバルという言葉が欧米中心に使われることが多いからである。本書では，「グローバル」は文字どおり発展途上国を含めた「全地球」を意味する。
2 パウロ・フレイレ（2001）『希望の教育学』里見実訳，太郎次郎社，57頁。原典 Paulo Freire (1992), *Pedagogia da Esperança. Um recomtro com a pedagogia do oprimido (2nd)*, Paz e Terra.
3 ITU "Global numbers of individuals using the Internet, total and per 100 inhabitants," 2001-2011.
4 アマルティア・セン『不平等の検討――潜在能力と自由』岩波書店，59-60頁。原典 Amartya Sen (1992), *Inequality Reexamined*, Clarendon Press.
5 『東洋経済オンライン』「なぜヨーロッパ各地で極右政党が台頭するのか――イアン・ブルマ　米ハーバード大学教授／ジャーナリスト」（2008年）。http://toyokeizai.net/articles/-/2266/
6 Len Masterman (1985), *Teaching the Media*, Routledge.　以下の文献に抄訳が掲載されている。鈴木みどり編著（2001）『メディア・リテラシーの現在と未来』世界思想社，52頁。
7 高度情報通信ネットワーク社会推進戦略本部『新たな情報通信技術戦略』，8頁（http://www.kantei.go.jp/jp/singi/it2/100511honbun.pdf）。
8 行政刷新会議「事業仕分け」（フューチャースクール推進事業（継続分））評価者のコメント（2009年）。http://www.soumu.go.jp/main_content/000103229.pdf
9 本書では特にことわりのない限り，クリティカルの日本語訳として「批判的」という用語を使用する。また，ペダゴジーは「教育学」と訳す。
10 鈴木みどり編著（1997）『メディア・リテラシーを学ぶ人のために』世界思想社，7頁。
11 同上，8頁。
12 水越伸（1999）『デジタル・メディア社会』岩波書店，93頁。
13 同上，92頁。
14 山内祐平・水越伸「民放連メディアリテラシー・プロジェクトの展開」『2002年度民放連メディアリテラシー・プロジェクト研究報告書』日本民間放送連盟・東京大学大学院情報学環メルプロジェクト，1頁。
15 同上，3頁。
16 Len Masterman, *op. cit.*, p. 9.
17 上條晴夫（1999）「メディア・リテラシー教育のすすめ」『授業づくりネットワーク』1999年9月号，学事出版，6頁。
18 中村純子（1999）「メディア自分史で自己紹介」『授業づくりネットワーク』1999年9

月号，学事出版，24 頁。
19 同上，26 頁。
20 砂川誠司（2009）「国語科でメディア・リテラシーを教えることについての一考察——2000 年以降の実践事例から」『広島大学大学院教育学研究科紀要第二部第 58 号』，119-120 頁。砂川はこの文に続けて「メディア・リテラシーが社会的文脈を考慮に入れたテキストの理解を求めるとき，こうした広がりはそれだけで十分であるとは言いがたい」とも書いている。
21 藤原帰一（2002）『デモクラシーの帝国』岩波新書，129 頁。
22 同上，73 頁。
23 山内祐平（2003）『デジタル社会のリテラシー』岩波書店，80 頁。
24 同上，82 頁。
25 同上，34 頁。
26 同上，55-57 頁。
27 AMLA は "Alliance for a Media Literate America" の略。また NAMLE は "The National Association for Media Literacy Education" の略である。本書では NAMLE の邦訳を「全米メディア・リテラシー教育学会」と訳したが，実態は運動体としての性格が強い。
28 Clayton Kara, "The Alliance for a Media Literate America and NMEC 2001: Reflections and Renewed Spirit." Reading Online, www.readingonline.org Posted October 2001. c 2001 International Reading Association, Inc. ISSN 1096-1232（http://readingonline.org/newliteracies/lit_index.asp?HREF=/newliteracies/clayton/index.html）
29 以下のサイトより要約。NMEC 2003: Literacy and Liberty: Rights, Roles and Responsibilities in a Media Age - Alliance for a Media Literate America - Advancing Media Literacy Education in America（http://www.amlainfo.org/past-conferences/nmec-2003-literacy-and-liberty-rights-roles-and-responsibilities-in-a-media-age）
30 以下のサイトより要約。NMEC 2005: Giving Voice to a Diverse Nation - Alliance for a Media Literate America - Advancing Media Literacy Education in America.（http://www.amlainfo.org/past-conferences/nmec-2005）.
31 原文は以下のサイトからダウンロードできる。http://namle.net/publications/core-principles/
32 この問題について，ルネ・ホッブスは我々のインタビューに対して，基本的な論点は「メディアは社会化のエージェントであるという考え方」だったと答えている。そしてそれにつづけて「こうした状況は，例えばあらゆることについて，メディアをエンパワメント（権限委譲）の手段として考える人たちと，メディアから子どもたちを保護すべきであると考える人たちとの間には何かしらの緊張があるわけです」と答えている。（村上郷子・坂本旬「メディア・リテラシー教育の挑戦（その 2）── NAMLE およびメディア教育ラボ創設者 Renee Hobbs 氏に聞く」『埼玉学園大学紀要（人間学部篇）第 11 号』埼玉学園大学，2011 年，268 頁。）
33 ホッブスは以下の論文に中核原理をまとめる過程で議論になった 7 つの論点をまとめ

ている。Renee Hobbs（1998），"The seven great debates in the media literacy movement", *Journal of Communication*: 48（2），pp. 9-20.

34　David M Considine,（2002），"Media Literacy Across the Curriculum", Thinking Critically about Media: Schools and Families in Partnership, Cable in the classroom, p. 25.（http://www.eric.ed.gov/ERICDocs/data/ericdocs2sql/content_storage_01/0000019b/80/1a/e1/03.pdf）

35　キャロリン・ウィルソン，バリー・ダンカン「メディア教育の制度化──オンタリオ州の経験」『世界のメディア教育政策』（国連文明の同盟・ユネスコ・欧州委員会・グルーポ・コミュニカ），115-116 頁。本章の翻訳は森本洋介。http://milunesco.unaoc.org/wp-content/uploads/2012/10/Mapping_final.pdf

36　フレイレは前書きの中で次のように述べている。「ジルーと私の情熱は，ともに主観的な理想主義でもなければ機械的な客観主義でもなく，歴史への批判的な関心の集中にある。ここに彼が提起するラジカルな教育学の存在理由がある」（x 頁）。

37　Henry A. Giroux（1985），*Theory & Resistance in Education – A Pedagogy for the Opposition*, Bergin & Garvey Publishers Inc, p. 239.

38　Pepi Leistyna and Loretta Alper（2009），Critical Media Literacy for the Twenty-First Century: Taking Our Entertainment Seriously, *The Critical Pedagogy Reader (2nd edition)*, Routledge, 2009, p. 517.

39　Althusser（1976），"ldéologie et appareils idéologiques d'Etat", *Positions*. Editions sociales. pp. 110-134.

40　Samuel Bowles and Herbert Gintis（1976），*Schooling in Capitalist America: Educational Reform and the Contradictions of Economic Life*, Basic Books.

41　Giroux, *op. cit.*, p. 86.

42　Vanessa Elaine Domine（2008），*Rethinking Technology in Schools*, Peter Lang Primer, p. 20.

43　Domine, *Ibid.*

44　*Ibid.*, p. 21

45　Masterman, *op. cit.*, p. 28.

46　*Ibid.*

47　Giroux, *op. cit.*, p. 97.

48　Masterman, *op. cit.*, p. 32.

49　代表的な論者として矢川徳光があげられるだろう。『新教育への批判──反コア・カリキュラム論』刀江書院，1950 年。

50　Masterman, *op. cit.*, p. 35.

51　*Ibid.*, p. 196.

52　*Ibid.*, p. 37.

53　山内祐平（2003）『デジタル社会のリテラシー──「学びのコミュニケティ」をデザインする』岩波書店，42 頁。

54　同上，62 頁。

55　Noam Chomsky（1991），*Media Control - The Spectacular Achievements of Propaganda*. 邦訳『メディアコントロール』鈴木主税訳，集英社，2003 年，43 頁。

56 以下の AASL の Web ページより抜粋して翻訳。Information Literacy Standards for Student Learning（http://www.ala.org/ala/aasl/aaslproftools/informationpower/InformationLiteracyStandards_final.pdf）。

57 文部科学省の「情報活用能力」の定義は、「情報化の進展に対応した初等中等教育における情報教育の推進等に関する調査研究協力者会議最終報告」（1998 年）によれば、以下のようなものである。
①（情報活用の実践力）
　課題や目的に応じて情報手段を適切に活用することを含めて、必要な情報を主体的に収集・判断・表現・処理・創造し、受け手の状況などを踏まえて発信・伝達できる能力
②（情報の科学的な理解）
　情報活用の基礎となる情報手段の特性の理解と、情報を適切に扱ったり、自らの情報活用を評価・改善するための基礎的な理論や方法の理解
③（情報社会に参画する態度）
　社会生活の中で情報や情報技術が果たしている役割や及ぼしている影響を理解し、情報モラルの必要性や情報に対する責任について考え、望ましい情報社会の創造に参画しようとする態度
http://www.mext.go.jp/b_menu/shingi/chousa/shotou/002/toushin/980801.htm

58 アメリカ図書館協会編・同志社大学学校図書館研究会訳（2000）『インフォメーション・パワー』日本図書館協会、36 頁。原著 American Library Association（1998）, *Information Power: Building partnerships for Learning*.
　なお、AASL は 2007 年に学習全般にわたる新たな「21 世紀の学習基準（Standards for the 21st-Century Learner）」という文書を採択し、公開している。1998 年の情報リテラシー基準を発展させたものだといえよう。以下のリンクからダウンロードできる。
http://www.ala.org/aasl/standards-guidelines/learning-standards

59 同上、43-44 頁。

60 "IFLA/UNESCO School Library Manifesto"（1999）, http://www.ifla.org/VII/s11/pubs/manifest.htm　なお、日本語翻訳は以下のページ参照。http://www.hyogo-c.ed.jp/~imazu-hs/tosyo/unesco-sengen.htm

61 東井義雄（1957）『村を育てる学力』啓文堂、217-218 頁。

62 同上、188 頁。

63 同上、286-287 頁。

64 同上、171 頁。

65 降旗勝信（1974）『探究学習の理論と方法』明治図書、17-18 頁。

66 同上、54 頁。

67 柴田義松（1967）「社会科教育の体系」『社会科教育の理論』教育科学研究会・社会科部会著、麦書房、135 頁。

68 安井俊夫（1973）「原始古代史の実践──反省の記録」『歴史地理教育』1973 年 5 月号、

地歴社。
69 本多公栄（1980）『社会科の学力像――教える学力と育てる学力』明治図書，98 頁。
70 5 つのガイドラインは『図書館利用教育ガイドライン合冊版　図書館における情報リテラシー支援サービスのために』（日本図書館協会図書館利用教育委員会編，日本図書館協会，2001 年）としてまとめられている。
71 全国学校図書館協議会。http://www.j-sla.or.jp/shiryo/pdfs/taikeihyou.pdf
72 宅間紘一（2006）「新しい学びを育てる学校図書館～情報活用能力をどう育成するか～」第 92 回全国図書館大会岡山大会配付資料，2 頁。
73 同上，6 頁。
74 同上，23 頁。
75 Web Quest http://webquest.org/
76 国連プレスリリース「過激集団による社会間の分断への架橋を目的とした『文明の同盟』設立宣言」http://www.un.org/News/Press/docs/2005/sgsm10004.doc.htm
77 インタビュー記録は本書の付属資料に収録。
78 『世界のメディア教育政策――ビジョン・プログラム・チャレンジ』UNAOC，ユネスコ，欧州委員会，グルーポ・コミュニカ編，坂本旬・村上郷子・高橋恵美子監訳，2012 年。http://mil.unaoc.org/wp-content/uploads/2012/10/Mapping_final.pdf
　　原著 United Nations Alliance of Civilizations, UNESCO, European Commission, Grupo Comunica（ed）(2009), *Mapping Media Education Policies in the World: Visions, Programmes and Challenges.*
http://www.unaoc.org/images/mapping_media_education_book_final_version.pdf
79 詳細は以下のページ参照。http://www.unesco.org/en/unitwin/university-twinning-and-networking/
80 AMILEC については以下を参照。http://amilec.org/
81 *MILID Yearbook 2012.* http://www.unaoc.org/2013/05/new-book-on-media-and-information-literacy/
82 David Buckinghamm, Introduction: Fantasies of Empowerment? Radical Pedagogy and Popular Culture, *Teaching Popular Culture: Beyond Radical Pedagogy*, UCL Press Limited, 1998, p. 7.
83 ユーリア・エンゲストローム（1998）『拡張による学習――活動理論からのアプローチ』山住勝広他訳，新潮社，168 頁。原文 Leaning by Expanding an Activity-Theoretical Approch to Developmental Research（1987）. http://lchc.ucsd.edu/mca/Paper/Engestrom/Learning-by-Expanding.pdf
84 NHK 放送文化研究所『2010 年国民生活時間調査報告書』p. 9. http://www.nhk.or.jp/bunken/summary/yoron/lifetime/pdf/110223.pdf
85 同上，25 頁。
86 同上，18 頁。
87 チョムスキー，前掲，22 頁。
88 川上春男（1968）『影像教育論』法政大学出版局，261 頁。川上は「従来の視聴覚教

育理論が，教育手段としての視聴覚教育理論に偏している」(77頁)と批判し，今日のメディア・リテラシー教育につながる影像教育論を展開した。そして「独創力を尊び育て，創造する喜びを味わす教育を，映像教育の大きな使命」(86頁)とすべきと述べたが，同時に影像鑑賞によって，「映像を理解する力，選択する力，批判する力，鑑賞する力」(87頁)を育成することを主張した。

89　同上，84頁。
90　岡部一明 (1986)『パソコン市民ネットワーク』技術と人間。
91　民衆野メディア連絡会 (1996)『市民メディア入門』創風社出版，4頁。
92　松本恭幸 (2009)『市民メディアの挑戦』リベルタ出版，206頁。
93　水越敏行 (1996)『変わるメディアと教育のありかた』水越敏行・佐伯胖編著，ミネルヴァ書房，15頁。
94　同上，p.35.
95　ニューヨーク市立大学の「カルチャー・クエスト」プログラムについては以下の文献を参照。坂本旬 (2007)「文化探究学習と『カルチャー・クエスト』の理論」『学校図書館を活用した国際理解をめざす文化探究学習カリキュラムの開発 課題番号：17602008』平成17年度〜平成18年度科学研究費補助金（基盤研究（C））研究成果報告書』，5-22頁。
96　斎藤俊則 (2002)『メディア・リテラシー』共立出版，3頁。
97　文部科学省『新・情報教育の手引き』，8頁。
98　大島純はこのような問題を「状況的認知論」の立場から問題にしている。彼は次のように述べている。「『学校紹介のホームページ』で，子どもたちは何をしているのだろうか？　発信側として，情報を集め，うまい具合にレイアウトを考えて，綺麗で魅力的なホームページを作成する。しかし誰がどういった目的で見てくれるのかを想定しているのだろうか？　本当に意味あるフィードバックが受信者に帰ってくるのだろうか？　いったい子どもたちはどのような受信者を想像すればよいのだろうか？　ここに学習環境としての弱点が潜んでいるようだ」(大島純「新しい学習環境としてのコンピュータ・ネットワーク——新たな知識観からの評価」『教育と医学』(1997年3月) 教育と医学の会編，慶應義塾大学出版会，54頁)。

　大島の考える状況的認知論では「ネットワークを学習環境として捉える場合には，そこで学習者が共有するものは単なる『情報』ではなく，『彼らなりの思考や知識』であるべきだ」(同上，55頁)と考える。こうした視点は本書の問題意識とも大きく重なっている。

99　エリッヒ・ヤンツ (1986)『自己組織化する宇宙』芹沢高志・内田美恵訳，工作社，389頁。
100　同上，398頁。
101　同上，116頁。
102　同上，44頁。
103　同上，44-45頁。

104 　同上，117 頁。
105 　同上，310-312 頁。ちなみにヤンツはこれらの三段階のコミュニケーションに対して，さらに高速な情報伝達可能段階として「生体高分子段階コミュニケーション」を付加することも可能だと述べている。
106 　同上，387-388 頁。
107 　同上，389-391 頁。
108 　ヤンツは次のように述べている。「創造的行為を行なう芸術家の内生ダイナミクス，作品の内生ダイナミクス，鑑賞者の内生ダイナミクス，これらのあいだにある種の対応があることは明らかである。進化の全側面を貫く相同的ダイナミクスのもとに，時空を超えた「同調化(チューニング)」が起こるのだ。あるいは，心の相同性(ホモロジー)のもとに，と言ってもよいかもしれない。前提となるのは共鳴の可能性である」（同上，562 頁）。
109 　ちなみにヤンツはシャノン＝ウィーバーのコミュニケーション論を次のように批判している。クロード・シャノンとウォーレン・ウィーバーが創始した情報理論は，数学的には精巧なものだが，本質的には平衡状態や構造の安定化に目を向けている。ボルツマンの熱力学的秩序原理において，平衡構造への方向のみが唯一可能であったように，シャノン＝ウィーバーの理論においても，新しい情報とは本質的に既存の情報構造を確立し，強めていくものとしてしか考えられていない。情報の総量ははじめから与えられており，平衡熱力学において秩序が減少する一方だったように，情報は不可避な雑音効果によって一方的に失われていく。このタイプの情報理論はシンタックスのレベル，つまり記号の配列のレベルのみを考えているといえよう」（同上，115-116 頁）。
110 　ヤンツは情報そのものが持つ自己創出性について次のように述べている。「情報の自己組織化は生命の自己組織化の一側面であり，情報が生みだすゲシュタルトは生命のゲシュタルトである。それらは，他の自己創出システムのダイナミクスが生みだすゲシュタルト同様，自律的だ。またそれらには，現実を独自の象徴的表象世界のなかに移しかえ，自分の世界を現実から解き放す能力がある。現実を変質させ，再構築することができるのである。自己組織化する実用情報は，システム外部のエネルギーや物質のプロセスと干渉し，調整され，システム内で構造化されていく」（同上，319 頁）。ただしここでヤンツが「実用情報」と呼んでいるように，ここでいう情報は，日常生活に裏付けられた「生きた情報」のことである。
111 　パウロ・フレイレ（1979）『被抑圧者の教育学』小沢有作・楠原彰・柿沼秀雄・伊藤周訳，亜紀書房，97 頁。原典 Paulo Freire（1970）, *Pedagogia do oprimido, Paz e Terra*.
112 　フレイレ前掲，104 頁。
113 　Paulo Freire（2000）, *Pedagogy of the Opressed*, Translated by Myra Bergman Ramos, Continuum.
114 　森啓『「協働」の思想と体制』公人の友社，2003 年，16 頁。森によれば，「協働」という用語は 1983 年刊の『行政の文化化——まちづくり 21 世紀に向けて』（学陽書房）が初出であるという。
115 　北区「北区協働ガイドライン～『区民とともに』を実践するために～」2006 年 10 月。

116 松下啓一（2005）『新しい公共と自治体——自治体はなぜNPOとパートナーシップを組まなければいけないのか』信山社, 37頁。
117 藤原文雄（1999）「学校経営における『協働』理論の軌跡と課題（1）——高野桂一の『協働』論の検討」『東京大学大学院教育研究科教育行政学研究室紀要』第18号, 113頁。
118 藤原（1999）「学校経営における『協働』理論の軌跡と課題（2）——バーナードの『協働体系』としての学校の検討」,『東京大学大学院教育研究科教育行政学研究室紀要』第18号, 125頁。
119 Winer, Michael and Ray, Karen (2005), *Collaboration Handbook: Creating, Sustaining, and Enjoying the Journey*, Fieldstone Alliance, p. 22.
120 同上, 23頁。
121 Schuman, S (2006), *Creating a Culture of Collaboration -The International Association of Facilitators Handbook*, Sandy Schuman (ed.), Jossey-Bass A Wiley Imprint, p. xxiii.
122 *Ibid.*, pp. xxiii-xxvi.
123 Harris, S (2005). *The End of Faith: Religion, Terror, and the Future of Reason*, New York: Norton, p. 48.
124 三宅なほみ（1997）『インターネットの子どもたち』岩波書店, 198頁。
125 たとえば次の文献では「分散型協調学習」を「Distributed Cooperative Learning」と訳している。稲葉晶子, 伽場泰孝, 岡本敏雄（1996）「分散協調型作業／学習環境における知的議論支援」『電子情報通信学会論文誌. A, 基礎・境界』(Vol. J79-A, No. 2), 電子情報通信学会, 207-215頁。
126 飯田隆之, 赤堀侃司（1994）『電子情報通信学会技術研究報告. ET, 教育工学』(Vol. 94, No. 59), 電子情報通信学会, 31-36頁。
127 たとえば、次の文献では「協調学習」は「collaborative learning」の訳語である。岡本敏雄（1996）「協調学習環境（CSCL）構築と導入」『電子情報通信学会総合大会講演論文集』(Vol. 1996年. 情報・システム, No. 1), 389-390頁。
128 「CSCL」の訳語として「協働学習」を使用している研究者や実践者も少なからず存在する。CiNiiで「協働学習」を検索すると、この用語を使用しているのは教育工学界から距離を置いた社会教育関係者や学校現場の教師であることがわかる。たとえば、以下のような論文である。前川道博（2003）「ネットで協働学習できるってホントですか?-- 市民参加型ネット「かすみがうら・ネット」（特集 新しい発想から生まれた社会教育事業の工夫）」『社会教育』(Vol. 58, No. 4 通号682), 2003年4月号, 全日本社会教育連合会, 24-29頁。森慎之助（2003）「『総合的な学習の時間』におけるロボット教材を用いた協働学習の効果」『日本産業技術教育学会誌』(Vol. 45, No. 1), 23-30頁。
129 Trena M. Paulus (2005), Collaboration or Cooperation? Analyzing Small Group Interactions in Educational Environments, *Computer-Suported Collaborative Learning in Higher Education*, Idea Group Publishing, 2005, p. 102.
130 Roschell, J. & Pea, R. (1999), "Trajectories from today's WWW to a powerful educational infrastructure, *Educational Researcher*, June-July, 22-25, p. 23.

131　Paulus, *op. cit.*
132　Roschelle, J. & Teasly, S.（1995）, "The construction of shared knowledge in collaborative problem-solving", In C. E. O'Malley（ed.）, *Computer supported collaborative teaching*, p. 70.
133　Schrage, M（1990）, *Shared minds: The new technologies of collaboration*. New York Random House, p. 40.
134　Paulus, *op. cit.*, p. 103.
135　D. W. ジョンソン，R. T. ジョンソン，K. A. スミス（2001）『学生参加型の大学授業——協同学習への実践ガイド』岡田一彦訳，玉川大学出版会。原著 Johnson, David W., Johnson Roger T., Smith, Karl A（1991）, *Active Learning: Cooperation in the college classroom*, Interaction Book Co.
136　同上，70 頁。
137　川合章（1981）『生活教育の理論』民衆社，103-104 頁。
138　留岡清男（1937）「酪連と酪農義塾——北海道教育巡礼記」『教育』第 5 巻 10 号，1937 年 12 月，58 頁。
139　同上，60 頁。
140　同上。
141　加藤周四郎（1938）「教室良心の行方——ひとつの自己吟味として」『生活学校』1938 年 1 月号，52 頁。
142　柏木栄（1981）『ある北方教師』現代教育研究社，114-115 頁。
143　ヴィスウィット・ダス（2011）「開発プロジェクトとしてのメディア教育：インドで解放への関心と政治をつなぐ」『世界のメディア教育政策』，57 頁。原著 Biswajit Das（2009）, "Media Education as a Development Project: Connecting Emancipatory Interests and Governance in India", *Mapping Media Education Policies in the World*. United Nations, Alliance of Civilizations UNESCO European Commission Grupo Comunicar.
144　同上，58 頁。
145　アマルティア・セン『不平等の再検討——潜在能力と自由』，60 頁。原典 Amartya Sen,（1992）*Inequality Reexamined*, Oxford University Press.
146　同上，71 頁。
147　同上，13 頁。
148　林直哉（2007）『高校生のためのメディア・リテラシー』ちくまライブラリー新書，92 頁。
149　同上，80-81 頁。
150　同上，90 頁。
151　川中伸啓（2004）「セルフ・ドキュメンタリーの現在」『ドキュメンタリー映画の最前線メールマガジン neoneo Vol. 6』（2004.2.1）。http://www.melma.com/backnumber_98339_2206530/　なお、読みやすくするために改行の位置を変更した。
152　E. バーナウ（1978）『世界ドキュメンタリー史』近藤耕人訳，佐々木基一・牛山純一監修，風土社，13 頁。

153　水野肇（1983）『これがドキュメンタリーだ　日本の記録映画作家』紀尾井書房, 19-20頁。
154　同上，268頁。
155　同上，61頁。
156　同上，116頁。
157　馮艶（1996）「8ミリビデオドキュメントと私」『ビデオジャーナリズム入門　8ミリビデオがメディアをかえる』野中章弘・横浜市海外交流協会共編，はる書房，105頁。
158　同上，111頁。
159　メディアコンテ。http://mediaconte.net/
160　Center for digital Storytelling.　http://storycenter.org/
161　須曽野仁志，下村勉，織田揮準，大野恵里（2006）「静止画を活用したデジタルストーリーテリングと学習支援」日本教育工学会研究報告集 JSET06-3（2006.5. 奈良教育大学），51頁。
162　報告書は『メディア・リテラシー教育の挑戦』（アドバンテージサーバー，2009年）として公刊。
163　Evangelos Intzidis, Eleni Karantzola（2010）「アクティブ・シティズンシップのためのリテラシー」『リテラシーとシティズンシップの促進』国立教育政策研究所国際研究・協力部訳（原著 *"Literacy and the promotion of citizenship: discourses and effective practices"*, 2008）。
164　笠原正太（2012）「日本におけるメディア・リテラシーの変質とその原因──「メディア教育」に関する言説の分析から」『教育メディア研究 Vol.18. NO.1 & 2』，13-20頁。
165　本インタビューは以下の原稿を本書に合うように修正を加えたものである。村上郷子・坂本旬「メディア・リテラシー教育の挑戦──国連「文明の同盟」のプロジェクト・マネージャー，ジョルディ・トレント氏に聞く」『埼玉学園大学紀要　人間学部篇（第9巻）』，319-325頁，2009年。
166　本書は2009年に公刊され，日本語訳も以下の「文明の同盟」のサイトからダウンロードできる。(http://milunesco.unaoc.org/wp-content/uploads/2012/10/Mapping_final.pdf)
167　アシモフはSF作品『われ，ロボット』の中で，有名なロボット三原則を描いた。しかし，ロボットは命じられたことしかできないため，原則が相反する状況では同じことを繰り返すか，あるいは動作不能に陥ってしまうことになる。この問題は，哲学や人工知能学では「フレーム問題」と呼ばれる。
168　マクルーハンは『グーテンベルグの銀河系──活字人間の形成』の中で，印刷機というメディアの発明によって，人間は機能を拡張され，それまで教会の茂ものであった書籍を個人が所有できるようになり，その結果，競争的な個人主義が生まれ，社会的スキャンダルが登場したと述べている。
169　Douglas Rushkoff, *Program or Be Programmed: Ten Commands for a Digital Age*, 2010, OR Books
170　Manuel Castells, *Communication Power*, 2009, Oxford Univ Pr.
171　Satzburg Academy.　http://www.salzburg.umd.edu/
172　Mentor.　http://www.mediamentor.org/en/

173　Media Education Lab.　http://mediaeducationlab.com/
174　『世界のメディア教育政策』日本語版は以下のリンク。http://milunesco.unaoc.org/wp-content/uploads/2012/10/Mapping_final.pdf
175　The 'Ground Zero Mosque' Case Study'.　http://uncoveringbias.wordpress.com/
176　UNITWIN MILID.　http://milunesco.unaoc.org/unitwin/
177　Plural+.　http://pluralplus.unaoc.org/
178　Soliya.　http://www.soliya.net/
179　CREATE UNAOC.　http://www.unaoc.org/create/

あとがき

　メディア情報リテラシー教育実践は，人間発達の過程であると同時に社会的な過程でもある。両者は結びついているが，相対的に自立した過程である。この原理は，メディア情報リテラシー教育のみならず，あらゆる教育実践に対して言えることである。

　国連・ユネスコのメディア情報リテラシー教育は，一方で世界的な社会的課題と結びつき，他方で，人間の発達課題に応えることを目標としている。そのどちらも重要なのであり，研究者・実践者には，両者を統合的にとらえる視点が求められる。本書を執筆するにあたり，筆者がもっとも注意を払った点である。そのためには，多様な研究・実践領域の研究者・実践者の協力や議論が不可欠であろう。

　なお，筆者は 2012 年 10 月に，国連やユネスコのメディア情報リテラシー教育を東アジア・南アジア地区で支援する NGO として AMILEC（アジア太平洋メディア情報リテラシー教育センター）を設立し，国連・ユネスコのメディア情報リテラシーに関する情報の翻訳や広報および支援活動を行っている。関心を持っていただいた方にはぜひサイトを訪れていただきたい。

アジア太平洋メディア情報リテラシー教育センター
AMILEC　http://amilec.org/

坂本　旬
2014 年 1 月 14 日

〈著者紹介〉
坂本　旬（さかもと・じゅん）

1959年大阪府生まれ。東京都立大学大学院教育学研究科博士課程単位取得満期退学。編集者、著述業をへて1996年より法政大学教員。主な著書・編著書『インターネット教育で授業が変わる——子どもの情報発信をどう進めるか』(旬報社、1997年)、『デジタル・キッズ　ネット社会の子育て』(旬報社、2007年)、『メディア・リテラシー教育の挑戦』(アドバンテージサーバー、2009年) など。

《キャリアデザイン選書》
メディア情報教育学
異文化対話のリテラシー

2014年3月25日　初版第1刷発行

著　者　坂本　旬
発行所　一般財団法人　法政大学出版局
〒102-0071 東京都千代田区富士見2-17-1
電話 03(5214)5540　振替 00160-6-95814
整版・HUP／印刷・平文社／製本・根本製本
© 2014, Jun Sakamoto

Printed in Japan
ISBN978-4-588-68008-3

笹川孝一編	生涯学習社会とキャリアデザイン	2600 円
川喜多 喬	人材育成論入門▼	2000 円
佐貫 浩	学校と人間形成▼	2500 円
児美川孝一郎	若者とアイデンティティ▼	2300 円
八幡 成美	職業とキャリア▼	2300 円
小門 裕幸	アントレプレナーシップとシティズンシップ▼	2600 円
山田 泉	多文化教育Ⅰ ▼	2400 円
筒井美紀・遠藤野ゆり	教育を原理する▼ ——自己へとたち返る学び	2400 円
梅崎修・田澤実 編著	大学生の学びとキャリア ——入学前から卒業後までの継続調査の分析	2800 円
坂本 旬	メディア情報教育学▼ ——異文化対話のリテラシー	2500 円
笹川 孝一	キャリアデザイン学のすすめ▼ ——仕事，コンピテンシー，生涯学習社会	2800 円
清成 忠男	21世紀の私立大学像	1800 円
清成 忠男	21世紀 私立大学の挑戦	1800 円

（消費税抜き価格で表示）

法政大学出版局

▼は《キャリアデザイン選書》